鲁迅与北京风土

邓云乡 著

中华书局

图书在版编目(CIP)数据

鲁迅与北京风土/邓云乡著. —北京:中华书局,2015.6
(2023.11 重印)
(邓云乡集)
ISBN 978-7-101-10716-6

Ⅰ.鲁… Ⅱ.邓… Ⅲ.鲁迅(1881~1936)-生平事迹
Ⅳ.K825.6

中国版本图书馆 CIP 数据核字(2015)第 021312 号

书　　名	鲁迅与北京风土	
著　　者	邓云乡	
丛 书 名	邓云乡集	
责任编辑	周　天	
封面设计	毛　淳	
责任印制	管　斌	
出版发行	中华书局	
	（北京市丰台区太平桥西里 38 号　100073）	
	http://www.zhbc.com.cn	
	E-mail:zhbc@zhbc.com.cn	
印　　刷	北京新华印刷有限公司	
版　　次	2015 年 6 月第 1 版	
	2023 年 11 月第 2 次印刷	
规　　格	开本/880×1230 毫米　1/32	
	印张 10¾　插页 4　字数 240 千字	
印　　数	6001-8000 册	
国际书号	ISBN 978-7-101-10716-6	
定　　价	48.00 元	

小丁 绘

　　邓云乡，学名邓云骧，室名水流云在轩。一九二四年八月二十八日出生于山西灵丘东河南镇邓氏祖宅。一九三六年初随父母迁居北京。一九四七年毕业于北京大学中文系。做过中学教员、译电员。一九四九年后在燃料工业部工作，一九五六年调入上海动力学校（上海电力学院前身），直至一九九三年退休。一九九九年二月九日因病逝世。一生著述颇丰，主要有《燕京乡土记》、《红楼风俗谭》、《水流云在书话》等。

一九八二年夏邓云乡在自家院中窗下乘凉（王运天 摄）

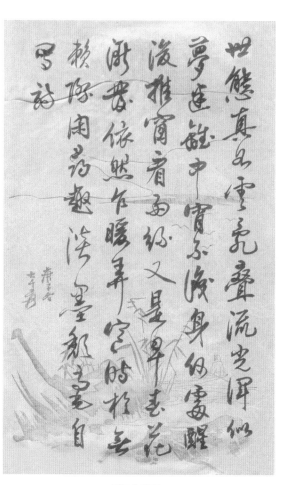

世態真如雲亂疊 流光渾似
夢迢遞 箇中宵不後身仍蒙醒
後推窗前西紗 又是浮柔花
卿君依然乍暖年空的格無
賴除用話趣淨空郁為自
弓詩

康辰冬
十年書

邓云乡手迹

昨裡苦茶睡不闲小院畫機響起畫槅因歉於
毛筱備慧贊陪芳人去玉酒迎　蛺蝶不傳
眉際訊泠孫甜孤念玉相思分寄千絲未瞬
古今猶是情難間

西堂先繪芝姜海雲紅塵畫暁闈誇師吏吟
腊詩中陪芳人逸子淮逍内托闈瑞西城煤陸老小詞八志之庚中逸
平伯夫子周西粟之為願

鄧雲鄉書

邓云乡手迹

出版说明

　　邓云乡(一九二四——一九九九),学名邓云骧。山西灵丘人。教授。作家,民俗学家,红学家。出生于书香世家,祖父和父亲都曾在清朝为官。幼时生活在山西灵丘东河南镇,一九三六年初随父母迁居北京,一九四七年毕业于北京大学中文系。做过中学教员、译电员。一九四九年后在燃料工业部工作,一九五六年调入上海动力学校(上海电力学院前身),直至退休。

　　邓云乡学识渊博,文史功底深厚。为文看似朴实,实则蕴藏着无穷的艺术魅力。其旁征博引,信手拈来。不论叙述民风民俗,描摹旧时胜迹,抑或是钩沉文人旧事,探寻一段史实,均娓娓道来,语颇隽永,耐人寻味。

　　此次中华书局整理出版的邓云乡作品集,参考了二〇〇四年版《邓云乡集》,并参校既出的其他单行本。编辑整理的基本原则是慎改,改必有据。具体来说,就是:

　　一、凡工作底本与参校本文字有异者,辨证是非,校订讹误。

　　二、凡引文有疑问之处,若作者注明文献版本情况,则复核该版本;若作者未能注明的,或者版本不易得的,则复核通行本。

　　三、作者早年著述中个别用字与当代通行规范不合者,俱从今例。

　　四、作者著述中某些错讹之处,未径改者加注说明。

　　五、本次整理对某些书稿做了适当增补,尽量减少遗珠之恨;有的则重新编排,以更加方便阅读。

邓云乡与中华书局渊源颇深，生前即在中华书局出版《红楼风俗谭》、《文化古城旧事》、《增补燕京乡土记》、《水流云在丛稿》等多部著作。此次再续前缘，我们有幸得到其家属的大力支持，不仅提供了邓云乡既出的各种单行本作为编辑工作的参考，并以其私藏印章、照片、手稿见示，以成图文并茂之功，在此谨致谢忱。

中华书局编辑部
二〇一四年十二月

目　录

厂肆志略

厂甸风貌

酒肆谭乘

名胜散记

生活杂撷

附录

厂肆志略

从《北平笺谱》说起

厂肆更谁来访笺，
版杨名字迅翁传。
海王村畔秋阳淡，
风景依稀似昔年。

这是我前两年回北京经过琉璃厂时偶然写下的一首绝句，是怀念鲁迅先生在琉璃厂访求笺纸和郑西谛先生编印《北平笺谱》的事。"版杨"是"板儿杨"，板儿杨和张老西儿是两位刻制水印笺纸木版的高手艺人，因编印《北平笺谱》而将姓字流传下来，成为艺林佳话。

鲁迅先生一九三三年十一月十一日给西谛先生的信中有一段写道：

> 板儿杨，张老西之名，似可记入《访笺杂记》内，借此已可知张□为山西人。大约刻工是不专属于某一纸店的，正如来札所测，不过即使专属，中国也竟可糊涂到不知其真姓名（况且还有绰号）。

在这段话中，鲁迅先生是很有感慨的，觉得这样的高手工艺家，竟至连名字也不为人所知，仅以绰号著称。其实这种情况，也有其另外一方面的原因，就是因技艺而出名，如过去北京"样子雷"、"快手刘",等等,也就是因为他们画房样子、变戏法等高超技艺,得到了以上的绰号,真名反为所掩。就以琉璃厂而论,当时也还有"古钱刘"、"宋版刘"等人物。"板儿杨"所以出名,也是这种情况。至于张老西儿,那是因为张是山西人。过去北京称呼山西人,习惯叫"老西儿",其中有玩笑的成分,也有亲热的成分,如再亲热点叫声"西儿哥"。但一般称呼"张老西儿",也没有什么,只是叫久了,真名也为这一"官称"所掩了。

鲁迅先生编制《北平笺谱》的缘起,是与先生很早就爱好绘画、版画,爱好收集画集、笺纸分不开的。古诗说"十样蛮笺出蜀州"①,但是先生没有到过四川成都一带,成都很出名的"诗婢家"的水印诗笺也未见先生提起过。当时上海、杭州、广州的笺纸,先生都收集过,认为都不及北京的好,所以只印了一部北京的。

先生自从一九二六年八月二十六日南下后,后来一共回过两次北京(当时叫北平),每次都到琉璃厂搜求了不少信笺。第一次回京,一九二九年五月二十三日记道②:

> ……从静文斋、宝晋斋、淳菁阁蒐罗信笺数十种,共泉七元。

同月二十八日记道:

---

① 此句似应为"十样蛮笺出益州",语出宋人韩浦《寄弟泊蜀笺》。——编者注
② 鲁迅先生日记纪年时,一九一九年之前,纪年用干支,纪月、日用阳历;一九二〇年开始,不再用干支纪年。文中后面所引日记原文,均准此,但在干支之后,加注公历年代,用( )表示。

……往松古斋及清秘阁买信笺五种,共泉四元。

　　第二次回京,一九三二年十一月二十三日记道:

　　往留黎厂买信笺四盒……

　　一九三三年二月五日给西谛先生的信道:

　　去年冬季回北平,在留黎厂得了一点笺纸,觉得画家与
刻印之法,已比《文美斋笺谱》时代更佳,譬如陈师曾、齐白
石所作诸笺,其刻印法已在日本木刻专家之上,但此事恐不
久也将销沉了。①

　　信中随后就说到"自备佳纸"印制笺谱的事,这便是印制
《北平笺谱》的准备和缘起了。鲁迅先生对当时琉璃厂笺纸的评
价是非常高的。后来在先生与西谛先生的努力下,《北平笺谱》
便于一九三四年初出书了。第一次印了一百部,第二次又印了
一百部。当时先生曾在给西谛先生的信中幽默地说道:"至三十
世纪,必与唐版媲美矣。"其实用不了那么久,到现在虽然只有四
十多年,这笺谱便早已成为难得见到的文物了。而这十分珍贵
的文物,便是搜求琉璃厂当时各家南纸店,如荣宝斋、清秘阁、淳

―――――――――

　　①　关于刻工的情况,清末《爱国报》所编《燕市积弊》中有一段介绍道:"刻
字的手艺,本来甚苦,年岁或老或小的人全都吃不成。每刻一板,分两道手,有
'伐刀、挑刀'的分别。伐刀管刮板、上样、拉线等事,把字的正面伐好,交给挑刀
去挑,挑刀把反面儿挑得,外带铲空(就是没字的空格)。乱先(指 1900 年八国联
军侵华即"庚子之乱"前。——编者注),每百宋字,才挣五百当十钱,顶好的手
艺,才能了零碎儿,如名戳、票板、花信笺之类,反正也挣不了多少钱。"

菁阁、松古斋等水印木刻笺纸印制的,在文化艺术史上留下了珍贵的一页佳话,在文化艺术典籍中留下了多少部精美的珍品,时至今日,虽非唐人写经、宋元佳椠,总也可以和明版、康版媲美了。

短短的东西琉璃厂街,由厂东门到厂西门,也不过二里之遥,其间书铺、南纸店、古玩铺、碑帖铺、裱画铺、图章铺、墨盒铺栉比鳞次,在一二百年中,真不知留下了多少文人学士的足迹。虽说雪泥鸿爪,不计东西,但是有的人的足迹却深深印在文化艺术的史册上,千古不湮,这便如鲁迅先生和西谛先生奔走于琉璃厂,搜求笺纸,编印《北平笺谱》。如此不辞辛苦,热心文化,而这却是那些"前不见古人,后不见来者"之流所想不到也不能理解的,而这样的人却是直到现在也还不少。所以谈谈鲁迅先生与琉璃厂,谈谈那个时候琉璃厂的一鳞半爪,我想也不是没有意义的吧。

琉璃厂气氛

乾隆时益都李南涧(文藻)《琉璃厂书肆记》中写道:"……无甚应酬,又性不喜观剧,茶园酒馆,足迹未尝至。惟日借书抄之,暇则步入琉璃厂观书。虽所买不多,而书肆之不到者寡矣。"鲁迅先生一生不喜欢看京戏,那时应酬也不多,平日公余除抄书之外,一遇暇日便到琉璃厂游览,很像李南涧所说的那种情况。

琉璃厂后来习惯说在和平门外,这样说是不确切的。因为和平门是一九二四年左右才开的,南北新华街也是同时才展宽的。在鲁迅先生去琉璃厂买书、访帖的大部分时间里,由城里去琉璃厂,还是不出宣武门,就得出前门,中间全有城墙挡着,是过不去的。鲁迅先生在一九一九年之前,住在菜市口南半截胡同山会邑馆,在宣武门里教育部上班,不论星期天或平日,去琉璃厂都是很方便的。走大路从菜市口经骡马市到虎坊桥,从梁家园斜穿过去,顺新华街往北不远就到厂桥,就是东西琉璃厂的中心了。如果走小路,从菜市口东边一点,进铁门穿小胡同到南柳巷,那就更没有多少路,便到了琉璃厂厂西门了。

琉璃厂以厂甸海王村公园为中心,往东是东琉璃厂,接一尺大街、杨梅竹斜街;往西是西琉璃厂,接南北柳巷。过去东西两头都有铁门,俗名厂东门、厂西门。整条琉璃厂街上,由鲁迅先生时期,一直到后来,除去西琉璃厂路南商务印书馆一所三层的西式楼房而外,其他都是中式的铺面房,而且大多都是平房,间或有所两层的楼房,那也有如凤毛麟角了。不过这些铺房都很精致，一般都是水磨砖的砖木建筑，门面油漆得很整齐。开间大多都是二间、三间，五间的便是大店了。只有昔时宝名斋书铺是最突出的，九开间门面，当时人称："琉璃厂一条龙，九间门面是'宝名'。"不过在鲁迅先生时期，宝名斋书铺早已关张，其他那些店铺，门面虽然不大，但后面进度一般都很深，而且都连着后面的院子，这样地方就很宽绰了。

琉璃厂各家店铺，大多都没有西式店铺的那种窗橱；也不像江南店铺的那种排门板，白天去掉门板，店面敞开，无门无窗。琉璃厂店铺的门面，都有门有窗，窗上装玻璃，有的还是老式窗，下面玻璃，上面糊纸。店门后来大多改为西式拉门，过去则都是对开木门，白天开门营业，门上挂帘子，冬天蓝布镶黑云头夹板棉门帘，夏天夹板大竹帘，从街上走过，透过擦得十分明亮的玻璃窗，可以看到店内的一些风光：古玩铺的红木多宝槅上的花瓶、鼎彝；书铺书架上一叠叠的蓝布套夹着白色签条的古书；书画铺挂的各种字画、立轴、对联；墨盒铺架上的亮晶晶的各式各样的墨盒子、镇纸、笔架……店名一般都是黑地金字的匾额，几开间门面的大店，在店名大匾的两旁，还对称地挂上两块小匾，如"藏珍"、"蕴玉"之类。柱子上都有红地黑字或黑地金字油漆得亮晶晶的抱柱对联。牌匾、对联都是当时名家书写的，翁同龢、朱益藩、宝熙、陆润庠等，应有尽有。这些对联都是嵌字格的，这里抄几副在下面，作为当日琉璃厂的一点资料吧。

宝气腾辉瞻典籍；
林花启秀灿文章。

宝林堂书铺

崇山峻岭琅嬛地；

文薮书田翰墨林。

崇文堂书铺

宝鼎芝房,嘉祥备至；

文场笔阵,典籍纷披。

宝文堂书画铺

万象峥嵘新眼界；

元龙品概古胸襟。

万元眼镜铺

这些对联,切铺名,切店铺内容,对仗一般都很工稳自然。尤其万元眼镜铺一副,用陈登的典故用得很好,很有点气概。

琉璃厂东西街,不管从东从西,慢慢走来,总是笼罩在一种文化、艺术的气氛中,这种气氛是琉璃厂所特有的,是从清代乾隆、嘉庆以后,逐渐形成的。一直绵延到后来,其间将近二百年之久,可以说是源远流长了。

鲁迅先生一九一二年五月五日到京,十二日就到琉璃厂游览,日记上记道：

星期休息。……下午与季茀、诗荃、协和至琉璃厂,历观古书肆,购傅氏《纂[籑]喜庐丛书》一部七本,五元八角。

其后,二十五日又去,二十六日、三十日又去。初到北京,风尘仆仆,除工作之外,朋友往来也很忙,却在不到一月之间,便去了四次琉璃厂,可见厂肆与先生的关系,也可以说是与当时所有学人的关系是多么的重要了。自此以后，十五年中，浏览古书，访求碑帖，收集信笺，时时徜徉于海王村畔、厂肆街前，那去的次数就更多。

先生于一九三二年十一月最后一次回北京，在京住了十六天，又去了三次琉璃厂，二十七日记道：

> 午后往师范大学讲演。往信远斋①买蜜饯五种，共泉十一元五角。

先生这次往师大讲演，后来到信远斋买蜜饯及回家，是当时师大同学叫营业汽车接送的，这便是鲁迅先生最后一次去琉璃厂。在东琉璃厂进口不远路南，那小小的两间门面的信远斋，嵌着玻璃的绿油漆的老式窗棂，红油漆的小拉门，前檐悬着一块黑漆金字匾额，写的是馆阁体的"信远斋"三个字。在初冬下午的阳光斜照中，鲁迅先生提着几包桃脯、杏脯之类的蜜饯，在店主萧掌柜拉门送客，"您慢点儿走……回见……"声中走出来，坐上车，回到城里西四宫门口家中。这普普通通的一点情景，谁能想到这就是鲁迅先生最后一次告别自己多年来不知徜徉过多少趟的琉璃厂呢？真是"逝者如斯夫"，此情此景，应该早已和琉璃厂的气氛融合在一起了吧。

---

① 信远斋是以卖酸梅汤出名的。近人徐凌霄《旧都百话》中道："暑天之冰，以冰梅汤为最流行，大街小巷，干鲜果铺的门口，都可以看见'冰镇梅汤'四字布檐横额，有的黄地黑字，甚为工致，迎风招展，好似酒家的帘子一样，使过往的热人，望梅止渴，富于吸引力。昔年京朝大老，贵客雅流，有闲工夫，常常要到琉璃厂，逛逛书铺，品品古董，考考版本，消磨长昼，天热口干，辄以信远斋梅汤，为解渴之需。"

书肆杂谈

　　鲁迅先生早期到琉璃厂去是买书,间或也买点古钱等小古董。从日记中看,在壬子(一九一二)、癸丑(一九一三)、甲寅(一九一四)几年中,先生经常来往的书铺是神州国光社、直隶书局、文明书局、宏道堂、立本堂、有正书局、保华堂等家,后来才到富晋书庄去。那时富晋书庄还在杨梅竹斜街青云阁内,等到迁至琉璃厂宏道堂旧址营业时,那已是一九二四年间的事,这在鲁迅先生离京之后了。先生早期买的书籍,最多是画册、丛书一类的书,如有正书局的《中国名画》,神州国光社的《金冬心花果册》、《神州大观》、《功顺堂丛书》、《湖海楼丛书》等。当然这些都只是举个例子,先生每年买的书都很多,在一篇小文内书名是无法广为介绍的。

　　这些书铺中,有古书铺,有新书铺,如神州国光社、有正书局、文明书局等,便是当时以卖新印珂罗版碑帖、画册出名的店家;宏道堂、立本堂、保华堂则都是古书铺;直隶书局则是新书、旧书都卖的铺子,曾经影印过清代卢文弨的《抱经堂丛书》,近代人宋星五、周蔼如辑的《文渊楼丛书》。

　　琉璃厂的书铺,自从清代乾嘉以来,绵绵二百载,其间兴衰代谢,不知变换了几百家。乾隆时益都李文藻《琉璃厂书肆记》、清末江阴缪荃孙《琉璃厂书肆后记》、近人通学斋书铺主人孙殿起《琉璃厂书肆三记》都作了详细的介绍,是考证琉璃厂书铺掌故的名著。尤其是孙著《琉璃厂书肆三记》,时代晚近,更为详赅。鲁迅先生往来琉璃厂买书的一些书铺,在孙著《三记》中基本上都是著录了的。

琉璃厂过去书铺,以路南的为多,又以东琉璃厂为多。由厂东门过来,远及火神庙、海王村公园、小沙土园胡同中,每两三家门面,便有一两家书铺,家家都是牙签插架,满目琳琅。一些书铺,外面看看,只有一两间、两三间阔,而内中进度却很深,有的是前后连接,即俗名"勾连搭"的鸳鸯房,看是三间,实际是六间,这样店内就很宽大了。铺中四周都是书架,有的前后房隔开的隔断也是书架,上面堆满了各种线装书,书套一头都夹有一张白纸,写明书名、作者、时代、版式。客人来了,可以挨架参观,随意取阅。如果是老主顾,更会让在柜房先休息,小伙计敬茶敬烟,略事寒暄,然后才谈生意。谈谈最近买到些什么,问问店里最近收到些什么,拿过来看看。好的东西,大家鉴赏一番,买也可以,不买也可以。如果有意要,然后可以谈谈价钱,形成一种朋友式的营业关系。这种营业方式,其源流应该说是很早了吧。乾隆时朝鲜人柳得恭在他所著《燕台再游录》中有几句写琉璃厂书铺道:

……聚瀛堂特潇洒,书籍又富;广庭起簟棚,随景开合,置椅三四张,床桌笔砚,楚楚略备,月季花数盆烂开;初夏天气甚热,余日雇车至聚瀛堂散闷,卸笠据椅而坐,随意抽书看之,甚乐也。时或往五柳居,与陶生话:系大比之年,各省举人云集都门,多游厂中,与之言,往往有投合者。或群辈杳至,问答姓名乡县,扰扰而散。……

这该是多么潇洒的书铺呢? 这种风气一直流传到后来,常去书铺,坐坐也好,谈谈也好,在答问之中,都有不少学问。如果顾客是位专家,铺主也就在买卖之中,顺便讨教,增长知识。如果买的人学识较差,店主也会娓娓不倦地向你介绍。这一方面固然为了做生意,另一方面也使你增长不少知识。经常浏览琉璃厂书铺,那便版本、目录、校勘之学,与日俱增了。

在琉璃厂书铺中,各个时期都有不少版本、目录专门家。晚近如正文斋主人谭笃生、会文斋主人何厚甫、文德堂主人韩逢源(绰号"韩大头")、通学斋主人孙殿起、文禄堂主人王搢青,个人营业的宝坻县人刘宇清(绰号"宋版刘")、衡水县人萧金铭等人,都是比较著名的。其中尤以孙、王二人更为突出。伦哲如先生《辛亥以来藏书纪事诗》所谓"后来屈指胜蓝者,孙耀卿同王晋卿",便是指此。并自注云:"故都书肆虽多,识版本者无几人,非博览强记,未足语此。余所识通学斋孙耀卿、文禄堂王晋卿二人,庶几近之。孙著有《贩书偶记》、《丛书目录拾遗》,王著有《文禄堂访书记》,皆共具通人之识,又非谭笃生、何厚甫辈所能及矣。"孙氏除上列二书外,还有《清代禁毁书目(补遗)》、《清代禁书知见录》、《琉璃厂小志》等著作。当然以上这些人都是琉璃厂的专门家,除此而外,那些一般的书店伙友,也要有一定的专业知识和专门技艺,才能胜任工作。

所说知识,就是熟悉各种书目,首先是四库的书目,其次还有南北各私家的书目,古代的、当代的,什么毛晋汲古阁、聊城海源阁、宁波天一阁等等。熟悉各种版本,什么宋版、元版,建刻、蜀刻,白口、黑口,家刻、坊刻等。要能做到像缪荃孙说的"宋椠元椠,见而即识;蜀版闽版,到眼不欺",那就近于技矣。

所说技艺,就是整理古书,重新装订,重新换护页、书衣,配制书套,仿制抄本,仿制缺页,这中间工夫各有高低。一部破烂霉蛀的宋版书,到了高明师傅手里,重新拆开,轻轻地一张张地摊平,去掉霉迹,托上衬纸,补好蛀处,再一张张折拢,理齐,先用纸捻订好,压平,再配上旧纸护页,配上栗壳色或瓷青色旧纸的书衣,用珠子线(即粗丝线)订好,贴上旧纸题签,配上蓝布、牙签书套。就是用这样水磨的细工夫,一部破烂的旧籍便成为面目一新的善本了。高明师傅做起这些工作来,真有得心应手、起死回生之妙。晚近装褙师傅王仲华,技艺就非常高明,曾为傅增湘重装北宋本《乐府诗集》,傅在跋语中称他为"缀补旧籍,号为精良",又说"修订讫事,精整明湛,焕然改观"。这像刻版工板儿杨、张老西一样,都是琉璃厂文化工艺中的高明之士。各书铺或藏书家都存有旧纸,平时把整理旧籍时多余的旧书衣、护页等替换积攒起来,以作修配宋版、元版等珍贵善本书之用。至于说重新装订一般的旧书,那就更不在话下了。

鲁迅先生也常常委托书店重新装订旧书,如癸丑(一九一三)年九月十四日记道:

> 上午本立堂书贾来持去破书九种,属其修治,豫付工价银二元。

十月五日记道:

> 往本立堂问所订书,大半成就。见《嵊县志》一部,附《郯录》,共十四册,以银二元买之,令换面叶重订。

十二月十九日记道:

下午留黎厂本立堂书估来取去旧书八部，令其缮治也。

同月二十九日又记道：

晚留黎厂本立堂旧书店伙计持前所托装订旧书来，共一百本，付工资五元一角五分。惟《急就篇》装订未善，令持归重理之。

从先生的这几则日记中，可以看出当时琉璃厂书铺代客修缮装订旧书业务的一斑。

他们除代顾客修缮、装订而外，还接受顾客的委托，代为访求难得的书。如癸丑（一九一三年）九月二十三日记道：

下午往留黎厂搜《嵇中散集》不得，遂以托本立堂。

先生所校《嵇中散集》早已出版了，而起因却早在六十几年前，这也算是和琉璃厂本立堂书铺留下的一点墨缘吧。

琉璃厂在二百年间，不只是一个卖书、卖画、卖古董的文化商业区，也可以说像一所特殊的学校，其间不知培养、熏陶出多少文物、艺术方面的专门人才。他们都是师徒相承，一代一代地传下去。孙殿起氏所编《贩书传薪记》，对近代书业师承作了比较详尽的记载，是很可珍贵的资料。

琉璃厂各书铺，在同光以前，大都是江南人，以江西人为多。李文藻《琉璃厂书肆记》说："书肆中之晓事者，惟五柳之陶、文粹之谢及韦也。韦，湖州人，陶、谢皆苏州人，其余不著何许人者，皆江西金溪人也。"后来可能因太平天国的影响吧，南方人不来了,逐渐为河北省南宫、冀县、衡水一带的人所代替。说到他们的商业道德,虽然也有一些弄虚作假,如制造假宋版书、假抄本书,以残缺的书冒充完整的书出售等等情况,但大部分来说,对待客人还是较为诚恳、朴实的。这也是琉璃厂的一种好风气。鲁迅先生癸丑(一九一三)年二月九日记道:

> 至宏道堂买得《湖海楼丛书》一部二十二册,七元;《佩文斋书画谱》一部三十二册,二十元。其主人程姓,年已五十余,自云索价高者,总因欲多赢几文之故,亦诚言也。又云官局书颇备,此事利薄,侪辈多不愿为,而我为之。

书要卖高价,自己说明是想多赢几文,这自是老实的表现,所以得到先生的赞许。这比要了高价还说是"赔钱出售,忍痛牺牲"的生意经要实在得多。按孙殿起《琉璃厂书肆三记》和《贩书传薪记》所载,这位诚实的掌柜是字叫信斋的程锁成,河北冀县人。

书价杂谈

　　鲁迅先生每年日记后面,都附有书账。从一九一二年至一九二六年,据书账所载,共用了三千六百七十余元。这还不包括一九二二年的,那年的日记遗失了。如取前后两年的平均数计算,还要加一百四十元上去,那就是三千八百元左右,这不能说是一个小数目了。但是在所买的书里面,还没有什么善本书,即宋、元、明版,以及各种少见的禁书和稀有的抄本在内。

　　先生在壬子(一九一二)年日记书账后有小记道:

　　　　审自五月至年莫,凡八月间而购书百六十余元,然无善本。京师视古籍为骨董,唯大力者能致之耳。今人处世不必读书,而我辈复无购书之力,尚复月掷二十余金,收拾破书数册以自怡说,亦可笑叹人也。华国元年十二月三十一日灯下记之。

　　在这段后记里,既感北京当时书价之昂贵,又痛詈以书为骨董者之流购书而不读书,感慨是很深的。这里面便联系到一个书价问题。鲁迅先生在京十五年内,所用之书款,除极少数属于从外地或国外函购,或回南时在上海、绍兴购买者外,绝大多数都是在琉璃厂购买的,可以说,这点钱绝大部分都花在琉璃厂了。所用款项,一部分是买书,一部分是买拓片。如广义地说,碑帖拓片也是典籍,所以两样先生都记在书账上。为此,琉璃厂书价的高低,与先生自是非常密切的了。

琉璃厂书价,在清代十九世纪中叶,还比较一般。这里先引一则李慈铭的日记作为具体说明。《越缦堂日记》咸丰庚申(一八六〇年)十二月十五日记道:

> 以钱二十五缗,买得临海洪筠轩先生颐煊《读书丛录》二十四卷,歙县金辅之先生榜《礼器》三卷,江都焦礼堂先生循《群经宫室图》二卷,高邮王文简公《经传释词》十卷,栖霞祁兰皋先生配王婉佺安人《列女传补注》八卷、《列仙传校正本》二卷及马令《南唐书》二卷……

共书七种,五十卷。二十五缗制钱,折合后来铜元二千五百枚,合五六块银元。看来这些书一般都还是乾嘉刻本,其价钱较之后来,固然不能说是十分便宜的,但也不能说是十分贵了。

琉璃厂书价日渐腾贵,是在清代末年。据震钧《天咫偶闻》记载:张之洞《书目答问》出来之后,掀起一股买书风,京都士人都到琉璃厂按图索骥,书铺生意兴隆,书价也就日渐上涨了。那时宋版书,计叶论值,视版式好坏,每叶三五钱;殿版以册计,每册一二两;康乾旧版,每册五六钱;新印的书,看版式、纸张的精粗,区别论价。一般真字版比宋字版贵十分之二三,连泗纸比竹纸贵十分之二三,道路远的又比近的贵十分之二三。这里所说的钱和两,都是指纹银。宋版书每页就以三钱算,五十页一册,四册一套的书,就要卖六十两纹银了。当时江南的米价,一石还在一二两纹银之间,四册宋版书,就是四五十石米的价格了。

乾嘉时黄丕烈《书舶庸谭》中《宋刻〈王右丞文集〉跋》云:

《王右丞文集》，即所谓《山中一半雨》本，许《丁卯集》（元刻）即所谓"校宋版多诗几大半"本……惜以物主居奇，必与《说文》并售，索值白金百二，而余又以《说文》已置一部，不复重出，作书复之，许以二十六金，得此两书，书札往返再三，竟能如愿。

那时二十六两银子可以买到的书，到了清末以叶计值的时候，恐怕再加两三倍也买不到。但是到了后来，就是鲁迅先生在琉璃厂买书的年代里，那就更不得了了。蜀人傅增湘氏戊午（一九一八年）买北宋本《乐府诗集》一百卷、二十四册，以银元一千四百元成交。替王叔鲁（即后来的大汉奸王克敏）买宋版《后汉书》残本四十九卷，以银元一千五百元成交。俟后王书散出在琉璃厂，《后汉书》又被傅氏以一千二百元收进。武进陶兰泉买明抄本《墨庄漫录》，以六百元成交。这些都是琉璃厂的豪客，就是鲁迅先生所说的"视古籍为骨董者"了。按傅氏是当时著名的藏书家，收藏有宋、元版《通鉴》各一部，自题为"双鉴楼"。鲁迅先生在《病后杂谈之余》（见《且介亭杂文》）一文中所说的"以藏书家和学者出名的傅某"，便是指他。傅买书时鉴别古籍，议论书价，十分精明。以成千的银元买一套书，那是因为当时的书价就这么贵，并非是他买得吃亏。他买书一般都是买得十分合算的，如前所说一千五百元的书，他以一千二百元收进，便是一例。

以上谈的是那时宋、元版善本书的价钱。至于其他的书，在琉璃厂要看各种情况，时贵时贱，价钱并不稳定，基本上是看顾客的购买情况而涨落。鲁迅先生在《买〈小学大全〉记》（见《且介亭杂文》）一文中有几句说：

线装书真是买不起了。乾隆时候的刻本的价钱，几乎等于那时的宋本。明版小说，是五四运动以后飞涨的；从今年起，洪运怕要轮到小品文身上去了。至于清朝禁书，则民元革命后就是宝贝，即使并无足观的著作，也常要百余元至数十元。

鲁迅先生此文是一九三四年在上海写的，但内容谈到五四以后及民元书价，所以也适用说明琉璃厂书价涨落的情况。再如伦哲如在所著《辛亥以来藏书纪事诗》自序中也说："……同是一书，适时则贵，过时则贱，而时之为义又至暂，例如辛酉（一九二一年）以前，宋元集部，人所争得也，乃过此则无问之者矣。又如辛未（一九三〇年）以前，明清禁书，人所争得者也，乃过此亦几几无问之者矣。"

这位伦先生也是跑了一辈子琉璃厂的人，所说都是琉璃厂实情，就是琉璃厂书价，常常是因为大家都抢购某一类书，这类书的价钱便一哄而高了。反之，无人过问的书，便十分不值钱。据说在清末时，普通地方志没有人买，只有日本人买，书铺以"罗"论价，一元一"罗"。所谓一"罗"，就是把书堆起来有一手杖高。即使是少见的善本志书，因为无人过问，价钱也很便宜。等到一九三〇年前后，北平图书馆、各大学图书馆注意购买方志，各私人藏书家也跟着抢购，不久方志一门，便身价百倍了。鲁迅先生在癸丑（一九一三年）十月五日从琉璃厂立本堂买《嵊县志》、附《郯录》十四册，价二元，那自是十分便宜的了。

鲁迅先生在《买〈小学大全〉记》一文中还说过《东华录》、《御批通鉴辑览》、《上谕八旗》、《雍正朱批谕旨》等清代官书，无人过问，价钱低廉的情况。在当时，除此之外，也还有《皇清经解》等类的书,也是无人过问,都同称斤卖差不多,也常常是以手杖论值卖给日本人了。而相对作为骨董的书却更价值惊人了。自从庚子之后,《永乐大典》散出,清末琉璃厂文友堂以每册现金一百银元的代价到处搜求,卖给日本东京文求堂店主田中庆太郎。伦哲如《辛亥以来藏书纪事诗》曾记:山阴人吴莲溪,庚子乱中翰林院私分《永乐大典》时,曾分得百来本,当时尚无卖处。宣统间,由于琉璃厂书铺重价收求,吴因之致富。去世后,家中尚有二本,一全一不全,全的要卖三千元,不全的要卖二千元,那就更是奇货可居了。算来鲁迅先生十五年中,全部在琉璃厂买书的钱,也不够买这两本《永乐大典》的。

琉璃厂是古籍集中的地方,书价与外地比较,一般要比外地高。利之所趋,琉璃厂书商都以到外地收集古籍为谋利捷径。近的到山东、山西、河北、河南,远的到云、贵、川、广,每趟外出收书,都有不同的收获。有名的如述古堂于魁祥一九一七年在山东买到宋本《八经》、宋本《唐十家小集》。个人营业的衡水人彭文麟,专门外出收书,远到湖南、江西,一九三一年在山西曾廉价买到《永乐大典》十余册。山西南路过去不少经营钱庄票号的商家,收藏的明清小说很多,明清小说书价大涨之后,琉璃厂书铺便常前去收购。文介堂张德修在山西购到《金瓶梅词话》,回到北京,以八百元卖给北京图书馆,真可算是一本万利了。

鲁迅先生一九一三年回绍兴时,在绍兴奎元堂买到过一部毛晋汲古阁的《六十种曲》,二十四元。后来先生在一九二一年经济困难时期,把这套书在北京以四十元的代价卖掉了。一九二一年四月七日记云:

上午卖去所藏《六十种曲》一部,得泉四十,午后往新华银行取之。

在这一买一卖之间,也可以看出当时北京与外地书价的差异了。

当然,上面拉杂所写,还是那时琉璃厂书价的大行大市。至于说在小市冷摊上买到便宜货,那也是时而有之的事。但那多是因为卖者是外行,买者偶然碰巧,不能作为书价的行情。

碑帖铺和古钱铺

鲁迅先生在北京，有几年勤于抄碑、校勘碑，便经常买拓片，因此和琉璃厂碑帖铺的关系很深、很多。读先生日记，记录的碑帖铺的店名，就有敦古谊、师古斋、式古斋、富华阁、肆古斋、宜古斋、仪古斋、耀文堂、震古斋、访古斋、德古斋等十几家之多。碑帖铺在琉璃厂是一个独立的行业。固然书铺如有正书局、神州国光社、文明书局等也影印碑帖发卖，有些古玩铺偶尔也卖旧碑帖，但这都和碑帖铺不同。碑帖铺则是不卖别的，专门卖碑帖的。其内容大约一是已裱好的碑帖，作折叠册页式，有木制夹版，或锦裱封面，有各代、各家的题跋，有题签，这中间分宋、元、明、清、晚近拓本，从题跋和收藏图章以及金石著作中，可以识别和考校其源流。这种好的旧拓价钱是相当贵的。二是翻刻的成套法帖，如宋代《淳化阁法帖》，清代《三希堂法帖》，私家《宝晋斋法帖》《戏鸿堂法帖》等。三是未裱好的碑、石刻、造像、吉金等拓片。有旧拓的，也有碑店伙友到各省新打的，有从原碑拓的，也有翻刻后重拓的，有各金石碑目早经著录的，也有新出土的。鲁迅先生所买大约都是第三种。这种古物，在古书、法帖、古玩之中，大概是最便宜的了。根据前人的记载，拓片在清末的价格大约是字多的，京钞十千一张，合京外钱一千文，即铜元一百文。字少的以束论，一束十余张，七八千文，合京外钱七八百文，即铜元七八十枚。到鲁迅先生时期，价钱贵多了，但比书画古玩还是有限得很。如《河南存古阁藏石拓本》全份三十种四十六枚,四元;《曲阜孔庙汉碑拓本》十二种十九枚,三元;《龙门全拓》大小一千三百二十枚,三十三元。这些也都只合一两角或几分钱一张,不能不说是很便宜了。

鲁迅先生买拓片,从日记上看,是由乙卯(一九一五年)开始的。该年四月二十五日记道:

> 往留黎厂买《射阳石门画像》等五纸,二元;《曹望憘造象》拓本二枚,四角。

六月十三日记道:

> 往留黎厂买《赵阿欢造象》等五枚,三角。又缩刻古碑拓本共二十四枚,一元,帖店称晏如居缩刻,云出何子贞,俟考。

缩刻是按照旧拓本缩小重新上石的,这主要是原碑已亡失,世间只留拓本,好事者缩小重新上石,以资流传。

八月三日记道:

> 下午敦古谊帖店送来石印《寰宇贞石图》散叶一分五十七枚,直六元。

同年八月十二日、九月一日都记着敦古谊帖店送造像拓本来。十月四日记道:

> 上午富华阁送来杂汉画象拓本一百卅七枚,皆散在嘉祥、汶上、金乡者,拓不佳,以十四元购之。

十一月二十日记道：

> 在敦古谊买《爨宝子碑》等拓本三种，三元。

从这些日记看，先生最早所买拓本，大都是造像多，碑和墓志等还是比较少的，到后来才陆续买碑和墓志等拓片，那时抄碑的工作也就开始了。关于先生买拓片、抄碑的情况，周遐寿老人在所著《补树书屋旧事》中说的很清楚，这里就不再多赘了。看先生丁巳（一九一七年）正月二十二日记道：

> 晚许季上来，并贻食品。旧历除夕也，夜独坐录碑，殊无换岁之感。

旧历大年夜，当时家家都在忙着请神、祭祖、辞岁、吃年夜饭，而先生却独自一人，坐在山会邑馆补树书屋的煤油灯下，静悄悄地录碑，此情此景，应该如何解释？可以说，这绝非天涯寂寞之时，正是战士磨砺之际吧。有哪一位高明的画家，画一幅《除夜录碑图》，这难道不是一道很好的画题吗？

鲁迅先生在买拓片的几年中，是经常到碑帖铺去坐坐的。碑帖铺内部的陈设，大体同书铺一样，所不同的，书铺架上都是大部头、小部头的各式各样的书，而碑帖铺架上摆的则是各种碑帖罢了。店中也收拾得干干净净，窗明室朗，顾客比书铺少些，所来的人都是内行的多，来了坐下随便谈谈，拿出所需要的碑帖或拓片，打开看看，品题讨论。如果是旧拓，看看肥瘦漫衍的情况，研究一下年代，分析一下流传的过程。如果是新拓，谈谈碑在哪省哪县，是新出土的，还是旧有的。现在原石还在不在，与旧拓比较一下漫衍的情况,比宋拓少哪些字,比明拓少哪些字。新出土的东西,现存何处,出土情况如何,拓得墨色好不好。总之金石文字,这套学问也是无穷无尽的。精于此道的,既要熟悉各种碑目,又要能够鉴别实物,是宋拓还是明拓,是原刻还是翻刻,哪一字阙,哪一字不阙,或是阙半边,阙某一笔,要如数家珍,到眼不欺。这些就是碑帖铺的学问了。当然从碑帖的内容看,还要联系到历史;从碑帖的字形看,还要联系到文字学;从碑帖的书法看,那还要联系到书法艺术;那个范围就更加广泛,更远远地超出碑帖本身的学问,那就是各种专门学者的事,不全是碑帖铺伙友所能做得到的了。

鲁迅先生抄碑,意在研究金石,校勘碑文,作碑录,这完全不同于临摹碑帖,练习书法。所以收集拓片,要全,要完整。一通石碑,上面有碑头、有篆额,下面有底坐,正面有碑文,后面碑阴也有文字,往往两侧也有文字。至于墓志,也有铭文和墓盖之分,两块大小一样的方石,一块是墓盖,篆书某某之墓,一块是铭文。再有造像,有前身,有后身,前身是像,后身有字。凡此等等,从历史和金石研究的角度出发,都是有价值的,所以要收集全。先生日记中有时记着"并阴"、"阙侧"、"阙额"、"并盖"等字样,就是记明这种情况。

先生在琉璃厂收集旧籍和拓片的同时,也喜欢买一些古钱,日记中写着"古泉"。如甲寅(一九一四)年六月六日记道:

> 往留黎厂李竹泉家买圆足布一枚,文曰"安邑化金";平足布三枚,文曰"戈邑",背有"兮"字,曰"兹氏",曰"闶",又"埒"字圆币二枚,共三元五角。

同年七月一日①记道：

> 下午往留黎厂买古泉不成……

我国历史悠久，古代货币的收集、考证和研究，关系到的方面也非常广，过去这方面的专门著作也很多。琉璃厂那时有专门卖古钱的店家，有名的"广文斋古钱铺"，创建于清代咸丰五年，一直到三十年代中叶才歇业。它的创始人刘三戒，绰号就叫"古钱刘"。鲁迅先生在癸丑（一九一三年）也记着买过他家的古钱。八月十六日记道：

> 在广文斋买古泉十八品，银一圆。

同月十八日又记道：

> 往琉璃厂广文斋买古泉二十一品，银二元六角。

广文斋古钱铺的创办人刘三戒去世后，由他儿子刘庭锡继承营业，从他父亲手中学艺，也是懂得古钱的专门家。鲁迅先生到广文斋买古钱时，古钱刘早已去世，正是刘庭锡当家的时候。至于上面所说的李竹泉，那不是商店，可能是个人营业的。琉璃厂书籍、古玩、碑帖等行业除店铺而外，也还有不少个人营业的，俗名叫"耍人的"，这些大抵都是在店铺学徒作伙友之后，由于各种原因离开店铺，没有更多资本，不能自己开店，而又有专门行

---

① 据《鲁迅日记》，似应为七月二十二日。——编者注

业,琉璃厂街面也熟悉,便凑少量资本,个人经营,也可以维持生计。他们大多住在琉璃厂附近,在顾客中也都有老关系,不愁没有生意。营业方式一般都是送货上门,送到家中或单位中,货源有的是自己贩运的,有的是从关系深的店铺中借的、赊的。这些人当中,也很有些知名之士,如宝坻县人刘宇清,个人营业,常到外省去收书,精于版本鉴别,人称"宋版刘"。冀县人萧金铭,也是个人营业,到外省收书,在山东买到过宋麻沙本《三礼图》,这在琉璃厂都很出名。李竹泉卖古钱,应该也是这类情况。先生在以后的日记中有一处记着往"李竹泉店",可能后来他生意不错,慢慢开了小铺子了。① 但是也有倒楣的:冀县人魏进考,独

---

① 关于李竹泉的情况,《鲁迅研究资料二辑》载有吴凤岗的来函摘登说:"一九七六年十月访问原琉璃厂云松阁主人李尧臣之子李庆裕老先生(现年七十九岁),他是鲁迅当年所熟识的人。《鲁迅日记》一九二五年四月三日曾提到他。《文物参考资料》一九五六年十期《鲁迅对历史文物的研究》一文中也介绍了李和鲁迅的事迹。据李说鲁迅常去他家开的文物店购物。他家门上的横匾是'李竹庵'三字,是他祖父的名字,两横匾是何人题字,已记不清。窗上的横匾是'云松阁'三字,是店名,据告云松阁古玩铺在西琉璃厂路南一百四十九号,一间门面,门靠西,窗靠东。门东西两边各悬一长匾,文字相同:'云松阁收买古钱。'此外,琉璃厂当时并无李竹齐或李竹泉其人其店。""看来《鲁迅日记》中凡写李竹齐、李竹泉处,均是误笔。只有一九二四年九月十八日一条所记'李竹庵'是正确。"
按,《鲁迅日记》一九一三年十月五日、一九一四年六月六日、一九二四年二月二日、一九二四年九月十八日四次记载去琉璃厂李竹齐、李竹泉、李竹泉、李竹庵家购买古钱等文物。
又按,《鲁迅日记》中去琉璃厂买古玩的铺子是"松云阁",一九二三年四月十三日记云:"在云松阁买唐佛象泥一枚,一元,陕西出。"同月十八日记云:"下午同裘子元往松云阁买土偶人四枚,共泉五元。"同月二十四日、二十七日及五月一日都记有到松云阁买古玩的事。一九二四年八月二十二日记云:"午后往松云阁,置持畚偶人一枚,泉二。"一九二五年二月三日记云:"略游厂甸。在松云阁买鸮尊一,泉一。"以上所记都是"松云阁",而非"云松阁"。而一九二五年四月三日记云:"云松阁李庆裕来议种花树。"同月五日记云:"云松阁来种树,计紫、白丁香各二,碧桃一……"又五月二十三日记云:"上午云松阁送来月季花两盆。"据此可以看出,"松云阁"与"云松阁"似是两家字号,一为古玩铺,一为花厂。

自营业,来往的主顾都是北洋政府参、众两议院的议员,有一年国会解散,各议员纷纷离京,当时营业,一般都是赊账,要等端午、中秋、除夕三节收钱,议员离京,他的书债就都收不回来了,而他卖出去的书,又都是从同业中赊来的,到期无法交账,便服毒自杀了。这是琉璃厂个人营业中的一个悲剧。至于像鲁迅先生丙辰(一九一六年)六月二十二日所记:

> 晚有帖估以无行失业,持拓本求售,悲其艰窘,以一元购《皇甫驎墓志》一枚。

这简直有些形同乞讨,是个人营业中更为可怜的了。

拓碑的艺术

  谈论碑帖铺时,曾谈到碑帖铺伙友的知识和学问,还没有谈到他们的技艺。碑帖铺伙友需要掌握的技艺就是"墨拓",就是用纸、墨把器物上的文字、花纹拓下来,拓好的就叫"拓片",就是鲁迅先生那时经常到琉璃厂碑帖铺中所买的了。鲁迅先生除去买拓片而外,也曾托朋友直接去拓碑,自己也曾亲自拓古砖拓片。一九一八年二月六日记道:

    裘子元之弟在迪化,托其打碑,上午寄纸三十番,墨一条。

同年七月十四日记道:

    小雷雨。拓大同专二分。失眠。

一九二四年九月十日记道:

    齐寿山为从肃宁人家觅得"君子"专一块,阙角不损字,未定直,姑持归,于下午打数本。①

―――――――――――

  ① "大同砖",大同,南朝梁武帝萧衍的年号,即砖模子上刻有大同年号,烧出来的有"大同"阳文字样的砖。即公元五三五至五四六年间南朝的古砖。另辽太宗耶律德光的年号中也有"大同",但为期极短,这大同砖不是辽砖。"君子砖"是肃宁的汉砖,即汉献王日华宫中君子馆的古砖。清人陈方海《计有斋文稿》中有一篇《汉砖铭》,略抄数句于下,以为佐证。文云:"肃宁苗君学植,藏古砖一枚,有文曰'君子',携至京师,属余为铭。肃宁为汉河间国地,砖盖献王宫中物也。王修学好古,被服儒术,四方毫秀不远千里,筑日华宫二十余区,中有所谓君子馆者,赖兹故物为佐证焉。"

这都是先生弄墨拓的实录。这是一种专门的技艺,其中是大有高低之分的,高手拓工能把原刻的精神逼真地拓在纸上,所谓纸墨爽朗,神态完足;劣手则要走样,内行人一看就晓得。鲁迅先生日记记买拓片时,有时记道"拓不佳",便是这个意思。

拓片分类,大致可分三种:一是刻石类,即碑、墓志、造像、经幢等;二是吉金类,即钟鼎、铜镜、古钱等;三是陶土类,即古砖、瓦当、封泥等。拓的过程是:清理原物、上蜡、上纸、捶纸、上墨等几个步骤。这中间既要讲究材料,又要讲求技术手法。根据清代鲍康《鲍臆园手札》、陈介祺《簠斋传古别录》、《陈簠斋笔记》等书记载:墨拓用纸最好是汪六吉棉连扇料纸,俗名"十七刀"(按,这种纸过去在琉璃厂叫"六吉宣"),其次用"净皮纸",白纸之外,还有一种黄纸。它的要求,就是纸既要薄,又要十分坚韧,弄湿之后,再经捶打,不会破损,干了不会发脆。纸铺在器物上时,先要上水弄湿,使纸服贴地贴在所拓器物上。用清水,用大米汤水,最考究用中药白芨水,取其既少有黏性,又十分滑润。捶打时要用毡卷,把干净白细绒毡卷紧,扎紧,两头切平,在纸上敲击。如是铜器,腹部深处的铭文,或用毛刷、退毫大笔打纸。待湿纸吃进碑文稍干后,再上墨。上墨用绸布包新棉花扎紧,把墨用笔涂在碗盖或小瓷碟上,用棉花包速揉,然后拓在纸上。要分几次拓墨,把墨上足,等纸干了,轻轻掀起,便是一张黑纸白字、蜡光闪闪的拓片了。据陈介祺《簠斋传古别录》所说,墨拓一事,如果仔细讲究起来,那还复杂得很,什么砖、瓦、封泥要上白蜡,铜器不可上蜡,上纸不能用胶矾水,用了会损石脆纸,铜器如何剔字等等,都不是三言两语所能说得清楚的,这都要专门家去研究了。这里只引他几句墨拓运腕的话,以见一斑吧:

拓墨须手指不动而运腕。运腕乃心运使动,而腕乃不动。不过其力或轻或重,或扑或扬,一到字边,包即腾起,如拍,如揭,以腕起落,而纸有声,乃为得法。

这段话说得十分精彩,简直像庖丁解牛一样,要神乎其技了。

搞各种墨拓,比较起来,拓碑、墓志等,较为容易些,因为它是平面的,上纸、捶打、上墨都容易。拓碑也有困难的地方,那是因为有些碑都散在各地,不少都在山崖上,攀登困难,寻找困难,有时真要披荆斩棘,剔除泥沙,才能拓到。所以前人称为"访碑"。乾嘉时画家兼金石家黄小松写过一本《嵩洛访碑日记》,记录他带拓工到嵩山、龙门等地拓碑的情况,从中很可以看出一些拓碑的甘苦,如有一则道:

二十五日,视工人拓龙门诸刻。山僧古涵精摹拓,亦来助力。僧知伊阙洞顶小龛有开元刻字,猱升而上,得一纸,乃邱悦赞利涉书,向所未见,非此僧莫能致也。

从所记可以看出这一纸小拓片得来的不容易,不是这个和尚身上有功夫,可以猱升而上,一般人哪里办得到呢?又一则记道:

……龙门石洞内,见顶刻大唐永隆等字,圉转巨书。老君洞顶之刻几遍,架木高危,不能拓取,叹息而已。

这就是石刻太高,不能拓取,使得他望石兴叹了。鲁迅先生丁巳(一九一七年)三月十八日记道：

> 午后往留黎厂买洛阳龙门题刻全拓一分，大小约一千
> 三百二十枚，直卅三元。

把先生的日记和黄小松的日记对照来看，先生买得这份拓片，是十分便宜的了。

拓碑之外，谈到拓造像、铜器等，就要比拓碑困难了。因为这些都不是平整的东西，原物都是不规则形状，有各种弧度，而且都是阳文。《簠斋传古别录》说："上纸有极难者，鼎腹为甚，必须使折皱不在字而已，纸不佳则尤易破，纸不可小，须留标目、考释与用印处，纸文宜直用。"除此而外，拓古铜器还要注意土花铜绿等，拓时既要把文字和花纹拓出来，还不能损坏器物铜绿，所以铜器拓时不可上蜡。总之手续复杂，技艺要求很高，没有一点水平的人是弄不来的。当时琉璃厂拓钟鼎彝器的名家是冀县人薛学珍，清末时曾在京师大学堂(北京大学前身)图书馆供职，专门拓铜器，经验丰富，手法高超，据说摹拓古器，丝毫不爽，和照相一样，但又是照相所不能代替的，可以说是难能可贵的了。

碑帖铺的伙友，除了会墨拓技术，常常到外省各地去拓碑而外，还要学会裱拓片。因为拓片不论白纸、黄纸，纸质都很薄，翻弄的次数多了，很容易弄破，一定要把它裱一下：一种裱法是把拓片一条条地剪开来，装裱成册页式或长卷式；一种只是用东昌纸或皮纸托一下，就是不把拓片剪开，只是在拓片背面再裱一张较坚韧的衬纸。鲁迅先生在日记中常记裱拓片的事，都是指后一种。如丁巳(一九一七年)八月二十四日记道：

下午往留黎厂取所表拓本,凡三十枚,付工四元。

同年十一月十八日记道:

又至敦古谊取所表拓片三十枚,工五元。

日记中这类记载还很多。每张裱工合一角四五分。鲁迅先生所以如此裱拓片,并不是因为这样裱便宜,主要是这样裱可以保存碑的原样,录碑时便于按尺寸、行数、字数观察研究,考校原文。如果剪开来,裱成册页或长卷,考校起来,就不大方便了。

南纸店

北京过去的纸店,除去后来开的永兴洋纸行等专卖道林纸、描图纸、铅画纸等店家,特别叫"洋纸行"而外,其他都叫"南纸店",这主要因为纸张笔墨都是南方运来的缘故。琉璃厂除书铺、碑帖铺、古玩铺而外,最多的就要数南纸店了。[①]

鲁迅先生早期照顾的南纸店是清秘阁。壬子(一九一二年)到北京没有几个月,就到清秘阁买纸、买画。十一月九日记道:

> 赴留黎厂买纸,并托清秘阁买林琴南画册一叶,付银四元四角,约半月后取。

同月十四日记道:

> 午后清秘阁持林琴南画来,亦不甚佳。

此后许多年中,先生买信纸、信封,也总是照顾清秘阁的时

① 清末《爱国报》所编《燕市积弊》介绍纸铺云:"纸铺买卖儿向分两种,有京纸铺、南纸铺的分别。南纸铺所卖都是文人所用一切纸笔墨砚,宣纸信笺,图章墨合,时人字画,等等,无一不备。京纸铺卖的是本京所造各色染纸、倭子、银花、秋秸、毛头账本儿,与裱糊匠水马不离槽。"按,所谓京纸铺所卖,全部是裱糊房屋及冥衣铺糊冥器所用纸。"倭子"、"银花"等是刷好墙粉的糊墙纸,俗名"大白纸","大白"是土产墙粉的名称。"秋秸"是用旧账纸糊好、缠好的高粱秸,糊仰尘、隔断时作龙骨用。再按,庚子以后,又有专卖道林纸、铅画纸、铅笔、钢笔等洋纸行,如东单"永兴洋纸行"之类出现,则北京之纸铺有三类矣。

候为多。

琉璃厂南纸店的业务,大体可分三部分:一是纸张,发卖各种宣纸,绵纸,皮纸,毛边,粉连,各种笺纸、信封,各种稿纸、仿纸,各种扇面,各种装裱好的喜寿联屏、挽联、册页,各种装订好的折子、本子、老式账簿等。二是文具用品,笔、墨、砚台、墨盒、水盂、镇纸、笔套、笔筒、笔架、浆糊、裁纸刀、国画颜色、颜色碟、印泥、印泥盒子、扇股子、臂搁、笔洗等等。三是书、画、篆刻家的笔单。画家、书家、篆刻家由若干名家推荐订出卖画、卖字、刻图章的润笔价格,在南纸店挂笔单,南纸店代为订购,从润笔中提成,书画家再买南纸店的纸张、笔墨、颜色等等,纸店从两头都得到利润,是很可观的。如鲁迅先生买畏庐老人一幅册页,四元四角,这笔钱中就要按所订合约打折扣,扣掉南纸店的,才是画家实际收入的数字。

南纸店内部店容不同于书铺、古玩铺、碑帖铺,首先一个特征就是它卖纸的部分有宽大结实的木柜台,顾客站在柜台外,店伙站在柜台内,双方进行交易。柜台里面有大货架,放着各种纸张。贴墙都有大橱,下半截有许多大抽屉,放笺纸、扇面等。上半截有许多格子,放裱现成的空白喜寿联、寿屏、挽联等。这种柜台一般都占店堂的一半多,有曲尺形的,也有一字形的。柜台外的另一些地方,也有玻璃橱、玻璃柜台,里面陈列着精致的笔、砚、墨等。在店堂的一隅,还有招待客人休息的桌椅等,都是硬木八仙桌,硬木太师椅,厚厚的老式椅垫,桌前还少不了个高脚白铜痰盂,墙上还少不了应有的题有店名或店主雅号上款的名人书画。柜台里面有门通后面,柜台外面也有门通后面,后面有柜房,有待客的客房,还有货物的堆房,即仓库。有的还有专门挂满书画的房间,供客人参观选购。大南纸店后面都连着院子,这些房屋便分布在院子的正房、厢房中。院子都干干净净,如果夏天,还有花木盆景,搭着天棚,就是人们常说的"天棚、鱼缸、石榴树"了。当然,其他店铺后院也是这点名堂,并非只是南纸店所独有,不过写到这里,顺便提提罢了。

顾客从店门进来,如果买纸,到木柜台前,你要宣纸,什么料半、单宣、六吉、夹贡、玉版、洒金、虎皮、发笺等等,根据你的要求,从货架上,整刀地拿下来,摊开在宽大结实的柜台上,凭你选购。买好了,你要裁成什么尺寸,马上从柜台下面拿出像半圆镰刀一样的裁纸刀,给你裁好。如果你要打格子:打一副九言联吧,马上把裁好的纸摊在柜台上,红木镇纸一压,柜台下拿出尺、界划等工具,很快就在雪白的纸上,划好朱红的朱丝界线,中间九格,两边还有上下款朱栏,真是待客服务周到,干活干净利索。即便是不买什么,拿个扇面、扇股进去,劳驾他装装,他们也和颜悦色,很熟练地替你装好,分文不取。他们还有修理扇股、配股轴等手艺。以上这点技艺,都是南纸店伙计的看家本领。

信纸、信封、稿纸、仿纸、白折、账簿、扇面和裱现成的喜寿、挽联等,是纸柜的大宗生意,因为这些东西使用的人更为广泛,比单纯买宣纸等纸张的人要多多了。那时官场中讲究笔墨函札,一封大八行,纸墨淋漓,可以影响人的升迁荣禄。到了夏天,三天两头换把扇子,沙地留青的水磨刻竹股子,洒金、发笺,舒莲记五、七层棉料的扇面,有书有画,可以附庸风雅。红白喜事,买副现成的裱好的喜寿、挽联,找人一写,作为人情,又漂亮、又经济、又方便。这种裱得现成的喜寿、挽联不是一般宣纸裱的。喜寿联都是朱红或大红洒金蜡笺,或印好金色花纹的蜡笺裱的,墨浓一些,新写上字非常漂亮。唯一缺点,就是年代长了,墨要脱落。因此卖旧书画时,同样一个人写的对联,蜡笺的便不如一般夹贡、玉版等宣纸的值钱。挽联讲究的也是用印有淡蓝色或其他淡色云头等类花纹的宣纸裱的；如果是素纸裱的，那便是最便宜的了。鲁迅先生丙辰（一九一六年）六月二十二日记道：

> 上午铭伯先生来属觅人书寿联，携至部捕陈师曾写讫
> 送去。

所说寿联，应是这种现成的寿联。这则日记中一个"捕"字用得非常传神，很可以想见昔时老辈们的友谊和风范。

南纸店里信纸的种类很多，各种信纸都印成八行格子，所以信的别名叫"八行书"，又叫"大八行"。还有那时公文稿纸半面都印十行格子，俗名叫"大十行"。水印花卉诗笺是信纸中最高级的一种。因为笺纸讲究，所以装潢也讲究，一般都有仿古扁盒子，上有题签，标明店名、笺名，如"清秘阁仿古梅花诗笺"之类，一盒大多三五十张，卖时论盒卖。当时大一些的南纸店，都自行印制这种笺纸发卖，各家争奇斗胜，越制越精。那时琉璃厂南纸店以清秘阁、荣宝斋、淳菁阁等几家最大，所以印制《北平笺谱》时，收集这几家的笺纸比较多，这中间也就发现了问题，鲁迅先生一九三三年十月二日给西谛先生的信中说：

> 齐白石花果笺有清秘、荣宝两种，画悉同，而有一张上
> 却都有上款，写明为"△△制"，殊奇。细审之，似清秘阁版
> 乃剽窃也，故取荣宝版。

十月二十一日信中又说：

清秘阁一向专走官场,官派十足的,既不愿,去之可也,于《笺谱》并无碍。

　　这里两次提到清秘阁,前一则看出它有窃取版权的行为,后一则说它不愿意参与印制笺谱,索性笺谱就不收它的笺纸。

　　这里说到的清秘阁,鲁迅先生在京时买过它不少东西。前面说过,在它那里不但常买信纸、信封等,还订购过林琴南的册页。这是一家大店,店址在西琉璃厂中间路南,高台阶,五开间门面,墨地金字大匾,是蒙古旗书家阿克敦布写的,脱胎于欧阳率更的九成宫和化度寺碑,挺秀妩媚,潇洒紧严,兼而有之,店面是很神气的。不过店虽然很大,却也不能保证不作假。记得在七七事变前几年,家中有三个旧扇面,两个是林琴南、姚茫父画的,一个是樊樊山写的,想再配一个裱成四个镜框心子,便到清秘阁订了一个清代最末一科状元刘春霖老先生的。当时我还在求学时期,正好和刘老先生的孙子同学,取回来后,家中大人让拿去问问,结果问下来之后,却原来是假的。便又去找纸店,清秘阁自然老实承认了,说是店中一位伙友仿的。并致歉意,说愿意退钱,只希望少收一点钱,作为辛苦钱,这事也就算了。因为这种事在琉璃厂是经常碰到的,大家也都不当回事。其实平心而论,那扇面写得也很不错,只是他不出名,不能靠自己的名字来卖字,所以只好假造状元的字来卖钱了。当时琉璃厂南纸店、书画铺中的伙友,因为经常接触书家、画家,店中可供观摩的名家作品又多,耳熏目染,一般都能写两笔,画两笔,天分高的,专门摹仿某家的作品,再盖上仿刻的假图章,便似虎贲中郎,可以乱真。好在社会上慕虚名的耳食之徒多,真正懂行的又能有几个,因而琉璃厂的假书、假画,也就汗牛充栋了。至于像鲁迅先生发现的那种在同行之间剽窃版权的事,虽然不熟悉详情,不能确切地说,但估计也还不会太少,也绝不只是清秘阁所独有的。

古玩及其他

琉璃厂除去古籍、碑帖、南纸而外,古玩铺也是一个大行业,所谓"文房雅玩",各种古器物都可作为文玩的。另外还有刻字、裱画、墨盒、图章、笔、墨等铺,就不及以上几个行业多了。

鲁迅先生买古董(或写作"骨董",实际也非定字,反不如写成"古董"通俗有意义)的时候不多。虽然从广义上说,古书、拓片、古钱等也是古董,但在琉璃厂古玩的特定意义则是古铜器、古瓷器、古玉器、明器、古画等,这些都归入到古玩书画行业,即俗谓"硬片"(瓷器)、"软片"(书画)之类。这些古董,价钱是没有底的。几十几百,甚至成千论万,并不稀奇。一对雍正款胭脂水小花瓶,可以卖一万银元,一个雍正官窑款霁红小茶壶,可以抵押三千银元,这就是古玩的价钱。这些店家也许一年半载没有生意,但做成一笔生意,就相当可观了。俗语说"三年不开市,开市顶三年",就是这个意思。鲁迅先生月俸在当时讲,虽然也不能说少,但究属有限,买书、买帖,还有余力,谈到买古董,那就不那么简单了。不过话又说回来,当时经常到琉璃厂去,丝毫不沾一点古玩的边,那也不可能。况且在购买古籍、碑帖、古钱之余,兴之所至,也总要注意到其他古器物。古玩之中,也有便宜的,如明器、旧砖、瓦当、造像等,有的是小件物品,俗称"小玩艺",如铜镜、带钩、箭镞等,这些都不为一般达官贵人所重,价钱有限,则也不妨收集一点。当然先生买这些东西,也还不是纯属为了便宜,自有其更为重要的考证历史文物的意义的。如己未

（一九一九年）十二月三十一日记道：

> 午后往留黎厂……得墓志专四块，一曰"大原平陶郝厥"，一曰"苌安雍州刘武妻"，一曰"李巨妻"，一曰"□阿奴"，共见泉廿。又明器二事，一犬一鹜，出唐人墓中，共见泉二。专出定州，器出洛阳也。

一九二五年二月三日记道：

> 略游厂甸。在松云阁买鸮尊一，泉一。又铜造象一，泉十，后有刻文云"造像信士周科妻胡氏"。

这些都是价钱稍贵，超过十元的。其他日记中还常记零星的小古物，如：

> "又买古竟一面，一元，四乳有灵文。""……买十二辰竟一枚，有铭，鼻损，价银二元。又唐端午竟一枚，一元。""午后往留黎厂买瓷质小羊一枚，银三角。估云宋瓷，出彰德土中。""午前往留黎厂买古矢镞二十枚，银三元。"

类似这样的零星记载还很多，不再多引了。总之，从这些日记中我们可以看出，先生买点小古董，其意义也还同买画册、买拓片等一样，意在收集研究古代文化、艺术的实物资料，固不同于一般的"闲来无事玩古董"，只是收藏鉴赏，更不同于居奇待沽，以买卖古物牟利者可比了。

除去古玩铺，值得一提的还有一个墨盒图章铺。丁巳（一九

一七年)三月二十九日记道:

> 托师曾从同古堂刻木印二枚成,颇佳。

戊午(一九一八年)四月十一日记道:

> 下午同陈师曾往留黎厂同古堂代季市刻印,又自购木印五枚,买印石一枚,共六元。

同年八月五日记道:

> 午后往留黎厂同古堂取所刻印章二枚,石及工价共券五元。

一九二〇年一月二十日记道:

> 午后往留黎厂同古堂买墨合、铜尺各二,为三弟。

这几则日记都写明同古堂。这是琉璃厂一家很有名的墨盒图章铺,地址在西琉璃厂路南。创始人是河北新河县人张福荫,字樾臣,精通篆法,仿古篆刻,名气很大,刻图章,也刻墨盒,是琉璃厂一绝。曾给藻玉堂书铺主人王子霖刻一墨盒,上刻梁任公所书"龙飞虎卧"四字,十分精到。自己影印出版两册《士一居印存》。胡夔文《困知斋诗存》有赠他的诗道:"厂甸西头张樾臣,手拈铁笔仿周秦。满腔中有燕邯味,不似寻常市上人。"熟人称张为"张老樾",同钱玄同很要好,钱文章中也曾提到过他。鲁迅先生说"刻木印二枚成，颇佳"，很可能就是他亲手刻的。因为是陈师曾代办的，陈当时既是教育部佥事，又是书画篆刻名家，在琉璃厂有笔单，同琉璃厂的关系很深，熟人也多，同张樾臣关系很深，代张画墨盒画稿。《北平笺谱序》说："义宁陈君师曾入北京，初为镌铜者作墨合、镇纸画稿，俾其雕镂，既成拓墨，雅趣盎然。"因此陈到同古堂找张樾臣刻印，他自会亲自动手的。他的店主要是卖墨盒；墨盒是北京琉璃厂的特产，而又以张樾臣所刻为个中翘楚。手中还有一个买自同古堂的破墨盒子，年来尚未失去，刻的是姚茫父的山茶花，花上立着一个正面怪鸟（按，过去正宗画家，画鸟不画正面的，因其两目圆睁，面目可怖也）。边上一首五言绝句道："压断千寻立，山茶一树栽。自时寒鸟舞，犹向雪中来。"刻得很有风格，但是否是张樾臣亲手所刻，那就不得而知了。他的儿子名少丞、幼丞，亦能继承乃父的技艺。

墨盒图章铺，还卖各种铜镇纸，方圈、圆圈的叫做仿圈，长条的叫镇尺，上面也略事雕刻，或字或画，再在上面填上石绿，十分好看。总之没有光面的。当然，你要买光面的订刻也可以。另外你买了之后，店中还可以代你刻上款，即使不送人，你也可以刻上"某某制于都门，某年某月"，如"丁巳仲秋"、"戊午孟夏"之类，以资纪念。

琉璃厂裱画铺也不少，大小也有二十来家，如老的萃文斋、懿雅斋，后来开的玉池山房等，都很出名。另外还有笔铺戴月轩、贺莲青、胡魁章等，也是全国知名的店家。但鲁迅先生同这些店家，似乎都没有什么来往。

最后只说一家特别的店铺，那就是大名鼎鼎的信远斋，这在琉璃厂是一个特殊例子。因为东西琉璃厂都是以卖"精神食粮"出名的，只有它是以卖酸梅汤和蜜饯食品而出名。提起信远斋的酸梅汤和酸梅膏,在北京过去是没有人不知道的。鲁迅先生日记中也多次提到它。而最可伤的,就是前面所说,先生最后一次去琉璃厂是特地到信远斋买物之后离去的,从此就一去不复返了。

信远斋的店主姓萧,是河北衡水人。他的族人都是古书行业的,不知他怎么开了专卖酸梅汤、蜜饯的食品店。当然自有其渊源,只可惜过去没有详细打听一下,以存一琉璃厂之掌故。①他家最出名的是酸梅汤,夏天傍晚经过他家店门,老远就能闻到凉阴阴的酸梅、桂花味。人家说他把浸了桂花的水泼在门前,不知确否。不过在夏天店门前天棚底下,总是用喷壶把路洒得很潮,凉意盎然,这是确实的。它在东琉璃厂路南,东隔壁是翰文斋书铺,对门原是文明斋书铺,后来改为师竹斋裱画铺。边上一条小胡同,叫文明胡同。可能是开在琉璃厂这条古老文化集中的街道上的关系吧。虽说是卖食品,店面也还和书铺、古玩铺一个样,里面也是十分古老,用大的釉下青的蓝花大钵盛着酸梅汤,镇在老式绿油大冰桶里,客人来了,用白铜勺子盛在釉下青的蓝花汤碗里端过来,这一套别的地方能看得到吗?只是酸梅膏、秋梨膏还是盛在一般的玻璃瓶子里卖,没有特制的容器,未免有点寒伧了。

又按,北京广播电台"首都生活"于一九八一年九月三十日广播说,信远斋当时是党的地下联络站。

----

① 按,宇宙风社所编有关北京风土资料书中所收徐霞村《北平的巷头小吃》一文中,说到酸梅汤的制法:"把乌梅放到大量的水里去煮,煮时加上冰糖和桂花,煮好把滓子滤去,加以冰镇,即成。然而怎样把乌梅、水、糖、桂花这四者的分量配得恰到好处,那就是每个制售者的秘密了。北平的酸梅汤以琉璃厂信远斋所售的最好。"另外,据说信远斋的酸梅汤煮时要加豆蔻。

琉璃厂外

在编印《北平笺谱》过程中，鲁迅先生写给西谛先生的信内，除提到高手雕版艺人板儿杨、张老西儿二位之外，还写道：

> ……譬如陈师曾、齐白石所作诸笺，其刻印法已在日本木刻专家之上……（见一九三三年二月五日函）

> 李毓如作，样张中只有一家版，因系色笺，刻又劣，故未取。此公在光绪年中，似为纸店服役了一世，题签之类，常见其名，而技艺却实不高明，记得作品却不少。先生可否另觅数幅，存其名以报其一世之吃苦。吃苦而能入书，虽可笑，但此书有历史性，固不妨亦有苦工也。
> ……
> ……特请人为笺作画，三也。后者先则有光绪间之李毓如，伯禾，锡玲，李伯霖，宣统末之林琴南，但大盛则在民国四五年后之师曾，茫父……时代。（两则均见一九三三年十月二日函）

从这些摘引的片段文字中，可以看出在琉璃厂之外，又该有多少人为它服务呢？这就是说琉璃厂之所以为琉璃厂，不只是内部有书画、古籍、碑帖、古董等行业许许多多专门人才从事文化、艺术工作，同时它的外面也还联系着广大的各行各业的专门人才，为它从事直接和间接的工作。这些人中，既有不少知名之士,也有不少无名英雄,他们都为琉璃厂作出贡献。如果没有厂外的这些人,琉璃厂是不可能成其为琉璃厂的。

琉璃厂外为琉璃厂服务的,姑且可以分作两个方面:一是大批知名的书家、画家、金石篆刻家;一是大批不知名的能工巧匠。琉璃厂大大小小的南纸店、图章铺,都挂着不少大小名家的笔单,他们通过琉璃厂卖字、卖画、卖篆刻,琉璃厂也通过他们撑门面、赚钱。印制笺纸,也少不了先请画家画稿子,然后才能雕版开印。没有画家的稿子,没有刻工雕版,只靠南纸店自己的印工,也是无能为力的。这中间名气大小不同,技艺高低不同,社会地位不同,南纸店对待他们的态度便也不同。如徐世昌,字菊人,别号水竹村人,做了大总统还要卖字,那自然是琉璃厂的特殊作者。当时类似这样身份的人还不少,南纸店对待他们自然是惟恐逢迎之不足的。至于社会上别无其他地位,又不是特别有名,只靠卖画、卖字作稻粱谋,如鲁迅先生所说的李毓如一班人,那就是辛辛苦苦地"似为纸店服役了一世"的了。

琉璃厂除真的知名书画篆刻家为它服务之外,还有为数更多的无名书画篆刻家假托古今名家之名,为各纸店加工赝品,或全部假,或部分假。技艺高的,仿谁像谁;手段高的,可以把一张旧画,掀开来变成两张画。制造假字假画时,纸用旧纸,绢用旧绢,假图章一盖,能够炮制出二十世纪的唐、祝、文、仇的书画来。所以那时琉璃厂的假书画、假古董,是任何人也说不清它的数字的。平心而论,这些专门制造赝品的朋友,技艺高的,本身也可以闻名、传世,只是他们苦于没有名,不能用自己的名字卖大价钱,只好终身借重别人的大名,可见"出名"是多么的重要。吴梅村诗云"弃家容易变名难",有的人苦于不能"出名",又有的人又苦于有名而不能"逃名",这点道理,又谁能说得清楚呢?

琉璃厂各店家在厂外还联系着各行业不少能工巧匠,如雕版工、刻字工、小器工、锦匣工、修瓷工、刻碑工、铜工、玉石工、石工、象牙工等等。鲁迅先生提到的板儿杨、张老西儿两位,就是这许许多多能工巧匠中的成员,琉璃厂习惯叫"过行"。比如书局要出书,本店没有刻字工,便要向外面找刻字铺或个人刻工;古玩铺的瓷瓶、花钵要做托子、架子,便要找专雕红木小器的小器做;大小古器要做匣子,便要找专做锦匣的锦匣局;南纸店要加工冷金笺、雨雪宣、靛蓝瓷青书衣纸等,也要过行找染工,琉璃厂东门外观音阁同兴局,就是有名的专应这宗加工生意的。再有铜墨盒、铜图章要由铜铺锻制加工坯料,牙章要由象牙局供应坯料,所以它联系的行业非常广,各种工人非常多,活计要求也非常高;粗糙的、庸俗的活计在琉璃厂是没有市面的。所有活计如果用句行话说,就是要有点"书卷气"。即便裱糊一个小小的盒子吧,也要有这点水平才合款式。过去有位常跑琉璃厂的前辈送过我两锭小明墨,一锭胡开文的,一锭许圣可的,墨很小,大不逾寸,厚薄也只有两分左右,两个蓝布小盒,里面白绫里子,放墨的凹处,严丝合缝,盒子内外,都裱糊得非常服贴,一个小小的牙签签牢,两个栗壳色旧纸小签,用唐人写经体写着"胡开文墨"、"明许圣可墨"。内行人一看,就知道是琉璃厂的风格,把玩之间,淡雅质朴,使人真要生买椟还珠之感了。这些能工巧匠,一般都住在琉璃厂左近,如厂东门外杨梅竹斜街和厂西门外南北柳巷一带,可惜大多姓字早已湮没无闻,板儿杨、张老西儿二位,能因鲁迅先生编印《北平笺谱》的关系,得到流传,也是很幸运的了。

鲁迅先生当年经常过往的琉璃厂,从厂内说到厂外,虽说挂一漏万,但大体上凡与先生日记有关的,说得也差不多了。但还有一个重要的地方,那就是厂甸,它既是琉璃厂不可分割的一部分,但又是可以独立成篇的。因为厂甸内容太丰富,只写一段必然太少,写得多了与本篇又不相称,因而只能重起炉灶,另写一篇了。

厂甸风貌

厂甸游览路线

先引一首前人的《人日感怀》诗：

> 浦西三度逢人日，惆怅东风易白头。
>
> 延客偶将花径扫，题诗例向草堂酬。
>
> 食单煮菜还煎饼，旧话怜春甚感秋。
>
> 却忆海王村畔路，书摊庙市是前游。

人日是旧历正月初七，正是游厂甸的好日子，诗的内容，又是离开北京、旅居上海怀念厂甸旧游的。大概游过厂甸的人，离开之后，很少有人不怀念它。为此，我引这首诗，就算作本文的楔子吧。

说到厂甸，为了后面行文方便，先把琉璃厂、厂甸、海王村这三个地名说明一下。简言之，琉璃厂得名于元代在这里建过烧琉璃砖瓦的窑，后来成为一条街，街名一直用到现在。厂甸就是过去琉璃窑废基的一片空地，正在琉璃厂街的中心。"甸"本是郊坰的意思，厂甸虽然早已盖满房子，成为市区，但厂甸的名字还继续流传使用着。海王村是因为清代乾隆时掘得辽代李内贞的坟，铭石上有"葬于京东燕下乡海王村"字样，所以知道厂甸就是辽代的海王村，后来盖了个小公园，就叫"海王村公园"。这样琉璃厂便是专指东西街，厂甸是东西琉璃厂街的中心地带，海王村便是那个小公园，这三者之间，界线分明，预先说明，在后文提到时就更为清楚了。

说完琉璃厂,不能不说厂甸,因为厂甸和琉璃厂是不可分的,但它又是有特殊内容的。厂甸是庙会所在地,是定期的,不是常年都有的。厂甸的地址,就是以琉璃厂中心的海王村为中心,联系东南西北,东至火神庙,西至西琉璃厂中间,南至沙土园口,北至西河沿口。厂甸的会期,是农历正月初一到正月十六。过此以后,就灯火阑珊,又恢复琉璃厂平时的安静了。厂甸是北京旧时正月里最热闹的地方,所谓"厂甸开时百货全,肩摩毂击日喧阗",那热闹是三言两语说不完全的。鲁迅先生乙卯(一九一五年)二月十五日记道:"午后往厂甸,人众不可止,便归。"那天是阴历正月初二,先生去了,因为人太多,无法驻足,只好回来了。

当时北京正月里逛厂甸,是各种年龄、各种行业、各个阶层,所有男男女女的一件大事。因为那里不但堆满了各种旧书、旧画、古董、珍宝,而且堆满了平时看不见的各种耍货、各种吃食,光怪陆离,样样都有,所以从七八岁的孩子到七八十岁的老人,没有一个不喜欢它的。

鲁迅先生壬午(一九一二年)到北京,直到一九二六年离京,在京居住共十五年。从日记看,除壬午年因厂甸会期已过,未去;一九二二年日记遗失,无法查核外,其他各年,每年正月里都要到厂甸去逛逛的。在短短的半个月会期中,去的次数最多的是癸丑(一九一三年),共去了厂甸、琉璃厂、火神庙等处,达七次之多,乙卯年和一九二三年都去了三次,最少是一九二四至一九二六这三年,都只去了一次。这三年中,情况同前几年是不一样的。如一九二四年旧历年前后,正是先生迁出八道湾,赁屋于砖塔胡同,忙于筹划买西三条房子的过程中。其后两年,则皆忙于译作。如一九二五年一月二十四日以后三天,正是旧历正月初

一、初二、初三,却记着"自午至夜译《出了象牙之塔》两篇","夜译文一篇","下午至夜译文三篇",可见先生当时之忙碌了。而还在正月十一往师大去取欠薪的时候,"略游厂甸",又在松云阁古玩铺买了点小古董。在这样译述繁忙之际,也还要忙里偷闲,"略游厂甸",也可见先生对厂甸之感情,和当时北京人正月里逛厂甸是何等重要了。

厂甸庙会的历史,是从清代乾嘉时就逐渐形成的。在清人汪启淑的《水曹清暇录》①、潘荣陛的《帝京岁时纪胜》、李越缦的《桃花圣解盦日记》、富察敦崇的《燕京岁时记》诸书中都有记载,兹不多赘。一九一七年,钱能训任北洋政府内务总长时,在昔时琉璃窑厂的空地上建了个海王村公园,后来过了几年又开了和平门,厂甸便成为琉璃厂四通八达的中心了。在鲁迅先生前几年所逛的厂甸,还是未建海王村公园之前的厂甸,年代久远,逛过那时厂甸的人,现在已经不多了。现在人们记忆中的厂甸,大多已是在这以后的厂甸,但那也都是四五十年前的旧事了。

厂甸自从修建海王村公园,以及开了和平门,展宽了新华街之后,正好成为东西琉璃厂的十字路口,正是"九陌如弦处处通,游人都集厂西东",逛厂甸也是东西南北都可以畅通无阻了。要介绍一下厂甸的游览路线,究竟是从哪里说起好呢?正是东风送暖、万象回新的正月,就先从东面说起吧。

游人进了厂东门,不远就到了有名的火神庙,路北的大门,进去逛逛那些珠宝玉器摊、古玩摊、书画摊。出来往西,跟着人

---

① 汪启淑《水曹清暇录》:"琉璃厂在正阳门西,盖造内用琉璃瓦窑也。厂门楼名瞻云阁。厂内有官署,厂外余地颇广,树木茂密,有石桥,度桥而西,土阜高数十仞,足供登眺。街长里许,百货毕集,玩器书肆尤多。元旦至十六日,游者极盛,奇景异观,车马辐凑。"

流,不到半里路,经过卖酸梅汤的老店信远斋门口,前面就是海王村前门,也就是厂甸的中心了。先不必细看,从人堆中挤过来,折而南,沿新华街东侧,看看那些古玩摊;一直到小沙土园口上,过马路,再在西侧看小书摊;慢慢往北走,又到十字路口,往西,看看那临时所设的著名哈记风筝铺的大风筝。然后回过头来,再沿新华街西侧书摊间穿行,到土地庙门前,进去,参观书摊和字画;再出来往北走,边走边看,等到书摊看完,已到过去师范大学门前了。过马路,再到新华街东侧,进画棚,顺着画棚看下去;等到走出画棚,已到电话局门前,又是风筝摊、零食摊;从各种摊头和人堆中挤过去,已到海王村公园西门了。进去,看那些数不清的玩具摊,四圈兜一转之后,在园中那些高台茶座上吃壶茶,把买到的点心如"爱窝窝"吃一些;略事休息,然后出东门,到吕祖庙看那些烧香祈福的善男信女,和那特有的喷着火焰的"火判"。再弯到海王村公园南门,也就是方才已经到过的所谓厂甸中心,在人堆中,拥挤着买上"大风车"、"大糖葫芦",如果不买其他东西,就可以回去了。

顺着这条路线逛下来,从路程来讲,大约总有十几华里吧。如果各样都看到,总得多半天时间,从早上八九点钟逛起,一般都要过午才能逛完。像鲁迅先生逛厂甸,常常是午后去,游览完了,就要到吃晚饭的时候了。这还是走马观花地看,如果逛书摊,逛古玩摊,拿起一本书、一件古物仔细看看,那就所花时间更多,一个半天就万万逛不全了。余兴未尽,势必要多去几次。所以鲁迅先生到北京的第二年——癸丑年,初次逛厂甸,从正月初一到十五,一共去了七趟。有时逛得很晚,二月十八日(正月十三)记道:"历览众肆,盘桓至晚方归",字里行间,很可以想见先生当时游兴之浓了。

火神庙和古玩摊

谈厂甸游览路线,是从火神庙开始的,因之这里也先谈谈火神庙吧。鲁迅先生癸丑(一九一三年)二月九日(正月初四)记道:

> 午后赴琉璃厂,途中遇杨仲和,导余游花[火]神庙,列肆甚多,均售古玩,间有书画,然大抵新品及伪品耳,览一周别去。

初十①又记道:

> 午后同戴芦舲厂甸及花[火]神庙。

十三②、十五又游花神庙。
甲寅(一九一四年)二月一日记道:

> 盘桓于火神庙及土地祠书摊间,价贵无一可买。

乙卯(一九一五年)二月二十日记道:

---

① 据《鲁迅日记》,似应为十五日。——编者注
② 据《鲁迅日记》,十三日并无游花神庙的记载。——编者注

下午往留黎厂及火神庙,书籍价昂甚不可买……

　　这里先要说明一下,先生癸丑所记是"花神庙",甲寅、乙卯所记是"火神庙",究竟哪一个对呢? 应该说是"火神庙"对,琉璃厂没有花神庙,北京读"火",同江浙读"花",二字音很相近,所以先生误以为是"花神庙"了。第二年去时,在京日久,一切熟悉,所以不再会弄错了。

　　火神庙在东琉璃厂路北,会期是从正月初四到十六。清末富察敦崇的《燕京岁时记》记厂甸云:"红货在火神庙,珠宝晶莹,鼎彝罗列。"周广业的《过夏杂录》道:"正月朔至十七日,琉璃厂市集最盛,书画、珍玩、花木,俱在火神庙。"这些记载,和鲁迅先生所记大致相同。①

　　火神庙平日都不开,里面空房不少,经常只有几家小书铺如文汇阁、同善堂、博文书局,在里面赁屋营业,去的人也不多。只是一到厂甸期间,里面就热闹了。届时全是珠宝摊、古玩摊、玉器摊,还有一些书画摊。当时北京金店、首饰楼、玉器铺等店铺都开设在前门外廊房头、二、三条及珠宝市一带,一到厂甸期间,都要到火神庙里来设摊,大家称这些摊头为"红货"摊。有两年连东交民巷外国人开的钻石行也来火神庙设摊;摆摊头卖钻戒,就世界来说,恐怕也只有厂甸火神庙有吧? 所以应该说这是厂甸庙会中最阔气的部分了。

---

　　① 清末《爱国报》所编《燕市积弊》云:"北京玉石类的买卖,分为两种,一叫玉器行,一叫红货行。其实红货也是玉器,玉器也是红货。从中又分出金珠一行。马上金珠之类,仿佛归金店的专利,不差甚么,有珠子的主儿,总拿在金店去瞧。要按珠石打眼,既都在玉器作,那一定珠子应归玉器行买卖。而今算闹不清啦。"按,红货行专卖珠宝玉器,也兼卖玛瑙、水晶等器物,不卖金器。金店则以金银为主,兼卖珠宝玉器,而不卖玛瑙、水晶等雕刻器皿。

这些摊子，都像后来开展览会一样，各家都划定地方搭起临时货台，作阶梯形，上面铺上白布、乌绒或丝绒一类的料子，珠宝摊上面逐层摆着珠宝首饰、玉器摆件；古玩摊逐层摆着瓷器、铜器；图章摊逐层摆着各种鸡血、田黄、玛瑙、冻石、水晶等图章；钻石摊在玻璃货盘里摆着嵌在丝绒盒子中的钻戒、耳环、领花等。因为火神庙院子里后来装了固定的铁皮天棚，所以光线不好，这样各摊头便都挂着高支光的电灯，照耀之下，更显得珠光宝气，射人眼目。这便是火神庙的大概了。

这些东西，一般游人平时难得看见。就说是古玩铺吧，平时不买东西，偶然进去看看，也看不了这么多，这么清楚；至于珠宝等珍贵品，一般人日常就更难见到了。但在逛火神庙时，却可以挨着摊子细细参观，离得又近，看得又清楚。所以从某种意义上来讲，当时厂甸既像一个大的博览会，也像一个大的博物馆，给人们一个开眼界的机会。因之十多天的会期内，火神庙中也总是挤来挤去，人山人海。当然也是看的人多，买的人少。虽然过去听人说清末有人在火神庙中花上万银子买过翡翠扳指、翎管等类东西，但那只是听说，从未见过。不过我也确实看见过标价三万银元的钻戒摆在火神庙摊子上出售，至于是真是假，是否真有人问津，那就只有天晓得了。

鲁迅先生说："均售古玩，间有书画，然大抵新品及伪品耳。"在火神庙，游人成千论万花钱买珍宝古玩，虽然没有看见过，但受骗上小当的事却亲身经历过。有一次同长辈逛火神庙，在一个图章摊前，看到一对冻石八言联章，高有寸半，广约八分见方，顶刻松鼠、葡萄，刻工很细，只是一块下角残破，售者大声招呼游人说：原值二三十元，现在因残了，愿意三元出售。我们看着好玩，便把玩了一下，放下想走开，但他不让走，一定说要好歹还个价。我们便随便还了个一元，这在厂甸庙会上叫做"漫天要价，就地还钱"。他故意说太少，不肯卖，这样便走开了。结果快到大门时，他又追上来，说："开一笔张，赔本卖给您。"便只好买下了。当时灯下看不清楚，等到拿回家打开盒子仔细一看，才知是化石的。虽然上当，也只有哈哈一笑了。但那刻工确实好，每只顶上一串葡萄、一只松鼠，葡萄斜挂着，松鼠尾巴斜拖下来，左右对称，款式十分得体。即使是熟手动刀，也要花不少时间，还配一个盒子，而且还要费不少心思，编造不少假话，结果也只卖了一元钱，这就是火神庙上用水磨功夫泡制出来的假古董了。[1]

厂甸的古玩摊，除去火神庙而外，还有新华街南面马路西侧，也是一摊接一摊，摆了足有半条街长。如果要分等级，火神庙是第一等，海王村公园南北马路西侧是第二、三等。这些还都有临时货台，货色也较为整齐。至于离热闹中心较远，游人渐稀的地方，还有第四、五等，那就都是地摊了。在地上铺一块布，摆些破铜烂铁，立在料峭的早春寒风中招呼生意，一笔成交，也不过几十个铜元，那是古玩摊中最可怜的了。贵州姚茫父《渔家傲》词所说"依旧春尘趋厂甸，荒摊冷市游人遍，又赚儿童收断烂"，指的就是这种冷落的地摊了。

一、二等古玩摊，都是南北城各家古玩铺临时摆的摊子。至于那些地摊，则是平时各处小市以及打小鼓收旧货的来设的摊

---

[1] 关于假古董，日人中野江汉所著《北京繁昌记》（王朝佑译本）中有一段道："北京之砚，亦有最精良之品，其伪造密法，即释迦牟尼亦所难知。六朝时代之古瓦，伪造专家亦发现于北京。若为铜器，到底非外行人所能分析。张之洞用二千两购一古鼎，及人以金鱼，始知其伪矣。此等伪物店，多在琉璃厂及隆福寺附近，交易颇盛，惟外部不易探知。"

子,都从各处聚集在这里,赶厂甸庙会,希望多做点生意,用博蝇头微利。这些小地摊,平时都散在各处小市上。如当时宣武门边的空地上,就有这种小市,全是地摊,卖各种零星旧货,也是样样都有。鲁迅先生平时是很喜欢逛这种小市的。在教育部上班,中午休息时,常常拉着陈师曾先生到小市遛达,以资消遣,间或买点小玩艺。日记中常常有这些记载,如"步至小市看所列地摊";"见地摊有崇宁折五钱一枚,乃以铜元五枚易之";"午后与汪书堂、陈师曾游小市,买《吴葛祚碑》额拓本一枚,铜币四"。像这类的记载,在日记中比比皆是。乙卯(一九一五年)二月二十一日记道:"又同至厂甸,以铜元二十枚买'壮泉四十'一枚,系伪造品。""壮泉四十"就是当四十的大制钱,所值有限,这一笔大概也是在这种地摊上成交的了。

厂甸火神庙的珠宝摊、古玩摊、书画摊在当初是做过不少好生意的。可是后来因为种种原因,就江河日下了。息园老人(北京名医萧龙友)《厂甸竹枝词》云:"风流未坠海王村,座上人嚣厂甸昏。除却货郎并百戏,了无士女笑言温。"诗后自注道:"春明逛厂甸之风犹在,但自十七年以后,游者虽众,购买力则差,相顾皆咨嗟叹息,故都之穷困,于此可见一斑矣。"这已是厂甸古玩摊日暮途穷的时候了。

厂甸的书摊

厂甸期间，除去古玩摊而外，最多的就是书摊了。厂甸南北、新华街马路西侧人行道上，几乎全是书摊。海王村公园西门对面土地庙内，也都是书摊。书摊虽然不像珍宝摊、古玩摊那样讲究，但也可以分出若干等级来。大体是土地庙中、海王村公园左边的大书摊，都是一等的；马路西侧，人行道上的书摊，是二等的；离热闹区远的边沿地区的便是三等的了。大书摊也都是用木板搭成货台，临时营业。北京是几百年的文化古城，学者多、教授多、教员多、学生多，所以书摊边上簇拥的人也绝不比珍宝摊、古玩摊的人少，同样是拥来拥去。鲁迅先生甲寅（一九一四年）一月三十一日记道："午后同朱吉轩①游厂甸，遇朱遏先、钱中季、沈君默。"二月八日记道："……观旧书，价贵不可买，遇相识者甚多。"从这些日记中，很可以窥见当时厂甸书摊上，是学人们常常见面的地方了。这种风气应该是流传很久了吧？过去常说王渔洋当年，人们不大容易找到他，只有在慈仁寺书摊上才能一瞻老诗人的风采。《桃花扇》作者孔尚任《燕台杂咏》中"御车扫径皆多事，只向慈仁寺里寻"，句下自注道："渔洋龙门高峻，人不易见，每于慈仁庙寺购书，乃得一瞻颜色。"这故事传作艺林佳话，风气绵绵未绝，直到鲁迅先生他们在厂甸逛书摊时，也还是如此，也可见其悠久了。

---

① 据《鲁迅日记》，此处应为"徐吉轩"。——编者注

厂甸的大书摊,除去本琉璃厂的一些书铺摆设而外,还有城里隆福寺街、宣武门里,以及东安市场和后来的西单商场等处的书铺、书摊,到期也到厂甸来设摊。尤其是隆福寺街的书铺,那时也有几十家,规模都不比琉璃厂的书铺小,其中如三槐堂、宝书堂、带经堂、聚珍堂、文奎堂等,都是很有名的老铺。这些店铺来摆摊,摆出来的书自是很可观的了。当然都是线装古书,其中不乏精刻善本。至于一般平装本、精装本的现代旧书,那都是在东安市场、西单商场各家书铺所设的摊子上出售了。除此而外,至于那些再次一等的,货色也就比较零散、残缺,这些书摊平时也都是在城里各小市或庙会上摆地摊,厂甸期间,也都集中到这里,希望多做点生意。这种摊子,也同古玩摊的地摊一样,货色残缺,生意清冷,当时习惯叫做"冷摊"。但是就是在这种冷摊上,却常常得到意外的收获;当时大书铺的店主、伙友也常常从冷摊上觅书。远的不必说,晚近文德堂主人韩左泉就从西小市摊上买到过绍兴刊本《后山诗注》,经傅增湘、赵斐云等专家鉴定后,藏之居为奇货。鲁迅先生一九二三年旧历正月初六日记道:"又在小摊上得《明僮欱录》一本,价一角。"正是从这种冷摊上买到的。先生特别记用"小摊"二字,多少表现出一种意外收获的兴趣。那时人们习惯叫做"淘旧书",意思是说这是可遇而不可求的,似乎像淘金沙一样,要花工夫在许许多多的沙中淘得一点,所谓"凡所难求皆绝好",恐怕其乐趣也就在于此吧。

鲁迅先生在游厂甸的日记中,常常记着书价昂贵的话,如甲寅(一九一四年)二月一日记道:

　　……因赴留黎厂,盘桓于火神庙及土地祠书摊间,价贵无一可买。遂又览十余书店,得影北宋本《二李唱和集》一册,一元;陈氏重刻《越中三不朽图赞》一册,五角,又别买一册,拟作副本,或以遗人;《百孝图》二册,一元;《平津馆丛书》(重刻本)四十八册,十四元。

又如乙卯(一九一五年)二月二十日记道:

> 下午往留黎厂及火神庙,书籍价昂甚不可买,循览而出。别看书肆,买《说文句读》一部十四册,价四元。

这些都是很实在的情况。过去厂甸正月竹枝词有一首说:"火神庙接吕祖祠,购买新书归去迟。价比坊中平日贵,两人笑向说便宜。"就是说摊上的书价钱比店铺里的还要贵,而买的人却说"便宜"。这是什么道理呢? 用现在的话说,就是掌握了商业心理。原因是城中各书铺,到厂甸设摊临时营业,厂甸庙会人多,大家都认为能买到便宜货,书铺便利用这种心理,摊上的书普遍加码出售,而一般赶热闹的人便都认为便宜了。但遇到经常买书、熟悉行市的老客人,便自然看出摊上的书实际价钱很贵,反不如到书铺里面去买,一般都是熟人,倒还要公道实惠些。所以鲁迅先生几次都是浏览了书摊之后,又到书铺中去买一些自己看中的书。

不过话又说回来了,书摊上虽然价钱贵些,却也有一个好处,就是游人立在摊前,取阅方便,任何人都可以立在摊前翻阅,拿起一本来,看上很长时间,他也不会见怪你,不买也没有关系。所以即使买不成书,书摊前面的人还是川流不息,在这里你可以看到许许多多你想看而没有看到过的书,看到你从未听到或想到的书。在逛书摊时也使人增长了不少知识,从某种程度讲,比你去图书馆查书卡借书看,要方便、实惠的多,只可惜这种书摊现在已经成为《广陵散》了。

画棚巡礼

　　厂甸的画棚,可以说是独一无二的吧。这是用芦席搭的棚子,里面挂满了旧中堂、旧对联,山水、花卉、翎毛、草虫、仕女、工细楼台、写意花鸟,真、草、隶、篆,宋、元、明、清,唐、祝、文、仇,样样都有,换言之,画棚也就是旧字、旧画的临时营业处。地址在海王村公园北面,新华街马路两侧,东面多,西面少。另外就是土地庙里面各种空闲房屋中,但那已是在房中,不属于"棚"的范围了。新华街东侧最长的画棚由现在师大附中围墙起,一直可以延展到电话局门口,约略估计也总有三几百米长吧。

　　这些画棚,都是临时由棚铺搭的。北京过去的棚铺,是一个专门行业,就全国来讲,都是很出名的。他们用杉槁、竹子、芦席、绳子,根据地形,搭出各种各样的棚来。夏天搭遮阴天棚,是生意最好的季节。平时人家婚嫁、丧殡等红白喜事,找他们搭棚,可以搭出各种富丽堂皇的临时房屋来,用作喜堂、寿堂或灵堂。厂甸每年的画棚,也是他们的好生意。届时沿新华街两侧人行道边,靠两面围墙搭起画棚,高约五六米,宽约五六米,成长条形;一路逶迤过去,联绵不断,中间每隔三、五丈隔开一段,留门可通,游人从一头进去,可以连续看下去。看完一间,又穿过一间,里面四周都挂满了旧字、旧画。不知哪里来的那么些破烂,看上去真有些使人叹为观止了。等你慢慢地看完了,走了出来,已经到了电话局门口的风筝摊上,原来大半条街在棚中已经走完了。这真是一种特殊的画展。人家说巴黎的画廊,世界闻名,那种地方,咱们没有去过;但是也看过不少名家的书画展览会,那滋味似乎总不如厂甸看画棚有劲,可能是因为那时年纪轻的缘故吧。古语说"千秋万岁名,不如少年乐",难道真有点道理吗?

北京正月里的大黄风是很出名的。"七九河开,八九雁来。"虽说如此,天气仍然很冷。旧字画不比旧书和古玩,它要挂起来才能出售,如果露天设摊,就很困难,即使搭个架子挂起来,大风一吹,也要七零八落,不可收拾,何况让游人在冷风中伫足而观,也要影响生意。所以卖旧字画的想出办法来搭席棚营业,这样画棚就成了每年正月里厂甸应时的点缀了。厂甸正月里旧字画,也同古玩书籍一样,本是一项大宗。但以等级而论,大约是火神庙第一,土地庙第二,画棚第三。所谓"大棚"里的东西,在厂甸上来说都是些不值钱的。贵州姚茫父《弗堂类稿》有一首诗题道:"过火神庙,求故书一无所见,惟胡人购珍宝者四塞,仅乃于庙隅得画摊,买金晓珠'双凤'轴子归。"诗后自注道:"晓珠名玥,冒辟疆妾,故款识有'水绘庵'。"又一首词题道:"鳌儿于厂甸收得旧扇,余所画'一年好景君须记'二句,辛酉年作也。"姚茫父名华,是陈师曾同人,陈师曾曾把姚所藏"后子孙吉"古砖的拓本送给过鲁迅先生。这诗题、词题都是厂甸买画的实录。但像这类比较精的东西,一般都只能在书画店中或火神庙的画摊上才能买到,在画棚中可以说是绝对难以觅到的了。

画棚里的画不值钱,其所以不值钱,是因为绝大多数都是假的,或是无名小家的作品。这些赝品,平日在书画店铺的门市上,是无人问津的。只有在厂甸期间,游人众多,外行也多,人们贪图便宜,这些东西便有销路了。厂甸假字假画的故事是说不完的,在此介绍两则,以见一斑吧。

过去史籍上传说张飞会画画,而且还画美人,这样厂甸便真有张飞画的美人出售了。前人厂甸竹枝词道:"百宋千元次第陈,篓中风物一时新。今年眼福真无比,乍见桓侯画美人。"这恐怕是人世间绝无仅有的吧。

宋徽宗画鹰的名气是非常大的,因此厂甸徽宗画的鹰也就车载而斗量了。清人方朔的《厂肆》长诗中有几句道:"最可笑者徽宗鹰,宣和玉玺朱描成。并跋百轴兹最神,此间虽曾栖道君。作虏未必常心清,纵或心清斯岂真?"句下自注云:"宋徽宗为虏北来,金人安之于延寿寺。⋯⋯今厂之左右,皆延寿寺基也。今见鹰旁款题'宣和御笔,写于燕山'。共数十幅,此幅觉尤神俊,故如是云。"几十幅宋徽宗的鹰,诗人设想其中最神俊的一幅是真的。而就是这一幅,也是"作虏未必常心清,纵或心清斯岂真?"盖在俘虏生活中,青衣行酒、以泪洗面之际,是否还有闲情作画? 那这一幅也只是因其画得"尤神俊"而设想其是真的,也并非真个就是真的,只不过是一幅较为精彩的假画耳。

伪造古人的假画,那还不足为奇。还有人把自己多年前写的东西又当古画买回来的,那就更奇了。清人斌良的《抱冲斋诗集》中有首七古的诗题道:"余游厂甸,见古画楼《香光梅花诗册》,风致绝佳,以金二镒购得之。归家细玩,知是余庚辰自书,散失阛阓间,客以董思白赝章钤于册尾,遂误为真迹,不禁呀然失笑。因作长歌以记之。"这就是他自己过去临的董其昌的梅花诗册,散失之后,到了厂甸书画商的手中,这些人都是又识货、又会造假的行家,看这册子临的不错,便模仿原册,盖上假图章,以之乱真了。偏又凑巧,又卖到原来临写者的手中,在这"呀然失笑"之余,不能不佩服这些制造赝品者的手段是多么高明了。

虽然说画棚中的画,绝大多数是假的。但赝品中也有高有低,如前所说,不是几十幅徽宗鹰中也有"尤神俊"的吗？人说十步之内,必有芳草;在假画中,也有好画。如不以人取画,而能以画取画,那假画中也是有值得一顾的东西的。鲁迅先生壬子(一九一二年)五月二十一日记道:"晚散步宣武门外,以铜元十枚得二花卉册,一梅,一夫渠,题云恽冰绘,恐假托也。"恽冰是恽南田女儿,画不多见。十月二十五日又记道:"戴螺舲见恽冰画,定为伪作。"以鲁迅先生的水平,看上这两张册页,还要经戴螺舲鉴定,才定为伪作,可见这两张册页仿得是多么逼真了。记得过去在厂甸画棚里买过一幅萧谦中的小立轴,只一元钱,画的是蜀中山水。萧画是讲究用墨的,而且喜欢用焦墨,这张也是淋漓满纸,见千仞于尺素,很有气势风格,两色裱,裱工也很好,售者明白地告诉说这是假的,是仿的。但以画论画,的确不差,谁又能小看画棚中的假画呢？

厂甸的耍货

耍货就是玩具。《帝京景物略》中《春场》篇记录当时的玩具叫做"耍货"，似乎是北京玩具的正名，所以我也沿用了这个名称。当然北京还有一个口语说法叫"玩艺儿"，但那涵义似乎更广一些，所以还是叫"耍货"为好。

正月里厂甸庙会上是耍货的大海洋，由几十个彩色风轮、小泥鼓联在一起的大风车，到中药细辛做的小猴子翻筋斗；由十几元一个的五彩、双弓、细绢糊的大蝴蝶风筝，到一大枚铜元便能买到的泥人模子；由牛筋做弦的够上几个力的弹弓，到向日葵梗子破开削平、涂上银粉的小宝剑；由蜡做的能浮在水中的小鸭子、小金鱼，到活泼泼的各种小活金鱼，真有些使人感到看也看不完，数也数不尽，说也说不清了。正月里学中放假，那时还时兴给长辈拜年，给压岁钱，所以即使是寒门小户人家的孩子，腰中也有十枚二十枚铜子，到厂甸去也总能买到一两样称心如意的玩艺儿的。至于富有之家的子弟，那就更是取精用宏，不惜金钱，专拣好玩的买了。所以那时厂甸庙会，人头济济，应该说至少有二分之一是儿童。

鲁迅先生第一次去厂甸，是癸丑（一九一三年）正月初一[①]，日记记道："旧历元旦也。午后即散部往琉璃厂，诸店悉闭，仅有玩具摊不少，买数事而归。"厂甸大年初一，书籍、古玩、吃食等摊还没有摆出来，就只是玩具摊热闹了。先生"买数事而归"，只可

---

① 据《鲁迅日记》，似应为二月六日。——编者注

惜这数事玩具没有写下名称来,不然,我们可以更亲切地看到当时的情景。

厂甸耍货的名称,粗略估估,有风筝、空竹、风葫芦、扑扑噔、玻璃喇叭、金鱼缸、小金鱼、大小风车、江米人、猴戏、蜡鸭子、蜡金鱼、蜡瓜果桃梨、玻璃葡萄、玻璃瓜果桃梨、泥人、泥人模子、砖料楼台殿阁、高粱秆楼台殿阁、吹糖人、泥鸟、纸蝴蝶、走马灯、仙鹤香、泥嫁妆、锡蜡刀枪剑戟、桦木盆、桦木环、料器飞禽走兽、绒花、绢花、绒鸟、鬃人、弓燕、水生花、玻璃景、彩画蛋壳、彩灯、九连环、竹蛇、小鼓、小钹、搬不倒、皮老虎、升官图、螺丝转、胡子、鬼脸、竹木刀枪、戏剧花脸、盔头局象真刀枪、弹弓、竹筒袖箭、铜筒袖箭、轻气球,各种乐器,各种花炮,以上粗粗分类,也有四五十种。

从所用材料上分,有纸的、绢的、绒的、木的、竹的、泥的、高粱秆的、玻璃的、烧料的、布的、铁的、铜的、锡的、蜡的、鬃的、皮的、江米面的。总之,几乎所有材料,都可以制作耍货。按顾客年龄来看,有五六岁小孩玩的,有十来岁小孩玩的,也有十四五、十六七以至大人玩的。但是有一点最为明显,就是除去轻气球,是当场用瓶子装一些小锌片,注入盐酸,现充气现卖,属于近代科学的产物而外,其他则都是地地道道的土特产手工艺品。但就是这点轻气球,当时也很使人感到新奇。枝巢老人(夏仁虎)《厂甸新春竹枝词》中有一首道:"空际晨星点点浮,也将科学作嬉游。风前拍手天边看,知有人抛养气球。"老诗人对轻气球也感兴趣,不惜形诸吟咏了。只是当时社会上科学的东西刚接触到,还并不十分清楚,老人家在风流骀荡的竹枝词中,却把氢气当成氧气了。

这些大大小小数不清的耍货摊子，都集中在海王村公园的周围和里面。从海王村公园前门说起，有卖扑扑噔的挑子，卖小金鱼、金鱼缸的挑子，卖风车的汉子，卖空竹的车子，卖花炮的临时铺子；海王村公园里面：江米人摊子，刀剑鬼脸摊子，盔头作的刀剑摊子，弹弓袖箭摊子，猴戏摊子，料器飞禽走兽摊子，花灯摊子……在海王村公园四周，一家接一家。风筝摊子一家在海王村西门外往北，一家在西琉璃厂路北，那平日是一家粥店，到厂甸期间作为卖风筝的临时营业处，便是有名的"哈记风筝"①。这些耍货，有些是平时各庙会也能买到的，有些是平日小贩串胡同沿街叫卖的，有的则是只有正月里厂甸有，厂甸一收市，你便再也买不到的。如五彩缤纷的大风筝，哗哗作响的大风车，在平时都是无处购买的。

厂甸的耍货，种类纷杂，名目繁多。这些东西，在当时的北京，一说人家便知道，本是用不着多加解释的。但是时隔四五十年以上，时过景迁，有些耍货，不要说外地，即使在北京，现在也很少有人知道；至于对外地说来，那更是天方夜谭了。过去读孟元老《东京梦华录》、吴自牧《梦粱录》、周密《武林旧事》诸书，既叹其所列饮食、耍货等名物之繁多宏博，但又苦其所述之未详，使异代读者，看到一种物品的名称，虽然很想知道它的具体形状、原料、用法等等，却无法想象。我国有关民俗学的历史文献本来不多，而一些仅有的资料，年代久远，又苦于难以理解，实使人感到无限的遗憾。为此，对于厂甸名称纷繁、五花八门的耍

---

① 按，哈记风筝的创始人为乾隆间哈姓回民，回族尊称人为"某把"，因之又称"哈把风筝"。世居西单石虎胡同中一小胡同内，业风筝，代代相传。近年发现《南鹞北鸢考工志》，知其谱为曹雪芹所创。另，哈把风筝最著名者为丈二尖脚大沙燕。

货,我还感到有进一步作点介绍的义务,使这些不知名的工艺家们精心制造出来的耍货,今天还能为爱好者们所理解。至于能否有人仿造,那就要看仿造者的匠心运用了。

耍货的精华

厂甸的耍货，有些各地都有，今天还有，只是名称不同的，那只要把名称说清楚就可以了。如"空竹"，又叫"空钟"，江南叫"扯铃"。这种玩具现在还有，在上海城隍庙也还买得到，只是规格没有厂甸的齐全罢了。又如"搬不倒"，就是不倒翁，各地也都有，只是过去都是黄泥和纸筋做的，现在则是塑料模具翻出来的；白石老人笔下的"打破原来泥半丸"的不倒翁，也随着时代的潮流而现代化了。再有蜡做的瓜果桃梨、绒花、绒鸟、料器飞禽走兽，等等，现在卖工艺品的商店里到处都有。这里所要说的，只是厂甸当年所特有的。这中间又可分作精华和特殊二种，前者是厂甸耍货中最好、最有代表性的，后者是名称特别，不说人家不明白的。把这些分别稍稍介绍几样，用存厂甸的点滴资料吧。

先说说厂甸耍货中的精华：

一是大风车。这是厂甸最有代表性的特殊玩艺儿，在其他地方是看不到的。而且一过厂甸会期，即使在当时的北京，也就无处去买了。卖风车的都是集中在海王村南门。北京正月里风多，逛厂甸时，一到海王村公园门口，虽然人声杂沓，但是一片风车小鼓的声音，仍然可以透过人声，送入耳中。古人说蛙鼓可以代替半部鼓吹，我记忆中厂甸的风车似乎抵得上十部鼓吹了。这种玩具都是北京郊区农民的创造，他们利用冬季农闲，用高粱秆扎成各种"日"字、"田"字、"品"字形架子，用秸秆篾片圈成直径三四寸的圈,中间做一小轴,用白绵纸条染上红绿色彩,把圈和轴粘成一个风轮,再用胶泥做成铜元大小的小鼓框,用两层麻纸裱在一起做鼓皮,制成小鼓,然后把风轮、小鼓装在架子上,风轮小轴后面用麻线绞一小棍,风轮一动,带动小棍击鼓作声,如此风轮迎风不断旋转,小鼓便不断咚咚作响。大的"品"字形上,可装二三十个风轮,便有二三十面小鼓;随风吹动,一片噪耳小鼓声。逛完厂甸,高擎一个大风车回来,一边走,一边响,得意洋洋。到家迎风往屋门口一插,一天响个不停,这便是今年逛过厂甸的标志了。

二是风筝。风筝各地都有,但都没有厂甸的风筝那样出名,那样考究。厂甸风筝,论细目有黑锅底、沙燕、孙悟空、蜻蜓、蝴蝶、美人、蜈蚣、大龙等。黑锅底、沙燕是最普通的。以尺寸来分,二尺的、三尺的,大沙燕大到五六尺的也有。孙悟空、美人小一些的,如二三尺左右,也较便宜。蜻蜓、蝴蝶、蜈蚣、大龙都比较大了,蜈蚣、大龙拉开来都超过一丈,蜻蜓、蝴蝶也有大到六七尺的,这些价钱就比较贵了。这中间还分硬翅、软翅,如蜻蜓的两大两小四个翅子,就是软翅,即上面有骨子,下面没骨子,软纸边。蜈蚣是许多片连在一起的,孙悟空、美人等也可以拖一条很长的软尾巴。风筝全靠彩画得漂亮;便宜的不彩画,如黑锅底就是糊成大字形,画成黑色图案花纹的。沙燕是画褐色羽毛图案的,形状和黑锅底相仿,两脚较长、较尖,形似燕子。

一般幼年儿童买个黑锅底玩玩就很好了。过去儿歌道,"黑锅底,真爱起,一个筋斗栽到底",就是嘲笑儿童年纪尚小,放不来风筝,弄不好就栽到底了。

一般的风筝都是用竹篾扎骨子，再糊东昌纸，上施彩画。至于高级的，那就不同了，是用藤条扎骨子，用绢糊成，彩画也就重彩，桃红、翠绿、洋蓝、描金，金碧辉煌，尺寸也很大，一般都是四五尺以上的，背后都带有单弓或双弓。这样的风筝在当时要卖到十几元甚至几十元一个，自然是看的人多，买的人少了。但看也真是好看，儿时不知呆看过多少次，而且还用手轻轻地摸过。多少年间都曾想过这种风筝为什么做得这么漂亮、讲究呢？前几年看到刊物上介绍曹雪芹的风筝谱《南鹞北鸢考工志》，文中还说厂甸哈记风筝就是得自这套谱的真传，这之后，才恍然大悟，原来厂甸的风筝是由来有自的了。不过似乎并非只是哈记有"谱"，当年厂甸另一家卖风筝的做得也很好，虽无哈记出名，却也旗鼓相当，自然也是有"谱"的。这样看来，《南鹞北鸢考工志》的流传，也不只是哈记独得之秘了。

　　风筝除其本身外，还有风线绳、绳幌子、弓子（风筝背后装的丝弦弓子，放起来风一吹会嗡嗡作响）。各种"送饭"，最普通的是"蝴蝶送饭"，一种做成蝴蝶形的小风筝，大风筝放起后，挂在风筝线上，会自动吹上去。上去后，缚有线香头的小爆竹一响，绷线震断，蝴蝶翅膀一合，"送饭"又滑了下来。这些都是风筝的附件，说起来也很复杂，就不多谈了。最后一句话，就是风筝的窍门，全在三股顶线上。不管大小，只要顶线拴得好，就能放得起来，放得高，放得稳。不然风筝再考究，放不起来，也是等于废物。《红楼梦》中写贾宝玉的美人风筝放不起来，就是顶线拴得不好的缘故。①

　　三是江米人。用染成各种颜色的江米面捏的各种小人，就是日本叫做"人形"的。基本上像过去天津泥人张捏的泥人一样，不过较小，一般都只有三寸左右。有单个的，如胖娃娃、孙悟空、猪八戒、天兵、刘海戏金蟾等。还有整出的戏，如《小放牛》、《女起解》、《盗仙草》、《芦花荡》、《醉打山门》等。整出的戏捏好后，还放在玻璃罩子里，人家买到家中，可以放在几案上当陈设，时间虽长也不会坏。现在这种江米人还有人会做，也已成为工艺品商店的商品了。但在当时则只是厂甸庙会上的一种玩艺儿。卖江米人的摊子都在海王村里面，一般是边做边卖。摊子上放着捏好的罩着玻璃小罩的整出小戏，随你挑选。同时也可以当场点做。摊子后桌边上放着杂色的像半截蜡烛似的制作原料——熟江米面，颜色有肉色、黑色、白色、桃红、蓝、绿、红、紫、黄等；操作工具是几根圆的、扁的大小骨头簪子、小梳子、小剪刀、小竹片等。用肉色面捏头形，挑点黑色面，用小梳子一压，贴在头上便是头发；用小簪子挑点白的，再挑点黑的，点在脸上，就是眼睛；点一点桃红，便是嘴唇；身体衣服也都配好色用江米面

---

　　①　近人沈太侔《春明采风志》云："风筝摊，即纸鸢也。常行沙燕，一尺以至丈二，折竹结架，作燕飞式，纸糊，绘青蓝色，中安提线三根。大者背着风琴，或太平锣鼓，以索绕篾。顺风放起，昼系纸条，夜系红灯，儿童仰首追逐，以泄内之积热，盖有所取意也。三尺以上，花样各别：哪吒、刘海、哈哈二圣、两人闹戏、蜈蚣、鲇鱼、蝴蝶、蜻蜓、三阳开泰、七鹊登枝之类。其最奇者，雕与鹰式。一根提线，翱翔空中，遥睨之，逼真也。"按，此可作风筝之佐证资料。除此而外，其他要货，手边有文献可证者，如空竹，坐观老人《清代野记》云："京师儿童玩具，有所谓'空钟'者，即外省之'地铃'。两头以竹筒为之，中贯以柱，以绳拉之作声。唯京师之空钟，其形圆而扁，加一轴，贯两车轮，其音较外省所制，清越而长。"又如风车，刘侗《帝京景物略》云："风车则剖秫秸二寸，错互贴方纸其两端，纸各红绿，中孔，以细横安秫竿上，迎风张而疾趋，则转如轮，红绿浑浑如晕，曰'风车'。"以上均可为本段所述之佐证。

捏好。如是戏剧人物，在黑包头上点上白色点子，再贴个小凤头，便可做成头面。然后用小棒一撑，一个江米人便算成功了。

当然其中手艺各有高低，不过大体上说，各个摊上做的都很逼真，因为各摊都在一起，彼此都有比较，手艺差了，也就没有资格在厂甸摆摊子了。

四是"扑扑噔"，这种东西过去北方各地庙会上都有的出卖，是玻璃吹成的，体积大，分量轻，而且容易碰碎，卖的人都是用很大的竹篾篓从京外远到山东淄博挑来的。厂甸期间，这些担子都集中在海王村前门外。基本上是两种形式，一种是"扑扑噔"，是吹成非常薄的化学试验烧瓶式的红色玻璃玩具，有大有小，小的二三寸，大的超过一尺，用口一吹一吸，底部震动，呼吸之间，发出清脆响声，又名"倒掖气"。另一种是细长形的，约三尺左右，作小喇叭形，两头通气，吹起来发出一种呜呜的声音，比较单调，远没有"扑扑噔"中听。"扑扑噔"底部非常薄，如用力过大，容易吸碎，把碎片吸入喉中，那就有危险了。

以上几种，在厂甸的耍货中，是最有代表性的。尤其是那二三十面小鼓联在一起的大风车，那五彩缤纷的大风筝，说是厂甸耍货中的精华，应该是不为过分的吧。

特殊的耍货

耍货中的精华，前面已说过了，还要说说一些特殊的东西。厂甸是耍货的海洋，如不介绍这些特殊的耍货，也就显不出海洋的博大精深了。只是恐怕说不十分清楚，更难说得齐全。下面按次序介绍几样：

一是猴戏。这是厂甸所特有的，在所到过的其他地方，还没有见到过。这不是真的猢狲变把戏，而是做成的蚕豆大小的猴戏玩具。最普通的是签在一块小硬纸片上的一两个猴子做把戏，翻筋斗、盘杠子。大型的有花果山、水帘洞、美猴王、火焰山等群猴玩具。其材料是用中药中的细辛做猴身，用蝉蜕做猴头和四肢，黄褐色、毛茸茸的身子，黄褐色亮晶晶的头，作为小猴子，很是神似。以此为主，签在硬纸片上，再配上其他道具，便可做成各种猴戏了。精致的也罩在小玻璃罩子里，像江米人一样，很是考究。

二是泥鸟、纸蝶。工艺美术这样东西，最重要是别出心裁，匠心独运；最可厌的是抄袭模仿，陈陈相因。厂甸耍货之所以招人喜爱，主要是一点匠心独运的创造精神吧。如有人拾一些枯树枝，再用泥捏成小鸟，上施色彩，做成黄色、绿色的芙蓉鸟以及红靛壳、蓝靛壳等小鸟，插在枯枝上，一二只或三五只，位置得宜，各有各的姿态，再用稻草做成小鸟窠，也缚在枝上。或者用纸剪成蝴蝶，施以彩画，用细铜丝做成触须，把纸蝶插在枯枝上。这些便都做成很别致的玩具了。其逼真程度，可能超过生物学家制作的标本。这些别致的玩艺儿，价钱都不贵。因为基本上不要什么本钱，只是制作的时候，要花一些细工夫，所卖得的一点钱，也只不过是习惯上叫做"工夫钱"罢了。

三是桦木盒、花椒木盒。这是纯用木头做成的一种朴实的玩艺儿。木盒是用整块桦木镟制而成的。扁圆形，像南瓜一样，上面有个小盖，盖得很紧。有大有小，大到饭碗大，小到一个小酒杯大，有几种规格。买来当作玩具固然可以，当作用具放放东西也可以。用久了，盒外木质经人手不断摩挲，又红又亮，很像红木制品。养鸟的人常用来作鸟食盒。养养青红雀，初步调熟之后，放出去还要把它引回来。用这种桦木小盒，内装粟米，一边敲盒盖，一边逗小鸟，使之养成习惯，只要一拿小盒，一敲盒盖，它便飞回到你手中。还有一种木环镯，是用花椒木做的。有的一个大环上，套几个小环，都是用整块木料刳制雕刻而成。当时厂甸最出名的是王万青的制品。后来这种玩艺逐渐看不到了，市上出现有买桦木烟斗的，可能刻制这种玩艺的人都改行刻制烟斗了吧。

四是仙鹤香。这也是厂甸很特殊的东西。是用制线香的原料香面做成的。把香面调起来团成一个长把梨形，腹部中空，颈部要长些，插在一个铁丝架上。先由底部点燃，烟从腹中经颈部小口冉冉喷出，再把颈口点燃。颈口点燃部分，因在底部喷出的烟中燃烧，有助燃作用，不会熄灭，成为一簇小火随着缕缕的香烟时伸时缩，灰白色中一点红火，很像仙鹤的颈和头部，所以叫做"仙鹤香"。

五是鬃人。这是一种类似不倒翁的玩具，用纸筋做成人形，如不倒翁，但只做上半段，不要下面那团泥。体积如三分之二鸡蛋壳大，底部圆圈部分，周边贴上一圈半寸多长的猪鬃。放在一个铜盘子里,用物轻敲铜盘边沿,小人受到震动,借猪鬃弹力,便自动跳起舞来。用来引逗幼童,是十分好玩的。

六是高粱秆楼台殿阁。厂甸有一种用砖料烧成的楼台殿阁,一般只是寸来大小。这些除儿童买来当玩具而外,有人也买了来作为盆景假山的点缀。这种小玩艺,现在各处还都有出售,不必多作介绍。另一种是用高粱秆做的,现在是看不到了。这是选拣极细的高粱秆,剥光外皮,染成红、绿、黄等颜色,截成小段,基本上按尺寸比例制成亭子、宝塔、小楼、殿宇等玩具,完全像古建筑物的模型,精巧好玩。成本虽然有限,但也是很花工夫的玩艺。

七是弓弩、袖箭。厂甸有两三个卖弓弩、袖箭的摊子,每年都摆在海王村东门口。"弩"在厂甸叫做弹弓,中间一根硬木头做的弯形梁,也就是"弩床",上面横架一张强度很大的小弓,拉开弦,把弦扣在后面扳机上,上夹一泥丸,一扣扳机,就把泥丸射了出去。泥丸是胶泥做成,经火烧过的,很硬,如果距离近,射得准,打一只斑鸠、锦鸡之类的野味是毫无问题的。袖箭有竹筒、铜筒两种,铜筒价贵,竹筒较廉。筒内卧弹簧,约两寸多长的木杆铁头小箭从前面装进去,压在弹簧上,用箭筒口上的扣机扣住,一按扣机,箭便射了出去。箭头很锋利,力量也很强,一两丈的距离内,打死一只鸡,绝无问题。当然打在人身上要害地方,那也是受不了的。这是属于古代兵器中暗器的一种吧。当时,市井少年,常常受些武侠说部的影响,而且那时清代镖局消沉未久,说书艺人还经常说些保镖的故事,孩子们听了津津有味。所以这些弓弩、袖箭也有人买来练习打准头,这都是大孩子们的玩艺;但用此打架的事,则还没有听说过。不然,这种玩艺,可能也早被禁止了。

厂甸的特殊耍货就介绍这几样。其他如用通草做成彩色花朵,压紧了出售,泡在水中涨开来叫"水生花";中间有根尖轴的小空竹,缠上线一抽,丢在地上旋转,嗡嗡作响,叫"风葫芦";竹弓弦上穿几个纸燕,竹弓反复颠倒,小燕在弦上滑动,好像飞上飞下,叫"竹燕"。凡此种种,名目繁多,笔墨有限,就不一一细说了。

吃食摊等等

　　各种庙会都有不少吃食担子和吃食摊子。厂甸虽是以旧书、字画、古玩、珍宝、耍货著名，但也少不了卖吃食的，而且也非常多，生意也一样很好。原因是逛厂甸的人太多了，逛厂甸的目的虽然不是为了吃，但看到各种好吃的，自然还是要食指大动的。何况半天逛下来，又累又饿，那各种吃食摊子，自然也是坐无虚席了。

　　厂甸的吃食摊，集中在海王村公园里面和东西门外。西门外原系古玩、耍货的阵地，但中间也夹杂着一些吃食摊子，都是用独轮手推车摆摊，卖切糕、豌豆黄、驴打滚、爱窝窝等。海王村里面则是卖元宵的、油茶的、茶汤的。其他吃食摊则都集中在东门外吕祖祠前，如蜜供、爆肚、豆汁、扒糕、凉粉、灌肠、面茶、豆腐脑、糖豌豆、镜糕、江米粥、老豆腐等等，举凡北京日常街头叫卖的吃食担，差不多都集中在这里了。在这些普普通通的食品中，也有两样值得一提并略加说明的。

　　一是"爱窝窝"。这是一种很好的点心，它像江南的捣沙团子一样，不过做得更加精致，馅子配制得更加讲究。所不同的，它不是用糯米粉蒸熟包的，而是用糯米饭，烧得很软，再压紧些来做皮子，包上白糖、桃仁、芝麻、瓜子仁、青红丝，或澄沙、桃仁，或枣泥、瓜子仁等馅子，拌入白糖时，加一些香油炒面，包好后外面再裹一层干糯米粉，使之不粘。这是纯素的。北京街头叫卖的各种甜食，基本上都是素的，是不放猪油的。爱窝窝凉吃，吃起来又糯、又软、又香、又甜,爱吃甜食的人,多半是喜欢它的。至于它为什么叫"爱窝窝",到现在也还说不准。如果望文生义,"窝窝"是北京粗糙食品的名称,如"杂和面窝窝"、"窝窝头"等,而这却加个"爱"字,可能是因为大家喜爱它吧。①

二是"驴打滚"。这个名称也很怪,如不说明它是一种食物的名称,恐怕不易被人理解。这是用黍米糕包豆沙,做成鸡蛋大小的椭圆形团子,再放在炒熟的黄豆面中滚一下,这就叫做"驴打滚"。这虽然不够雅驯,但却是一个很朴实形象的名称。驴骡马匹,一天长途跋涉之后,晚上卸掉鞍子饮水时,总要先躺在地上滚两下,立起来再抖抖毛,以解除疲劳。这个食品的得名就由此而来,这在江南一带或大城市中不养驴、骡的地方是不知道的。看宋人周密《武林旧事》,当时杭州有一种糕团叫"黄胖",名称也很形象,直到现在杭州一带也还有"黄胖炒年糕,吃力不讨好"的谚语。这个"黄胖"可能与"驴打滚"有些近似吧,可是这两个名称现在都已很少有人知道了。一样小小的吃食,也是有不少沧桑变化的啊。②

三是棉花糖。这种东西别的地方不知有没有,在北京则似乎只有厂甸庙会上卖,平时是很少见到的。一部小车子,中间一个能旋转的平底洋铁锅子,锅下面,大概点有火酒灯。卖者放一

---

① 雪印轩主《燕都小食品杂咏》"爱窝窝"条云:"白粘江米入蒸锅,什锦馅儿粉面搓。浑似汤圆不待煮,清真唤作爱窝窝。"并注曰:"爱窝窝,回人所喜食品之一,以蒸透极烂之江米,待冷,裹以各色之馅,用面粉团成圆球,大小不一,视价而异,可以冷食。"

② 蔡绳格《一岁货声》云"满糖的驴打滚",注云:"黄米面裹糖蒸,外浮洒干豆面,此乡下人卖。"同前《燕都小食品杂咏》"驴打滚"条云:"红糖水馅巧安排,黄面成团豆面埋。何事群呼'驴打滚'?称名未免近诙谐。"并注曰:"黄米粘面,蒸熟,裹以红糖水馅,滚于炒豆面中,成球形,置盘上售之,取名'驴打滚',真不可思议之称也。"

点点白砂糖在锅中,下面用脚蹬一根轴,像脚踏缝纫机一样,使锅子不停地旋转,砂糖受热溶化,拿筷子随着锅子搅拌,随着往起挑,像缫丝一样。一点点白砂糖,一转眼之间就变成一团雪白的糖丝,像一团棉花一样,所以叫"棉花糖"。有白、红两种,白的自然是本色,红的则不知加的是什么颜色。这种食物像蛋白蛋糕上的蛋白一样,看上去雪白一团,但不能久放,时间一长就收缩了,所以都是现做现卖。吃起来像吃空气一样,并不中吃,不过做的时候很好玩,所以卖棉花糖车子周围总是围着不少儿童,一边看,一边等着买。但是,我始终没有仔细看过锅子下面的构造。①

除了上面介绍的而外,我想厂甸最有代表性的食品,恐怕就要算大糖葫芦了。这像要货中的大风车一样,可以说是厂甸的象征。假如谁要拍电影,布置厂甸场景,那千万不要忘记卖大糖葫芦的。没有它,就不成为厂甸。卖大糖葫芦的都集中在海王村门前,那最热闹的厂甸中心点上。

这是一种什么东西呢?就是用长竹签把山里红——山楂——一个一个地穿起来,穿成很长一大串,上面抹些饧糖,顶上再插上一面小的三角红绿彩旗,这就叫"大糖葫芦"。前人厂甸竹枝词说:"佳人毕竟难忘俗,糖蘸葫芦一丈长。"又有人说:"三尺动摇风欲折,葫芦一串蘸冰糖。"一丈固然有些夸大,但三四尺长总是有的。

北京平日街头小贩有很讲究的冰糖葫芦出卖,那是真正把

---

① 同前《燕都小食品杂咏》"棉花糖"条云:"沙糖经火运轮机,顷见纤维釜外飞。白絮一团棉仿佛,只堪适口不成衣。"注曰:"棉花糖者,以蔗糖入能转之釜中,下炙以火,使釜旋转,糖经熟而融,借旋转之力,遂成絮状之糖丝,由釜旁出,望之真如棉絮也。"

白糖或冰糖熬稀了蘸的，用竹签签了，有山楂、山药、胡桃仁、荸荠等等。在厂甸也有好几个摊子卖这种冰糖葫芦，但大糖葫芦却与这完全不同。这似乎根本不是为了吃而出售的，而只是厂甸庙会的一种特有的点缀。试想把未经拣选、洗涤的山里红穿成那么长，再抹上点饧糖，举在风沙中叫卖，尘土飞扬，上面粘满了灰沙，似乎是根本不能吃了。但买的人却不少，买了举回家去，像"得胜回朝"一样，一路上是很引人注目的。也像举着大风车回来一样，人们都知道你是逛厂甸回来了。①

除了吃食摊子而外，厂甸还有卖鲜花的、卖爆竹的、变戏法、拉洋片的、耍狗熊的、摆卦摊的、摆测字摊的，以及那吕祖祠有名的"火判"，五花八门，无所不包，这才构成厂甸的浩瀚。

卖鲜花的是用直径三四尺的大竹篾篓，里面裱上东昌纸，上面再盖上棉帘子，里面放小盒"莳花"也叫"唐花"，使之不被冻坏，在向阳的地方摆摊出售。花倒都是好花，什么红梅、水仙、碧桃、迎春、兰花、山茶、杜鹃、文竹等，都是右安门外直到丰台一带的花农，在花窖温室中培育出来的应时花朵。北京冬季天寒，户外是没有花草的，所有花铺冬天卖的花，都是温室养的，俗名"洞子货"。鲁迅先生一九二〇年一月十七日曾记过"上午同僚送桃、梅花八盆"的话，这也同厂甸卖的一样，即所谓的"唐花"了。

卖爆竹的在海王村对面一家铺子里，是临时营业的。卖各种太平花、双响、麻雷子、各种鞭、各种焰火盒子。东边隔壁就是有名的文友堂旧书铺。一九四一年新正，文友堂失火，一烧而光，有名古籍焚毁了不少。当时传说其起因就是隔壁爆竹不慎

---

① 陈莲痕《京华春梦录》云："迨兴阑游倦，买步偕返，则必购相生纸花及大串糖葫芦，插于车旁，疾驶过市，途人见之，咸知为厂甸游归也。"

爆炸燃烧的缘故。

变戏法、拉洋片、测字、算卦等摊都集中在海王村东门外吕祖祠前。那些烧香求签的善男信女、化缘求布施的老道,挤来挤去,这一带简直是厂甸的鬼神世界。

茶座和人物

　　海王村公园，说是公园，其实只不过是一个大院子，四周都是半西式平房，租给一些小书铺和小古玩铺营业。康有为使人创办并亲自题匾的"长兴书局"就设在里面。院子长方形，宽广也不过几十米，大门里原有一座小的太湖石假山，还有几株小树。平时是没有人来，也不把它当作公园的。但是一到厂甸期间，它就热闹了。除去四周摆满了各种货摊之外，中间还搭了许多茶座，卖茶，卖元宵、油茶，等等，地方原来就不大，这样就更显得拥挤不堪了。

　　海王村的茶座是临时搭的。这也是棚铺的好生意。在平地上用杉槁、木板搭起三尺高的平台，四周围上现成的红、绿油漆木栏杆，可装可卸。台上桌椅也是租用棚铺的，都是和旧日戏台上用的一样的那种高桌，上铺白桌布，入口处有踏步三四阶可登。卖茶的伙计系着白围裙立在栏杆边，大声地向下面拥挤的游客招呼生意。这些茶座，卖茶，也卖元宵等点心。别的没有什么可说，只是那很特殊的大开水壶是值得一提的。那是很高、很大的一种紫铜壶，擦的又光又亮，座在临时炉灶上。它像铜暖锅一样，中间有火筒，正对炉口，火焰可以从中间冒出，起通风作用。一边是很大的弧形柄，上面缠着布，不烫手，便于倾倒。一边是壶嘴，作鸭颈形，很长很细。因中心有火筒，所以壶盖开在边上。壶一直放在火上，添水时揭开壶盖，以其他容器注入。沏茶或冲油茶、茶汤时，以左手持碗，右手一掀壶柄，开水直射出来,顷刻之间,即已注满,动作神速异常。这种大壶上丰下小,按其造型很像前几年陕西出土的唐代波斯银壶,因之我想这种紫铜壶很可能是西域传来的。现在生活中再也看不到这种壶了,将来博物馆中可能也有展出的吧。

坐在这种茶座上喝茶,冷风吹着,那远没有夏天中山公园各个茶座上喝茶舒服。但是别有一种风味,就是可以一边吃茶,一边看人,居高临下,看看熙熙攘攘逛厂甸的人群,那也还是值得一登此台的。时至今日,当时那些台上看人和台下被看的人,早已是风流云散,无处可寻的了。只是有些知名人士,传轶事于厂甸,留姓字于人间,在前人一些著作里,还留下一鳞半爪的痕迹,而今天知道这些的,也往往局限于专门家;对于广大的现在人来说,则年代久远,也同样是湮没无闻了。这中间只有鲁迅先生,光辉常在,而与厂甸的关系又那样深切,说起来这真是十分可贵、令人神往的了。

先生在北京十五年中,逛厂甸总不下四五十次吧。昔人《望江南》词云:"都门好,厂甸万编书,晋帖唐诗秦古镜,隋珠汉鼎宋瓷炉,巨眼识韩、苏。"这正是学人眼中的厂甸。先生年年去厂甸,所盘桓者,所留心者,均在书籍、碑帖、历史小文物之间。一九二六年二月二十日,也就是旧历丙寅年正月初八,旧日都门风俗,称此日曰"八仙",是厂甸会期中顶热闹的日子,先生日记道:

> 游厂甸,买小本《陶集》、石印《史通通释》各一,共二元二角。

这便是先生最后一次逛厂甸了。这年八月,先生便离京南下，以后再也没有回北京过过旧历年，自然也就再没有机会逛厂甸了。昔时在厂甸的"盘桓至晚方归"的情景，只是保存在先生的记忆中，真是"却忆海王村畔路，书摊庙市是前游"了。

酒肆谭乘

酒肆题名录

鲁迅先生壬子(一九一二年)阳历五月五日到北京,一九二六年八月二十六日离开北京,其后于一九二九年五月间,一九三二年十一月间,又两次回过北京,每次时间都不长。在久住的近十五年的时间中,以及后来两次回北京的短暂归省中,先生和朋友之间,经常不免有些饮宴应酬。有时是人家请先生,有时是先生回请人家,有些是在家中吃,有些是在饭馆里吃。尤其是早期,先生在北京还没有安家,单身住在会馆里,所以多半是在饭馆里聚会,因而在《鲁迅日记》中,记录当时的饭馆名称非常多。有的字号是先生常去的,有的字号是先生偶然去过的,总之不管是经常去的也好,偶然去的也好,当年都是曾经留下过先生足迹的。我们从日记中看到这些饭馆的字号名称,难免不联想起当时的情景,当时的环境,当时的人物,当时的气氛,当时先生的音容笑貌。这些自然都已是历史的陈迹了,我们缅怀先生的仪型,当然最重要的是学习先生的精神,但是如果能从生活的各个方面去怀念先生,那就感觉到更亲切,更生动。为此,我想把先生日记中所提到的当时北京的饭馆,和一些当时有关饭馆的情况作一个介绍,尽量使它再现于笔墨文字之间,使我们能够更亲切地感受到当时的气氛,那么先生在日记中所记下的那些饭馆的字号名称,与读者也就更为接近和具体了。

从先生的全部在北京居住的日记中翻阅,除一九二二年日记早已散失无法查核外,在先生日记中一共记录了以下一些饭馆、酒楼、饭店等的字号名称：

广和居	（菜市口北半截胡同南口）①
致美斋	（前门外煤市街）
便宜坊	（前门外肉市）
集贤楼	什刹海（按，即会贤堂，店名记错）
同和居	西四牌楼
南味斋	（西珠市口）
小有天	西河沿劝业场
杏花春	韩家潭
澄乐园	劝工陈列所
四海春	（宣内大街）
玉楼春	（煤市街）
海天春	（宣内大街）
厚德福	（前外大栅栏）
醉琼林	（前外陕西巷）
同丰堂	（鲜鱼口长巷头条路西）
益锟	（西单南大街）
华宾楼	（珠宝市）
宣南第一楼	（宣内大街）
福全馆	（东四牌楼隆福寺街）
瑞记饭店	（后迁中山公园内，最早未详）
小饭店	（未详）
金谷春	（西珠市口）

---

① 所标地址，未有（ ）者，乃先生原著；划（ ）者，乃笔者所加。

泰丰楼	（煤市街）
中山公园闽菜馆	
京华春	（五道庙）
中华饭庄	（陕西巷）
又一村	（未详）
四川饭馆	（未详）
新丰楼	香厂新世界对面
聚贤堂	（西单牌楼报子街）
澄园	香厂
玉壶春	青云阁
和记	（绒线胡同西口）
第一春	（未详）
中兴茶楼	东安市场
欧美同学会	（南河沿）
西车站食堂	（前外西火车站）
东兴楼	（东安门大街）
颐香斋	（按，此即颐乡斋，见后面）
宴宾楼	（前外西河沿）
陶园	（西单南绒线胡同）
中央饭店	（东长安街）
大陆饭店	（西长安街）
西吉庆	（宣内大街）
鼎香村	（骡马市大街）
孙德兴饭店	（未详）
龙海轩	（西长安街）
燕寿堂	（东四牌楼）

四宜轩	中山公园
撷英居	（前外廊房头条）
滨来香	（西单北大街）
颐乡斋	（西珠市口）
宣南春	（未详）
中兴楼	（东安市场）
华英饭店	（西长安街）
来今雨轩	公园
石田料理店	（未详）
西安饭店	（西长安街）
东安饭店	（东长安街）
法国饭店	（崇文门内大街）
大陆春	（西长安街）
长美轩	（中山公园西部）
漪澜堂	（北海公园）
森隆	（金鱼胡同东安市场）

　　以上粗粗统计，共有六十五家之多。当然也有不少次饮宴先生未记下店名的，也有少数店名因个别字记错，似是两家，而实际上是一家的。总之实际数目，应该还远远超过这六十五家。在我国历史文献上，关于这方面的资料历来很少，有的只是宋人孟元老的《东京孟华录》、吴自牧的《梦粱录》、周密的《武林旧事》等书，留下了汴京的樊楼、杭州的太和园等酒楼的字号名称，和当时酒楼场景的剪影。其他各代，则没有具体的专著了。有的，也只是一些零星记载。如果能从一本书中，找出五六十家酒楼饭店的字号名称，在近代各家的著作中，虽不能说绝无仅有，

恐怕也真是稀如凤毛麟角了。先生事事留心,在写日记的时候,为我们留下了这么许多饭馆的字号名称,这也是一个有关一个历史时期生活、市容、经济、商情等方面的具体资料,而且这是一般的高文典册中找不到的资料,应该说是十分珍贵的。先生这样记,据我想也绝不是无意的吧。我想就这些饭馆的店名和情况再解说一下,一方面能够更亲切地缅怀先生的仪型风范;另一方面,就保留一点当时有关饭馆的民俗资料来着眼,也不能说是没有意义的。

饭铺、饭馆、饭庄

　　要说清楚这些饭馆，先要把当时北京饭馆的分类大体说一下，因为这毕竟都是六七十年前的情况了，不先分分类，是弄不清楚的。清末《爱国报》所刊《燕市积弊》中道："本处的饭馆子，向分三等，有大、小、中之别，如前门外早年的四大兴及现时的福兴居、泰和馆、万年居、斌升楼都算大饭馆儿。其余如通聚馆、富源楼、同和馆、致美斋，都为中等饭馆。"这里所写，也不能概括鲁迅先生所记饭馆的全部分类。因为这里所分，只是饭馆分类，而在旧时北京对饭铺、饭馆、饭庄这三者的涵义，分得是很清楚的。这里所分，只是中间饭馆一档，上不包括饭庄，下不道及饭铺，所以不能概括鲁迅先生所记的全部了，何况先生所记还有卖西餐的番菜馆呢？因此还有就先生所记当时北京饭馆的字号，按等级分类说明的必要：

　　一是切面铺一类的，包括包子铺、饺子铺、馄饨铺、馅饼铺、粥铺等等，这类铺子都是单打一卖面食的。其中以切面铺为最多，卖斤饼斤面，即论分量卖大饼、家常饼、炒饼、炸酱面、打卤面等；门前挂个笸圈，用红纸一糊，下面再贴一圈剪纸的流苏，这便是它的幌子了。说是切面铺，其实并不都是只卖切面。有一种只卖生切面、杂面的切面铺，而大多数则虽叫切面铺，却是既有面案子，也有饼案子，在堂口上卖大把拉面的炸酱面、打卤面、热汤面等、葱花饼、家常饼、炒饼等，也卖点炒菜，但很简单，什么醋溜白菜、炒麻豆腐、肉丁酱、高汤卧果，就很不错了。不过不要看品种简单的吃食,也是有它的独特风格的。就说饼吧,清末魏元旷《都门琐记》记道:"充食窝丝饼、葱花油饼、油饼、糖饼、大小薄饼,下者家常面饼。"名堂也不少。不过它都是以面食为主,不卖饭。客人来了,半斤肉丝炒饼,一小碗酸辣汤;或是半斤家常饼,一盘醋溜白菜,吃的又香又饱,价钱不过铜元五十枚左右,合一毛多钱,是非常经济而实惠的了。

二是二荤铺。所谓二荤,就是猪肉、羊肉。当然,这里面分大教馆子和隔教(清真)馆子。不过不管它是大教还是清真,它所卖的菜都只限于肉类。什么炒肉丝、炒肉片、坛子肉、木须肉、溜肝尖、爆三样之类,鸡、鸭、鱼、虾等高级的荤菜是没有的,至于说海参、鱼翅等海货,那就更谈不到了,所以俗称"二荤铺"。这类饭馆,不能说比切面铺高级,只能说比切面铺齐全一点儿。基本上也是以卖面食为主的。不过根据情况,看开在什么地方,如果开在旅店,或文教单位附近,顾客中南方人多,它自然也就要卖米饭了。小本经营,生财有道,精明的小铺是永远不会错过做生意的机会的。切面铺不卖酒,切面铺、饺子铺和大酒缸是挨肩兄弟,各有分工的。二荤铺就卖酒了,但所卖只限于一种酒,即掺了水的白干,以两计,不以壶计。二两白干,一盘溜肝尖,半斤打卤面,则酒饱饭亦足矣。

三是一般小饭馆。这种饭馆情况最复杂,各有特征,各有风格。说是小,也不一定就十分小,小到一间门面,三五个座位;大也可以大到三楼三底,有散座也有雅座。其所谓"小"者,大抵是指专营小卖,一般不办喜庆堂会而言。门前的幌子,都是写着"应时小卖,随意便酌,四时佳肴,南北名点"等字样。这类馆子如按地域而分,那就更多了,什么维扬馆、四川馆、广东馆、河南馆、闽菜馆、湖南馆、贵州馆、奉天馆、山东馆、山西馆等等,各有各的特征,各有各的拿手菜,店虽小而菜肴特精,价非廉而点心实细。其中不少都是小局面、大气派,名闻遐迩的名店,有一种特殊的号召力。当时北京小市民阶层有几句口头禅道:"逛小市,听小戏,吃小馆。"这种小馆,指的就是这一类馆子。

四是中等饭庄。徐珂《清稗类钞》中说:"光绪己丑、庚寅间,京官宴会,必假座于饭庄。饭庄者,大酒楼之别称也。以隆福堂、聚宝堂为最著。每席之费,为白金六两至八两。"这是九十几年前的情况,到鲁迅先生在北京时即六七十年前,也还是这样的。对不能办红白喜事堂会的叫饭馆,而对能办喜庆宴会、堂会的叫饭庄。饭庄又有两种,一种地方较小,兼营小卖,主要以零星酒席为主的,是中等饭庄。这种饭庄,主要就是供应一桌两桌的菜,适宜于小规模的日常饮宴,也常应外面的堂会,到人家住宅中去烧一两桌菜,而且也都有各家的特色。所以有一个时期,这种饭庄子的生意特别好,远远超过另一种大饭庄子。

五是大饭庄子。这是北京旧时最大的饭店、酒楼、会堂三位一体的买卖。一般都有很大的几进院子,不少都带有戏台,可以唱堂会戏,能同时开一二百桌酒席。这种饭庄子,是专门办红白喜事的,娶亲、祝寿、嫁女、丧事开吊,它都可以包办,而且房舍大,庭院多,有时能同时包办几家人家的喜庆宴席。它因为专营大生意,所以对零星生意都不大做。不要说三五个人的随意小酌,它不供应,即使一桌两桌的零星酒席,这种饭庄子一般也不预备。这种饭庄店名都叫什么堂,如什么"同丰堂"、"福寿堂"等等。得硕亭《草珠一串》竹枝词有一首道:"酒筵包办不仓皇,庄子新开数十堂。"并自注云:"包席处呼曰庄子,俱以堂为名。"亦可见昔时风气之一般了。后来经营这一行业的基本上都是山东胶东人,由掌柜、掌灶、跑堂的小徒弟,说话都是登、莱、青三州的口音:"人"读作"银","去"读作"气","鸡"读作"给","肉"读作"右",而为人则一般都是精明而直朴,各行手艺都过的硬,做的都是地道的"满汉全席"京帮菜。这类饭庄的鼎盛时期,还是在清代庚子前,大老坐大鞍车,格格梳大把头的时代,当时有"天乐听完听庆乐,惠丰吃罢吃同丰"的口头禅。惠丰堂、同丰堂都是当时的大饭庄子。后来生意一天比一天少,江河日下,逐渐为时代所淘汰了。

以上五种是中餐,还有西餐。当时北京西餐叫番菜,西餐馆叫番菜馆,这个名称现在已经很少有人知道了。这是从《周礼》"九州之外,谓之番国"的意义上产生出来的名词。当时北京的番菜馆也可以分作几等:

一是小小的西菜馆,有些是既卖糖果、西点、饼干等西式食品,又兼营咖啡、茶点和简单的西菜。有的是专卖西餐的小店,座位虽然不多,但也收拾的干干净净,吃吃便饭,十分适宜。但是要大请客,在这种小店比较困难了。

二是较大的西餐馆,正式店名都是"××番菜馆",店堂较大,有散座,也有雅座。那时还不时兴后来的那种火车间。不管散座、雅座,都是西式桌椅,雪白的台布,车料玻璃的五味瓶,可以随时拼长台,拼成马蹄形或丁字形,招待较多的客人。招牌都写明是英法大菜、德式大菜、俄式大菜等。

三是外国人开的大饭店,其中附设的宴会厅、餐厅,这是不但高级而且是特殊的西餐馆。在当时到这种饭馆去宴客或赴宴,都是有特殊的身份,不是任何人都可以去的。一是价钱大,一般人花不起;二是外国规矩多,一般人不敢去;三是菜单、交谈好多都是用外语,一般人不懂外语,无法去。这类饭店,在当时的北京,与一般市民似乎是隔着一个世界,不要说进去用餐,即使想象其中的情况也是很难想到的。

　　以上所分,一般还都是有类可归的,另外还有一些特殊的,如茶楼带饭馆、日本料理店等等,则又不在以上这些大类里面,都是别树一帜的异军了。

　　鲁迅先生日记中所记录下来的那些饭馆,可以说是各类俱全,样样都有了。

"和记"和二荤铺

在鲁迅先生日记中提到的最小的饭馆,大概就是属于切面铺一个类型的"和记"了。丁巳(一九一七年)十二月二十八日记道:

午同齐寿山及二弟在和记饭。

和记是什么铺子?是一家卖清汤大碗牛肉面的小铺。原来开在绒线胡同西口路南,正好在马路转角上,一间小楼,朝西、朝北两边开门,朝北是绒线胡同,朝西便是宣内大街,过马路斜对面就是教育部街。这原来是一家卖牛羊肉的"羊肉床子"(北京过去习惯上猪肉铺叫"猪肉杠",清真牛羊肉铺叫"羊肉床子")。掌柜的会做买卖,动脑筋在楼上摆了几副白茬木器桌凳卖面,什么羊汤面、羊杂碎面都有。其中最好的就是清真大块牛肉面,堪称物美价廉,是鲁迅先生最欣赏的。先生在教育部上班,中午下班出来吃午饭,有一个时期经常到这家吃大块牛肉面,日记中记到和记的地方很多。和记虽然不是十分标准的切面铺,但是属于这一类型的小铺,其特征就是不以卖酒菜为主,而是单一的以卖面制主食为主的小饭铺。不要小看这样小铺,其中却也不少佼佼者,如北京过去出名的前门外都一处的烧麦,一条龙的炸三角,馅饼周的馅饼,穆家寨的炒咯嗒,也都是满城皆知的字号,其身价不亚于成都吴抄手的馄饨、苏州观振兴的过桥面和天津狗不理的包子的。即以和记而论，下面卖卖牛羊肉，上面卖卖牛羊肉面，下面卖不掉的肉，正好在楼上卖面时卖出去，生肉反而卖熟肉的价钱，但却又比专门卖面的人家肉多汤浓，因而广招生意，也就大赚其钱了。后来居然拆掉老房，改建三层洋楼，正式开张饭馆，可见当时赚得确实不少。但气派一大，反而不易赚钱，改成大店却不如卖清汤大块牛肉面时的生意好，没有几年便已清锅冷灶，报请歇业，"和记"也就成为历史名称了。①

　　比和记高一档，就是二荤铺一类的。在先生日记中记有"西吉庆"、"海天春"等几家，这都在宣内大街上，离开教育部不远，也是先生常去吃午饭的地方。这种小饭馆，当时遍布四城，基本上到处都有，是吃便饭的所在，偶然约朋友一齐去，也是贪图路近，吃便饭方便，不会在这种饭馆正式请客的。这并不单纯因为铺子地方小，更主要的是因为以二荤为主，全是些起码的肉菜，没有什么特色。但是生意仍旧很好，这主要是因为经济、实惠、方便，天天都要吃饭，并不天天都要请客，自然仍是坐无虚席了。况且这种店家，对于天天来的人，还可以提供各种方便：如吃完饭写折子，不用付现钱，定期一总付账。如讲好伙食标准，几菜几汤多少钱，包月计算，十分灵活，介乎伙食团、包饭作和饭馆之间的办法。鲁迅先生就曾经在海天春包过饭。癸丑（一九一三年）九月四日记道：

------

　　① 　此文写好后，承萧重梅、潘渊若二丈见告，民国初年，绒线胡同西口尚有一极著名之酒家，字号是"且宜"，以"蜜方"一菜名满京师，就是"蜜汁火腿"，把最好的金华火腿上方四周都切去，只留中间正方形一块，加料后蒸制，有特殊配料及特殊火候，当时北京多少著名饭庄都无法仿制。售价亦贵，生意鼎盛时，只一"蜜方"，卖银元六元，相当于一小桌酒席的全部价格了。同时其他廉价菜也十分精美，因之门市小卖，十分热闹。估计鲁迅先生当时在教育部上班，一定也到"且宜"参加过宴会，但在日记中没有记录。

午约王屏华、齐寿山、沈商耆饭于海天春,系每日四种,
每人每月银五元。

同月十八日又记道:

海天春肴膳日恶,午间遂不更往,沈商耆见返二元五角。

这两则日记记载,指包一顿午饭,四人同吃,每顿四种菜,每
月五元。除去星期日,每月按二十五六天计算,每顿合两角。现
在看看好像很少,其实在当时,这两角钱以实物折合,最少等于
一斤半猪肉或十六七个鸡蛋的代价,四个人,每日只四个菜,平
均一人一菜,就不能算便宜了。本来这种饭馆日常供应,也不外
一些木须肉、爆三样、酸辣汤之类的家常菜,平日零卖可能还注
意质量,但这种小饭馆,看利心重,伙食一包到手,每天的菜随它
去配,不免就要抽调料(这是旧日饭馆降低质量的行话),甚至把
卖不出去的不新鲜的东西搭配上来,所以就"肴膳日恶",先生只
包了半个月便不得不停止了。

这种小饭馆,那时虽说是四城都有,但最多集中在前门外打
磨厂、西河沿、鲜鱼口、粮食店一带,因为这一带是旅店集中的地
方,单身客商多,一天三顿都是要照顾它的。有的索兴就开在老
式客店里面,如兴顺店、高升店等,店院内都附带开有小饭铺。
这些小饭铺在店堂内的生意倒不多,更多的把饭菜送到顾客所
住的地方。小伙计先来问一遍,客人把饭菜点好。到时候,小伙
计把一个柳圈椭圆食盒提来,一盘烧茄子、一碗酸辣汤、十个花
卷、一份碗筷。等你吃完,他再来收家伙。或是付现钱,或是记
账写折子,那就要看具体情况了。在一般机关或学校的附近,也

总有几家这样的饭馆，做小职员和学生的生意，最忙的自然是中午的一顿了。在各城门口关厢里也有不少这种小饭馆，各做一路生意，阜成门外的做卖煤、卖石灰的车把式或拉骆驼的老乡的生意，德胜门外的做北山卖果子的老乡的生意，各有各的老主顾，进门不用打招呼，也知道吃什么、喝什么，口味、脾气都是摸熟了的。这些主顾酒倒是少不了的，白干、五加皮，所谓"东涞水，西易州"。二两、四两，随客需要，如此而已。至于南酒，即绍兴酒，这种铺子，是绝对没有的。卖酒，也得要有酒菜，也有因此而出名的。阜成门外"虾米居"的兔脯，就曾著录于一本专谈旧日北京的书《陋闻曼志》中，可见其十分著称了。可惜它的兔脯比较特殊，没有成都北门"王麻婆"创造的"麻婆豆腐"那样既出名而又普遍，因此只有昔时北京人知道，外地人则未见经传，不过"虾米居"那时总也算二荤铺一类饭馆中的白眉了。

再有先生所记二荤铺一类饭馆中值得一提的还有"龙海轩"，先生买西三条的房子立契就是在这里立的。一九二三年十二月二日记云：

> 午在西长安街龙海轩成立买房契约，当付泉五百，收取旧契并新契讫，同用饭……

"龙海轩"在当时正是最出风头的二荤铺，软炸腰花等菜又好又便宜，一时在西长安街很享盛名，尤其是劳动人民、青年学生吃不起大馆子，都想到它家解解馋。有位当年腊月里摆摊"书春"，给人写春联的中学生，一天赚几毛钱，下午一收摊就到"龙海轩"吃软炸腰花，现在谈起来还津津有味，眉飞色舞，不过已是白眉白鬓的七十六岁的老前辈了。

走堂绝技

饭馆不论大小,要依靠两个部分:一部分是灶口上掌灶的师傅;一部分是堂口上招待客人的师傅。这种小饭铺,掌灶的师傅虽然都是一般手艺,而堂口上招待客人的跑堂,却是十分值得称述的。其惊人之处有二:一是看座的能力;二是报菜名算账的能力。清代《道光都门纪略》一书中写道:

> 走堂,市廛茶馆酒肆,俗尚年轻,向客旁立,报菜名至数十种之多,字眼清楚,不乱话,不粘牙,后堂一喊,能令四座皆惊。

这是十九世纪早期的情况,到了二十世纪之初,情况略有变化,近人徐凌霄在《旧都百话》中记道:"番菜馆里竖在桌上的整份菜目单,虽极精雅;南菜馆的挂在壁上的菜目价表,虽用玻璃镜框装潢的像名人字画一般,但在老饭馆皆无所用之。因为菜的名目、样数,都记在走堂的脑中,都挂在走堂的口中。"

大概是礼失而求诸野吧,后来稍微大一点的饭馆都有了印刷的菜单,都时兴开单子点菜,那么这种能报菜名的人才,就只有从二荤铺中去找了。这种小饭馆的生意,不靠卖名酒、名菜大席面,全靠卖家常便饭赢利。到了吃饭的时候,行话叫做"饭口"上,那生意是十分忙碌的,一般店家,真也够得上人头济济,起满坐满的程度。客人来了,首先全靠跑堂的伙计调动座位,绝不会让顾客站着等座,他总能有办法给你拆兑一个地方。客人落坐,先揩桌面,后摆调羹、筷子,动作迅速、麻利,然后动问:"您几位?吃点什么?喝酒不喝?"等等套话,然后报菜名点菜。一个人也好,三五个人也好,点好菜之后,高声报到菜口上,按所喊配料、烧菜,直到酒、菜、饭样样端上来,从来不开什么单子,不拿什么牌子、筹码等等,多少张桌子,多少位客人,多少样菜品,他都能记得清清楚楚,生意再忙,也不会弄错。某张桌子,什么菜上来了,什么菜没上来,随时都会注意到。如果催快一些,或某张桌子某个菜提前,他会马上高喊:"某某菜马前!"最后一个菜端上来,会自动告诉顾客:"齐啦——您哪!"再问一句:"您还添点什么?"真是手快、眼快、嘴快、腿快,头脑清醒,记忆惊人,态度从容,动作迅速,所谓"静若处子,动若脱兔",静中观察,简直令人惊叹不已。

以上是看座、接待客人的真功夫。至于吃好后算账的本领,那更是有口皆碑。那时这种小饭馆,没什么菜牌子、价目表,而且各种菜肴酒饭的价钱都是按铜元定的,铜元又按制钱的习惯叫法来喊,制钱又照"说大话,使小钱"的京帐算法来计数,即一百文青钱算一吊钱,折成铜元,如果是二十七枚,就叫"两吊七",五十六枚就叫"五吊六"。先生在日记中记钱数时,有时也有类似的记法,如壬子(一九一二年)九月十四日记道:

午收本月半俸百二十五元。浣旧被,工三百。

这里"工三百",就是按照制钱说铜元,"三百"就是三十枚铜元,而不是三百枚铜元,这三十枚铜元,当时约等于八九个鸡蛋的价钱。

又如乙卯(一九一五年)九月二十三日记道：

晚季市致鹜一器，与工四百文。

这也是四十枚铜元。这在当时老北京口中，便说成四吊了。小铺伙计在客人吃完后算账时，一边数碟子，一边报账："炒肝尖，五吊六；木须肉，六吊四，整十二吊；余黄瓜，三吊二，十五吊二；白干四两，两吊四，十五吊二加两吊四，十七吊六；花卷十二个，四得四十，二四得八，四吊八，十七吊六，四吊八，一共二十二吊零四，您哪——一共二十二吊零四，我候了吧！"妙在还来一句客气话。算时一边数碟子，一边报账，像联珠炮一样，干脆利落，绝不会有分毫差错。其速度之快，是使人难以想象的，比起我举例子，写这段文字的时间，真不知要快多少倍了。而且我举也不过两菜一汤，四两酒，十二只花卷，五种品目，一笔生意而已。而实际上在座客拥挤之际，酒酣耳热之时，这边喊添菜，那边喊上饭，这桌要添汤，那桌等算账，桌子上杯盘狼藉，岂只五样、六样，四五个人吃罢的桌子，起码一二十个盘碗，笔笔账都要立时立刻口头报清，口头算好。这点过硬功夫，实在是难能可贵，决不是一天二天所能练就的，而当时，没这点功夫，也就没有资格在这种小饭铺内跑堂。我对于跑堂朋友的这点绝技，迄今还是声犹在耳，念念不忘。

小酌名酒家

　　一般在小饭馆,即各种地方风味的小饭馆,在先生日记中记录到的以这类的馆子为最多,如致美斋、南味斋、小有天、杏花村、厚德福、京华春、又一春等,起码要占三分之一以上。因为这都是专吃口味、朋友小聚最理想的地方。徐珂《清稗类钞》中说:

> 　　若夫小酌,则视客所嗜,各点一肴,如福兴居、义胜居、广和居之葱油海参、风鱼、肘子、吴鱼片、蒸山药泥,致美斋之红烧鱼头、萝卜丝饼、水饺,便宜坊之烧鸭,某回教馆之羊肉,皆适口之品也。

　　正是说明这种饭馆专门为小酌、吃精致名菜而营业的情况。这种饭馆与二荤铺之分野,不是大小之分,而是粗细之分。二荤铺一类的饭馆,不管字号大小,所卖的饭、菜、酒,一般都是大路货,而这种饭馆卖的则大多都是各具风格、精心制作的名肴细点。即以面制的蒸食来说吧,这种饭馆内什么澄沙包、水晶包、鸡肉包、火腿包、干丝包、三鲜包、三丁包、霉干菜包、三冬包、叉烧包、水煎包、鸡油卷、松花卷、银丝卷、千层糕、蜂糕、黄糕、水晶糕等等,争奇斗胜,名目繁多。而二荤铺一类的饭馆,则除去馒头、花卷二品之外,其他什么也无力准备了。即使最普通的葱花包子,亦即常说的天津包子,也只是包子铺的生意,二荤铺一类的饭馆中,一般也是不卖的。这就是二者的最大差别。

前面已说过,先生日记中记录到的这类名店不少,如壬子(一九一二年)五月八日、八月三十一日两次都记到了致美斋,前一则云:"夜饮于致美斋,国亲作主。"后一则云:"晚董恂士招饮于致美斋,同席者汤哲存、夏穗卿、何燮侯、张协和、钱稻孙、许季黻。"这后一则所记:董是当时教育次长,请的都是部中司长、科长级的同事。这家致美斋,就是当时小规模饭馆中的一家名酒家,地址在前门外煤市街,坐西朝东,门面不大,历史却很悠久。《同治都门纪略》中已记录到致美斋馄饨的诗,说什么"包得馄饨味胜常,馅融春韭嚼来香。汤清润吻休闲淡,咽来方知滋味长",可见其字号古老,到鲁迅先生去作客时,已经是五十来年的老店了。它家的名菜很多,前引《清稗类钞》中已记到它家的红烧鱼头等名肴了。清末魏元旷《都门琐记》还记道:

> 致美斋以四做鱼名,盖一鱼而四做之,子名"万鱼",与头尾皆红烧,酱炙中段;余或炸炒,或醋溜、糟溜。

这是它家最著名的佳作了。陈莲痕《京华春梦录》上还记载它家的烩鸭条十分拿手,实际它家还有一个名菜就是鸭舌炒掐菜(即绿豆芽去头去尾),也是很拿手的。

它家除去菜肴而外,点心也很出名,《同治都门纪略》所录《都门杂咏》中就有咏"致美斋奶油糟糕"的诗;其他不少书中都记录了它家的名点"萝卜丝饼",后来它家最著名的点心就数这个了。这是一种油酥白皮芝麻烧饼,馅子是萝卜丝,甜中有咸,又酥又糯,全在配料的秘诀上。烧饼很小,只有一个铜元大,但因为有馅子,较厚,每只之间都是连在一起的,如果买十二只,那就四个一排,三排连在一起,成为长方的一块。当然最好是在它店内吃现出炉的，不然，买回家去也可以，是堂吃、门售两便的。别看这小小的油酥萝卜丝烧饼，当年也曾引得著名学人怀念不值。俞曲园老人《忆京都》词云：

> 忆京都，茶点最相宜。两面茯苓摊作饼，一团萝卜切成丝。不似此间恶作剧，满口糖霜嚼复嚼。
>
> （注云："京都茯苓饼、萝卜丝饼最佳，南人不善制馅，但一口白糖，供人咀嚼耳。"）

曲园老人的词是有力的明证，当时北京的茶点的确是值得怀念的，这个萝卜丝饼就是致美斋的。所说"一口白糖"，是老人联想到南方的"太师饼"，这也是小型油酥芝麻烧饼，类似萝卜丝饼，只是馅子全是雪花绵白糖，更无别物而已。

致美斋当时是远近闻名的，因为生意好，名气大，后来在它家斜对门又开了一家"致美楼"，也以萝卜丝饼号召，居然生意很好，没有多少年，致美斋、致美楼同样名动京华，有比翼双飞之势。

致美斋的名菜是鱼，当时还有不少以烧鱼著称的名店，如先生癸丑（一九一三年）三月二十四记道：

> 晚何燮侯招饮于厚德福，同席马幼舆、陈于盦、王幼山、王叔梅、蔡谷青、许季市……

这厚德福就是一家以烧鱼著称的名店。在大栅栏路北，是知名的河南饭馆。魏元旷《都门琐记》说：

> 河南厚德福之萝卜鱼亦新味。

"萝卜鱼"就是厚德福的名作,其他还有"糖醋瓦块",也是它家的独家绝技。河南馆子是以烧黄河鱼名闻天下的,这还是宋代汴京的流风遗韵。但说也奇怪,宋代汴京的宋五嫂鱼流传到杭州,就是有名的"五柳鱼",是杭州太和园、楼外楼的名菜,但其烧法和口味,则与厚德福的"糖醋瓦块"迥乎不同。杭州太和园等店名师烧鱼,是从来不过油的,而北京厚德福烧鱼,则无一不过油;论渊源虽然同是汴京,均属"梁园风味",而南北差异却如此之大,形成南北两大派,真有些像谈禅的南宗、北宗之别了。那时西珠市口金谷春也是河南馆子,先生甲寅(一九一四年)十二月三十一日记道:"晚本部社会教育司同人公宴于西珠市口金谷春。"不过这家河南馆子一时生意虽也曾火爆过,但却没有厚德福名气大,也没有厚德福的气数长,没有多少年就关门大吉;而厚德福却一直绵延着,前后恐怕也总有半个世纪之久吧。

北京烧鱼都是用油炸,当时只有一家是例外的,就是名盛一时的陕西巷的"醉琼林"。先生癸丑(一九一三年)九月十日记道:

晚寿洙邻来,同至醉琼林夕餐,同席八九人……

甲寅(一九一四年)正月十六日记道:

晚顾养吾招饮于醉琼林……

这是一家广东馆子,但卖鱼却以善烧五柳鱼、西湖鱼来号召,也是很特殊的。魏元旷《都门琐记》中记道:"全鱼向只红烧、清蒸,广东醉琼林,则有五溜鱼、西湖鱼。考西湖鱼之制,宋南渡时所遗。"按,元旷所记,"五溜"应为"五柳",是从南宋宋五嫂五柳居而得名,是宋代烧鱼的正宗。《光绪顺天府志》曾记有北京仿制五柳鱼的情况说:"五柳鱼,浙江西湖五柳居煮鱼最美,故传名也。今京师食馆仿为之,亦名五柳鱼。"不过这也是历史上的名称了。不但醉琼林关张之后,北京无人再说"五柳鱼",即使在杭州,一般也只说"西湖醋鱼",而不说"五柳鱼"了。

南味和乡味

得硕亭《草珠一串·饮食门》有诗云：

> 华筵南菜盛当时，水爆清真做法奇。
> 食物不时非古道，而今古道怎相宜。

这类诗一时不少，不必多引，均可说明过去北京的饭馆，好多都是以南式、南菜来号召的。魏元旷《都门怀旧记》说："旧酒馆皆山东人，后则闽、粤、淮、汴皆有之，美味尽东南矣。"徐凌霄《旧都百话》道："明明是老北京的登州馆，也要挂'姑苏'二字。"都是一时风气。南方的范围也不小，但北京过去习惯以江浙为南方，而不包括湖广的。南菜一般是指维扬菜，扩而大之，就是扬州菜、苏州菜，这是所谓南方菜的正宗，就是所谓"维扬帮"。先生壬子（一九一二年）九月十一日记云：

> 晚胡孟乐招饮于南味斋，盖举子之庆也……

这就是一家维扬帮馆子，陈莲痕《京华春梦录》记载它家的名菜是"糖醋黄鱼、虾子蹄筋"，是标准的扬州菜，但字号标榜却是"南味"，可见南味、南菜的涵义了。有比它更靠南却不属于"南味"的范畴的，如卖福建菜的闽式菜馆。先生壬子（一九一二年）九月二十七日记道：

晚饮于劝业场上之小有天,董恂士、钱稻孙、许季黻在座,肴皆闽式,不甚适口,有所谓红糟者亦不美也。

这是专门卖福建菜的,肴皆闽式,而非"南式"。店名"小有天",是借重当时上海名菜馆小有天的招牌。上海当时的小有天因清道人李梅庵的妙联"道道无常道,天天小有天"而名闻遐迩。而劝业场的小有天,自然是小巫见大巫了。不过它在当时的北京也出过点小风头,也算劝业场的一家名店了。劝业场是一家西式建筑的商场,前门在廊房头条,后门在西河沿,当时新建起来没有多少年。这一带原来的房舍是庚子(一九〇〇年)义和团烧大栅栏老德记药房时连带着全部烧光了的。重建起来的三层楼商场,一楼是鞋帽百货等各种铺子,二楼、三楼是照相馆、镶牙馆、台球房、茶楼、饭馆等。小有天地方并不大,虽然红糟不对先生的口味,但却另外有些名菜,如"炒胹肝"、"高丽虾仁"等,的确是不错了,因而欣赏者还是大有人在,经常在这里举行宴会。先生癸丑(一九一三年)四月二十七日记道:

晚社会教育司同人公宴冀君贡泉于劝业场小有天饭馆,会者十人。

甲寅(一九一四年)一月二日记道:

晚五时教育部社会教育司同人公宴于劝业场小有天,稻孙亦至……

两次公宴都是在这里举行,可见小有天还是有点号召力的了。"冀君贡泉",就是冀育堂老先生,字醴亭,冀朝鼎同志的父亲,享了近九十岁的高寿,在六十年代中才去世,比鲁迅先生年长近十岁,却比鲁迅先生多活了近三十年。回忆抗战胜利之后,冀老先生初从美国回来,任北大法律系教授,住在沙滩红楼,当时老先生已是七十来岁的高龄,我以世谊晚辈的身份前去看望,老先生还兴致勃勃地拿出新写的白话诗来和我讨论,老辈风范,历历在目,而弹指之间,也是三十多年前的旧事了。

鲁迅先生当年初到北京时,还是比较欣赏故乡的口味的。壬子(一九一二年)十二月三十一日记道:

> 晚铭伯招饮,季市及俞毓吴在座,肴质而旨,有乡味也,谈良久归。

许铭伯先生在岁阑之际,用家乡菜招待先生,绍兴菜中烧肉、冷猪肉是有名的。"肴质而旨",用白话说,就是既实惠油水又足,这便是绍兴菜的特征了。昔时北京本来有绍兴人作厨师的传统,清初史玄《旧京遗事》说:"京师筵席,以苏州厨人包办者为尚,余皆绍兴厨人,不及格也。"这是明代末年的情况。到鲁迅先生去北京时,北京还有几家有名的绍兴人开的饭馆,如杏花春、颐乡斋、越香斋等。陈莲痕《京华春梦录》记载说:

> 山阴所设杏花春,颐芗斋之绍兴花雕,味擅上林,口碑尤胜。

这里记得很清楚,盖绍兴饭馆,最重要的是卖绍兴老酒,即陈年花雕,因为饭馆的号召力,一在菜肴点心,二就在酒,没有好酒,菜肴再好,饮宴者也索然无味。过去北京最重南酒,有专卖女真、花雕的南酒店。《红楼梦》作者曹雪芹说过"日饷我以烧鸭南酒"的话;《光绪都门纪略》酒楼诗云,"陈绍斟来色似茶,高楼午酌胜仙家"。所谓"时尚唯绍兴老酒",因而绍兴人开的饭馆,自然要以酒来号召了。这两处酒家,鲁迅先生都去过不少次,如壬子(一九一二年)十月十九日记云:

> 晚许铭伯招引饮于杏花春,同座者有陈姓上虞人,忘其字,及俞月湖、胡孟乐、张协和、许季市。

乙卯(一九一五年)十一月二十日记云:

> 沈康伯将赴吉林,晚与伍仲文、张协和公饯于韩家潭杏花春,座中又有范逸丞、稚和兄弟及顾石臣。

己未(一九一九年)六月一日记云:

> 晚子佩招饮于颐香斋,与二弟同往。

一九二四年六月二十七日记云:

> 晚李仲侃招饮于颐乡斋,赴之,同席为王云衢、潘企莘、宋子佩及其子舒、仲侃及其子。

这几次小饮,主要都是先生同乡人多,所以都在绍兴馆中领略乡味了。这两处酒家也有几样名菜:杏花春的拿手菜是溜鳝片、烤鳝背等,颐乡斋的拿手菜是红烧鱼唇、烩海参,都是比较高级的。这里要附带说明一下,颐芗斋先生第一次记作颐香斋,第二次记作颐乡斋,第一次是记错了,而这个错是有个原因的。按,颐香斋"在杭州清河坊柴木巷路南,是一爿以卖焦桃片、麻糕等茶食出名的茶食南货店,先生印象中自然是有的,因而把"颐芗斋"就错记为"颐香斋"了。第二次则是省掉一个草字头,则只是书写时便利,没有其他原因了。

百年老店——广和居

先生日记中记录下来的六十几家饭馆,去的次数最多的大概就要数广和居了。先生壬子(一九一二年)五月五日到北京,五月七日就到它家饮酒,日记记道:

> 夜饮于广和居。

自此而后,先生就是广和居的常客了。如五月份去了四次,六月份去了四次,七月份去了四次……即使不到它店里去,有客人来了要添菜,仍旧是叫它家的菜。这一点有周遐寿老人《补树书屋旧事》文字为证:

> 在胡同口外有一家有名的饭馆,还是李越缦等人请教过的,有些拿手好菜,如潘鱼、沙锅豆腐等,我们当然不叫,要的大抵是炸丸子、酸辣汤。拿进来时如不说明,便不知道是广和居所送来的,因为那盘碗实在坏得可以,价钱也便宜,只是几吊钱吧。

说是只要炸丸子、酸辣汤,当然也未必每次都这样,如丙辰(一九一六年)九月二十一日记道:

> 晚邀张仲苏、齐寿山、戴芦舲、许季上、许铭伯、季市在

邑馆饭。

　　这样在邑馆中正式请客,客人中而且有许铭伯这样的乡前辈,那菜自然要比较丰盛考究了;菜肴讲究,那台面必然也要考究些,不会再用"猫饭碗似的器具盛了来"了。先生为什么特别喜欢照顾广和居呢?唯一的原因就是离得近,先生在南半截胡同山会邑馆前后共住了约八年之久,而广和居就在北半截胡同南口,真是相距咫尺之遥,先生每天上下班都要由它门口经过,所以照顾它家的机会就特别多了。此外自然还有其他原因,那就是它家的菜的确好,名不虚传,而且既有高级菜,也有普通菜,顾客选择起来十分方便。至于它的百年老店的鼎鼎盛名,那自然也是先生早就知道,不免有些向往的了。

　　广和居开张于清代何年,一时尚难确指,总之是很早的。据徐珂《清稗类钞》所记,在光绪己丑、庚寅间,即光绪初年已是知名的老店了。而且据说道州何绍基家中三世都经常在它家宴客,欠有老账。那时吃饭从不付现钱,全是三节,即端午、中秋、除夕结账还钱。据说后来何绍基还不出陈年酒账,便亲笔开了一张欠条给店家。广和居主人做的全是当时富商流寓京官的生意,拿到何道州的亲笔欠条,如获至宝,便不再去要账,而把这张借条送到裱画铺裱了起来,挂在账房里,当作活广告,以广招徕。后来果然起了意想不到的宣传作用,不少人特地来看何道州的借条,传为宣南佳话;因而使广和居便门庭若市,大发其财了。等到李越缦等人赞赏广和居的时候,又在何绍基之后了。等到鲁迅先生做广和居常客时,广和居仍然是宣南百年老店的老风格。近人杨寿枏《觉花寮杂记》云:

燕市广和居酒肆,在宣武门外北半截胡同,肴馔皆南味,烹饪精洁,朝士喜之,名流常宴集于此。辛亥后,朝市变迁,肉谱酒经,亦翻新样,唯此地稍远尘嚣,热客罕至,未改旧风。

先生之所以经常照顾广和居,历久不衰,可能这"稍远尘嚣,热客罕至",也是原因之一吧。

广和居的名菜很多,前面已说过"潘鱼、沙锅豆腐",魏元旷《都门琐记》云:"广和居之潘鱼、辣鱼,色目之佳者,曰芙蓉鲫鱼。"《清稗类钞》还记有它家的名菜:葱油海参、风鱼、肘子、吴鱼片、蒸山药泥等等,均可见其拿手好菜之多了。而名菜中都说到鱼,尤其是"潘鱼",据夏枝巢老人《旧京琐记》所说,是京官潘炳年传授给他们的烧法,所以叫"潘鱼"。另外吴鱼片,是吴闰生创的烧法,所以叫"吴鱼片"。这同伊府面、苏造肉、眉公鸡一样,都是因人而得名的。当年宣南名流咏唱,提到它家鱼的诗句是很多的,这里举一首樊樊山的《缫蘅招饮广和居即席有作》,作为"有诗为证"吧:

闲里堂堂白日过,兴君对酒复高歌。
都京御气横江尽,金铁秋声出塞多。
未信鱼羹输宋嫂,漫将肉饼问曹婆。
百年掌故城南市,莫学桓伊唤奈何。

鲁迅先生壬子(一九一二年)十一月九日记云:

晚邀铭伯、季市饮于广和居,买一鱼食之。

先生特别记明"一鱼",可能就是著名的"潘鱼"吧。可惜先生这里写得很简略,虽然也能从字里行间体会出先生当时"鱼,我所欲也"的欣愉心情,究竟是什么样的鱼就不得其详了。

广和居百年老店,"未改旧风",是北京昔时标准的老式饭庄的气派。它开在宣武门外菜市口偏西南面的胡同里,已经远离热闹中心了。没有铺面房,同住宅的房子一样,是四合头院子。路东的门磨砖门楼,黑油大门,门上有嵌字格对联。进大门迎面影壁上挂着擦得金光照眼的大铜牌子,刻着"广和居饭庄"五个大字。门楼前檐挂着几个饭庄的幌子,黑地金字的长木牌,下垂红布条子,上写着什么"山珍海味,旨酒嘉肴,南北细点,满汉全席"之类的话,这是"酒望"的遗意,但似乎是比"酒望"要复杂的多了。大门马头墙上自然还对称地挂着"广和居饭庄"的黄铜大招牌。大门里面,边上摆着黑油大长凳,那是给顾客的车马侍从人员休息用的。每天一开市,跑堂伙计的头儿精神饱满、春风满面地站在门前,客人一进门,彬彬有礼而又格外热情地上来打招呼:"您来啦!几位哪?"接着向里面高声喊:"几位,看座!"这样里外一致地来接待客人。老式院子,南屋北屋,东屋西屋,大间小间,各有房号,自有分管的伙计招待客人进屋就座,沏茶、擦脸、入座、点菜。要是预先订好座,或赴人宴会,那大门口招待起来就更方便了,什么先生的客人,从大门口可以一直喊到里面来。门口的那位总招待员,对客人是极为熟悉的,是有惊人记忆力的。里面有十家、八家订座宴客的,一般熟客,一进门就知道是谁赴谁家的宴,这就是所谓"知客"的本领。先生癸丑(一九一三年)九月二十七日记云:

赴广和居,稻孙招饮也,同席燮侯、中季、稼庭、遏先、幼渔、莘士、君默、维忱，又一有[有一]人未问其名，季市不至。

这种宴会，主客都是广和居的老主顾，先生一进门，打招呼的总招待员便会热情寒暄，大声向里面传呼："周大先生到，×号钱大先生屋看座"——这样里面接待的走堂伙计，自会接引到×号打起帘子让进屋去，向屋里报称"周大先生到！"这就是那时北京老式饭庄子的老谱儿、老规矩，百年老店的老风格。

关于广和居的地址和内部的情况，在这里再作一些补充说明：

广和居的地址在宣武门外菜市口西路南北半截胡同南头路东，绍兴县馆在南半截胡同北头路西，可以说几乎是门对门，只是因为胡同岔开的关系，要绕过来走几十步路。这是因为北半截胡同到了南头之后，左右岔开为两条胡同，西面连下去是南半截胡同，东面连下去是裤子胡同。广和居在进口路东，正是走完北半截胡同进入另一胡同的交界处，要到对面南半截胡同的绍兴县馆去，便要绕过"裤子"分岔处的那个三角尖儿，就要多跑几步路了。说也奇怪，就在这样一条不起眼的胡同里，一家普普通通的饭馆子，居然能经营得全国闻名，在历史上留下重要的地位，多少名家为它写诗写文，绵绵一百数十年之久。

广和居房子并不大，路东的大门，临街房子三大间，半间是门洞，院子是东西向而狭长的。磨砖刻花小门楼，黑漆大门，红油门联。现在房子还在，大门上旧日联语的字被刮掉了，但嵌字格联语，上下联第一个字"广"、"和"还依稀可见。进门迎面是一个磨砖影壁，大门南墙露在外面，因为南面一所房子是缩进去的，所以广和居大门南墙更加突出，也是磨砖刻花，可以挂大铜招牌。所以那时由南横街上胡同南口往北走，不远就可以看到广和居大门的南墙了。进大门转过影壁是狭长院子,南北屋都很入浅,是房座;往东里面还有一个小院,房子也很入浅,都隔成单间,是雅座。厨房是和大门并排的临街房子北头那两大间,房顶上特有的排热气的气窗还在,紧挨大门的是一间账房。建筑比起当年的其他大饭庄子,如什么"汇丰堂"、"同丰堂"的高堂大院,是不可同日而语的。由于地方小而名气大,食客众多,自然更为拥挤了。李慈铭《越缦堂日记》咸丰十年(一八六〇年)三月二十九日记云:

> 定子招同未子,卤莽饮广和居,室隘、日炅热燥不可堪,晡归。

旧历三月底,在北京还不是热的时候,而在湫隘的广和居的酒座上,大名士已经是热燥不可堪,可以想见一百二十多年前的广和居的热闹情况了。

广和居在清末不是一家普通饭馆,简直是宣南掌故的总汇,几乎是一个政治俱乐部了。当时一些有权势的大官吏、有影响的大名士都以到广和居聚会为胜事。夏枝巢《旧京琐记》记云:

> 士大夫好集于半截胡同之广和居,张文襄在京提倡最力。其著名者,为蒸山药;曰潘鱼者,出自潘炳年;曰曾鱼,创自曾侯;曰吴鱼片,始自吴闰生。

枝巢老人所记是光绪年间的事,当时还有一味怪菜,曰"总理各国事务衙门",大概是"全家福"之类的东西。四川巴县杨沧白昔有《广和居宁悠招饮有赋》诗后四句云:"春盘菜半成名迹,坏壁诗多系史材。遗韵同光已销歇,从君说旧尽余杯。"成都邓忍堪《春兴》诗中有句道:"市楼酒保谈耆旧,厂甸书坊阅废兴。"句后自注云:"广和居例为朝贤文宴之地,其老佣能言松禅(翁同龢)、广雅(张之洞)遗事。"

清代末年,广和居最有名的题壁诗是讽刺庆亲王奕劻贪污纳贿的。诗云:

> 居然满汉一家人,干女干儿色色新。
> 也当朱陈通嫁娶,本来云贵是乡亲。
> 莺声呖呖呼爹日,豚子依依恋母辰。
> 一种风情谁识得?劝君何必问前因。
>
> 一堂二代作干爷,喜气重重出一家。
> 照例定因呼格格,请安该不唤爸爸。
> 岐王宅里开新样,江令归来有旧衙。
> 儿自弄璋翁弄瓦,寄生草对寄生花。

按,清末有几个名御史专参大官僚,庆亲王奕劻及其子载振贪污严重,御史江春霖上折参他,说北洋总督、贵州人陈夔龙是他干女婿,因陈的续弦女人认奕劻的福晋作干娘;另外安徽巡抚、云南人朱家宝之子又认奕劻儿子、农工商部尚书载振为干爹,关系乱七八糟。江春霖奏折上都揭露了他的罪行,但因奕劻势力过大,不但未参倒,江反而受到斥回原衙门行走的处分。有无名氏就在广和居墙上题了这两首尖锐的讽刺诗。

126

东西城饭庄子

　　广和居没有戏台,不能办大规模红白喜事,唱堂会戏,不算大饭庄,但在中等饭庄子中,却是数得着的老字号了。因为它资格老,生意好,名动京华,所以别人也要模仿它了。这像王麻子、汪麻子、老王麻子剪刀铺一样,饭馆也是这样,有了致美斋,又有致美楼;有了广和居,又有同和居。同和居也是相当规模的饭庄子,开在西四牌楼南路西,是标准的山东饭庄。《旧都文物略》记载当年北京著名食物有"同和居之大豆腐"。另外它家拿手好菜是炸肥肠、三不粘、烩两鸡丝等,还有烤得焦黄的像新出炉的面包一样的大馒头。房子原来是两个四合院,后来又加了楼房,院子里加了大罩棚的清凉磨砖房舍,昔年是西四一带最大的一家饭庄,后来主要作西城一带学界的生意。鲁迅先生第一次去时,对它家的印象并不好,壬子(一九一二年)九月一日同许季市、钱稻孙从什刹海归来,在它家吃午饭,日记记云:

　　午饭于四牌楼之同和居,甚不可口。

　　可见最初它家的山东菜,也就是京帮菜,并不十分对先生的口味。可是若干年之后,先生定居西四一带,先住八道湾,后又临时卜居于砖塔胡同,最后定居于宫门口西三条,均在西四北、西四南、西四西一带,这样自然而然因离得近,便要多照顾它家了。先生一九三二年十一月间第二次回京探亲,十一月十八日记道：

> 霁野、静农来，晚维钧来，即同往同和居夜饭，兼士及仲潭已先在。

这也是同和居历史上一次小小的盛会吧，现在只有李霁野老先生还健在，其他各位均已成为文艺学术史上的古人，真是"俯仰之间，已成陈迹"了。

这家饭店的原址现在还在营业，只是原来里面楼上楼下的雅座，都已改为什么办公室、职工更衣室、宿舍、仓库、会计室、工会办公室等等，真正摆座位的地方则越缩越小，与先生当年光顾时的情况相比，早已面目全非。

先生当年工作在西城，居住也在西半城，先西南，后西北，东城是难得去。一般宴饮以南城的为最多，自然主要因当年的著名饭馆，大多集中在南城。东城也有一些，不过先生去的次数是不多的。著名的语丝社的聚餐会，因北京大学中的社员在东城的多，所以经常是在东安市场内一些饭馆中举行，先生也从不参加。在日记中记到去东城参加宴会的次数是很有限的，在这有限的次数中，值得一提的是东兴楼。先生己未（一九一九年）五月二十三日记道：

> 夜胡适之招饮于东兴楼，同座十人。

一九二三年二月二十七日记云：

> 午后胡适之至部，晚同至东安市场一行，又往东兴楼应

郁达夫招饮,酒半即归。

东兴楼在北京中等饭庄中是后起之秀,地址在东华门大街路南,正是当年张先培在三义茶店、黄之萌在祥宜坊酒楼扔炸弹炸袁世凯的地方。这里后来因东安市场和王府井的关系,特别热闹起来,也使得东兴楼做了不少年的好生意。东兴楼房舍很宽敞,据说是清宫内御膳房出来的人开的。陈莲痕《京华春梦录》中记载它家的名菜是"清蒸小鸡",另外它家的拿手菜还有"红油海参"、"两做鱼"等等,也以宫里的烹调技术相标榜,大概总是和清宫御膳房沾点边吧。

胡适之宴请先生的日子,正是五四运动后不到二十天。同座十人,先生未记载姓名,大概总是新青年中的诸公。可惜不能看到其他诸公的日记,互相印证一下。

至于以堂命名的那种大饭庄子,在先生日记中记到的不多,这倒不是先生故意不记,主要是一般的宴饮不在这种店家举行,只有红白喜事,才在这种大饭庄子里办酒。如先生癸丑(一九一三年)十月二十二日记云:

晚至同丰堂就宴,诗荃订婚……

一九二三年十二月十五日记云:

午后往总布胡同燕寿堂观齐寿山结婚礼式,留午饭。

当年这种以"堂"命名的大饭庄子,经营方式非常古板,各应一路生意,只做大的,不做小的,办的酒席,烧的菜,都是大路货,

没有什么特色,一般人也不会到这种地方来吃便饭。但也有例外,先生丁巳(一九一七年)七月二十四日记云:

午同张仲素、齐寿山往聚贤堂饭。

这一条很有点奇怪。聚贤堂原在西单报子街东口,离教育部不远,范围很大,全部半中半西的老派楼房,后楼一直到旧刑部街(现已全部拆除,变成马路了),是专办喜庆宴会的大饭庄;里面有戏台,可以唱大型堂会戏,北京过去著名老中医蜀人萧龙友老先生,三十年代末,曾在这里办过七十整寿,言菊朋、郝寿臣都是萧翁的知交,都在聚贤堂唱过堂会戏,印过很考究的寿启和息园老人自寿诗。它家还兼营公寓式的旅馆业,楼上房间很多,可以包月居住。但它家从来不营小卖,不卖便饭,不知先生为什么会同张、齐二位到这里来吃午饭。可能谁家在这里办事,先生等来出份子吃饭,日记中未写明吧。

大小番菜馆

在先生所记录的饭馆中,有不少家是番菜馆。北京当时番菜馆的历史并不长。庚子,即一九〇〇年,义和团运动中,是沾"洋"字的东西,全部都销毁了,连煤油灯都砸了个精光,更不要说其他的洋玩艺了。但没有几个月,侵略者八国联军打进北京,把许多洋玩艺又打了回来。自此以后,也就开出了不少大大小小的番菜馆,什么英法大菜、西米布丁,都成了时髦的玩艺了。近人陈莲痕《京华春梦录》记道:

> 年来颇有仿效西夷,设置番菜馆者,除北京、东方诸饭店外,尚有撷英、美益等菜馆及西车站之餐室,其菜品烹制虽异,亦自可口,而所造点饥物,如布丁、凉冻、奶茶等品,偶一食之,芬留齿颊,颇觉耐人寻味。

这记载的正是先生在京时的情况。先生日记中记到的番菜馆大中小都有,其中与先生关系最深的是一家两间门面的小番菜馆—益昌号(繁写作益錩)。癸丑(一九一三年)十一月四日记道:

> 午同钱稻孙饭于益錩,食牛肉、面包,略饮酒。

从日记看,这是先生第一次去益錩,可能第一次觉得不错,

所以二十一日又同钱稻孙、戴芦舲去过。不久,先生又一人去。十二月二十四日记道:

> 午自至益锠吃饭及点心。

从此以后,便经常到这里来吃午饭,进一步就是在这家小番菜馆中包饭了。甲寅(一九一四年)三月二十六日记云:

> 午与稻孙至益锠午饭,又约定自下星期起,每日往午食,每六日银一元五角。

六天一元五角,即每餐二角五分。过去在海天春包饭,每顿合二角,这里是西餐,比较考究一些,每顿贵五分钱。

先生经常去它家的原因,主要因为是它开在宣内大街上,离教育部近,而且比较干净,价钱也公道。当时番菜馆较少,不管大小,总有点洋派,桌上总是雪白的台布,再摆上亮晶晶的刀叉,菜牌子上还要写两个外国字;所来的客人,大都是知识分子,不像二荤铺之类的饭铺如海天春、西吉庆等人多嘈杂。这种小番菜馆环境较好,便于边吃边谈,边休息,大概菜也做得不错吧。先生和同事们还常常在这里请个小客,如甲寅(一九一四年)十二月十二日记云:

> 午后邀仲素、寿山、芦舲、季上至益昌饭。

一般用"同"是一齐去吃,各人花各人的钱。用"邀"则是请客矣。没有多久,钱稻孙又在此回请,乙卯(一九一五年)二月十二日记云：

> 午后饭于益昌,稻孙出资,别有书堂、维忱、阆声、寿山
> 四人……

丙辰(一九一六年)七月二十一日记云：

> 午与徐吉轩、齐寿山、许季上共宴冀育堂于益昌。

连续几年,先生等人不断地照顾这家小番菜馆,可见益昌号与先生关系之深了。

介于中小型番菜馆之间,有一家很特殊的字号,那就是西火车站京汉路食堂。那时前门的瓮城还没有拆除,早在庚子(一九〇〇年)侵略者八国联军占据北京时,把京汉铁路一直延长到前门西,修个车站,后叫前门西车站;另外京奉路修到前门东,叫前门东车站。去天津、奉天、张家口在东站上下;去保定、石家庄、汉口,或转正太路去太原在西站上下。当时火车上的餐车,归富人包办。北洋时期,交通部的厨房,是十分有名的。京汉路餐车的专利,也是同这些人有关系的厨师包办的。而且那时火车餐车只做头、二等车厢阔人的生意,习惯卖西餐,这样餐车上的承包商为了多做生意,又取得路局、车站等方面的同意,当然要给有关人员不少好处,便在西车站开起了西火车站交通食堂,专卖西餐。大概一因省去一些商业、宴席的捐税,二因随车带来的鸡、鸭、蛋等菜肴便宜,三因掌灶师傅和服务人员都是行家,所以东西好,价钱又便宜,地址又适中,一开张没有多久,便名动京华,食客就趋之若鹜了。前引《京华春梦录》也特别提到这家食

堂,把它与"撷英"等大菜馆并列。先生在日记中也多提到这家食堂,己未(一九一九年)三月二十九日记云:

> 晚二弟来部,同往留黎厂,在德古斋买《刘平国开道刻石》二枚,又《元徽墓志》一枚,共券八元。次至前门外西车站饭,同坐陈百年、刘叔雅、朱逷先、沈士远、尹默、刘半农、钱玄同、马幼渔,共十人也。

这次盛会正是五四前一个来月,与会的都是当时北京大学国文系的名教授。饮宴中间,谈笑风生中的韵语妙绪,早已响绝人间,渺不可追。与会诸公,十几年前,尚有一二存者,今则都是古人了。这次未记明是何人请客,座中都是大学堂的人,而非教育部的人,而先生又记曰"同坐",显见先生不是主人,然则主人其为二弟乎?

一九二四年七月先生去西安西北大学暑期讲学,就是在这里吃好晚饭,然后登车出发的。七月七日记云:

> 晚晴。赴西车站晚餐,餐毕登汽车向西安……

先生在这里用的是日文名词:"汽车"即火车,"自动车"才是汽车。这家食堂,应该是食堂史中最突出的一例吧,可是不知什么原因,后来脱离西火车站,搬到西长安街、北新华街转角处营业,仍叫原来食堂店名,但生意不好,不久也就无声无息,淹没在历史的长河中了。

大番菜馆"撷英",先生日记中记到过一次,一九二四年五月二十七日记云:"晚赴撷英居,应诗荃之邀。"先生多写了一个

"居"字,实际正名是"撷英番菜馆",在前门外廊坊头条西头路南,前后左右都是大金店,是金银珠宝窠中的一家西餐馆。除北京饭店、六国饭店等外国人开的大饭店而外,以卖番菜论,撷英是当时北京最大、最著名的了。先生虽然去得不多,日记中没多记到,但在文章中却大大地提到过它。那就是女师大风潮中,与杨荫榆大战时,女子大学在撷英番菜馆宴请过北京教育界名流和女大学生家长,开过会,报纸上轰动一时,撷英也大出其名。先生曾有专文论及,并把与会者的名单都开了出来,原文收在《华盖集》中,这里不多征引了。不过这已是五十多年前的旧事,而论战双方的人物,后来也各有转变,据闻杨荫榆氏,抗日战争时期,在苏州死在侵略者的暴行下。

最高级的饭店,先生曾与德国饭店有过来往。一九二六年四月间,先生为躲避北洋军阀的迫害,避居东长安街东安饭店时,曾同齐寿山到德国饭店吃过饭。八月份先生即将离京时,张凤举等人两次在德国饭店宴请先生,八月一日、八日日记均有记录。八日记云:

> 晚幼渔、尹默、凤举在德国饭店饯行,坐中又有兼士及幼渔令郎。

这家饭店,在崇文门里,房子仍在,还是老样子。不过,很少人知道它是德国饭店,更很少人知道先生在此曾经出席过饯别宴会了。

茶楼·名点

先生壬子（一九一二年）五月二十六日记云：

> 下午同季市、诗荃至观音寺街青云阁啜茗……

同年十二月三十一日记云：

> 午后同季市至观音寺街购齿磨一、镜一、宁蒙糖一，共
> 银二元。又共啜茗于青云阁，食虾仁面合。

丁巳（一九一七年）十一月十八日记云：

> 午同二弟往观音寺街买食饵，又至青云阁玉壶春饮茗，
> 食春卷。

这三则日记，又提到青云阁，又提到玉壶春，又提到饮茗，又
提到吃点心，这中间是一家还是两家，是吃东西还是喝茶，如不
稍加解说，不了解当时情况的人，是很难理解的。周遐寿老人在
《补树书屋旧事》中说得清楚："从厂东门（原文误为厂西门）往
东走过去，经过一尺大街，便是杨梅竹斜街，那里有青云阁的后
门，走到楼上的茶社内坐下，吃茶点代替午饭。"简单地说，青云
阁是商场名，玉壶春是茶社名，吃茶又吃点心，吃点心代替吃饭。

北京自从清代末年，新创了不少商场、游艺场，内城的东安市场，前门外的劝业场、青云阁、首善第一楼、新世界、城南游艺园，里面都有既卖茶、又卖各种面食点心的茶社。近人陈莲痕《京华春梦录》记茶社情况云：

> 如劝业场之荔香、玉楼春；第一楼之碧岩轩、畅怀春；宾华楼之绿香园（按：原文此处有误，绿香园茶社在青云阁，饭馆中有华宾楼，有宴宾楼。大商场则无"宾华楼"之名称）、第一茶社；东安市场之德昌、沁芳、玉泉；青云阁之玉壶春。小轩数楹，位置雅洁，檀楠几椅，鼎彝杂列，夕阳将坠，座客常满，促膝品茗，乐正未艾。茶叶则碧螺、龙井、武彝、香片，客有所命，弥不如欲。佐以瓜粒糖豆，干果小碟，细剥轻嚼，情味俱适。而鸡肉饺、糖油包、炸春卷、水晶糕、一品山药、汤馄饨、三鲜面等，客如见索，亦咄嗟立办。阮囊羞涩者流，利其值贱，多于此鼓腹谋一饱焉。

这就是当时这种茶社的情况。这和北京的老式茶馆，得硕亭《都门竹枝词》注中所说的那种"内城旗员于差使完后，便易便服，约朋友，茶馆闲谈"的茶馆，是完全不同的。第一，房舍、座位考究，茶品齐全。第二，桌上摆果盘，即不管客人要不要，桌上总摆四盘干果，西瓜子、冬瓜条、芝麻糖、玫瑰枣之类，每盘都是一个客人水钱的价钱；如客人喝茶，水钱每份八分，这干果每盘也算八分，吃一盘算一盘，这是茶房的一笔额外生意，盈利归茶房公分，不归柜上。第三，各种面点，十分精致可口，价钱也不贵，一般店家是吃不到的。如先生所记十二月三十一日吃"虾仁面合"，虾仁在北京是比较高级的。乾隆时谢墉《食味杂咏》注中就谈到过当时北京活虾每斤要大钱三四百文,不活而犹鲜者每斤也要大钱二百左右,比江南要贵将近十倍,可见虾在北京之身价了。何况又是十二月三十一日,数九寒天,北京附近水面都已冰冻三尺,哪里还能捞虾?这都是火车上从南方运来的鲜货,自然鲜美珍贵。所以先生记日记时特别记了一笔。日记中凡是记到食物的地方,大部分都是先生吃着可口,心情愉快的情况下记录的。

在这许多市场和茶社中,先生去的次数最多的是青云阁,这倒不是因为青云阁特别好,而是去青云阁最顺路。先生经常徜徉于琉璃厂,由西面来,逛完琉璃厂,正好顺路到青云阁。前面所引周遐寿老人的文字,已经把路线介绍得很清楚,这里再把青云阁的概况略微介绍一下:青云阁是座三层的灰砖楼,前门在观音寺西头,后门在杨梅竹斜街,外表看上去像个仓库,远没有劝业场的建筑神气,但当时生意却很好。近人许愈初《肃肃馆诗集》中有首咏青云阁的诗道:"逶迤青云阁,喧腾估客过。珠光争闪烁,骨董几摩挲。栋栋书坊满,家家相士多。居然好风景,堪唱太平歌。"从这诗中,可以想见当年青云阁的情况。鲁迅先生也常在青云阁楼下的小百货店中顺便买些日用品。另外也有不少书铺,衡水人王富晋开的富晋书庄那时就在这里,罗振玉《殷虚书契考释》等书归它家专卖,先生买过它不少书。富晋书庄搬到琉璃厂营业,那已是先生离京之后,三十年代的事了。

青云阁中的茶社最著名的就是玉壶春。后来市面萧条,青云阁在不景气的气氛中关闭后,玉壶春搬到西单商场,专营小饭馆,不知换了东家没有,总之是改弦更张,不再卖茶了。

这种又卖面点又卖茶的广式茶社,进一步发展为又卖菜肴又卖酒的酒楼了。东安市场的中兴茶楼就是这样的,兼营饭馆,可以摆酒席宴请客人。先生平时难得到东城去，只有朋友偶尔请客去一趟。戊午(一九一八年)十二月二十二日记云：

> 星期休息。刘半农邀饮于东安市场中兴茶楼，晚与二弟同往，同席徐悲鸿、钱秣陵、沈士远、君默、钱玄同，十时归。

算是六七点钟上席吧，归时已是十时，这一小聚，快谈三时余，也是尽欢而散了。

这家茶楼，先生有时也省去"茶"字，记作"中兴楼"。一九二四年十一月三十日记云："往真光观电影，与孙伏园同邀王品青、荆有麟、王捷三在中兴楼午饭。"真光离东安市场，近在咫尺，这中兴楼便是中兴茶楼了。近人在一篇《喝茶》的文章中说到茶馆时曾谈道："只可惜近来太是洋场化，失了本意，其结果成为饭馆子之流。"说的正是这种茶馆，这本是上海传来的，本世纪一二十年代，在北京曾风行过一时。

公园·啜茗

　　各个商场中类似广式的茶社流行了一阵子,消沉了,代之而兴的是公园和北海的茶座。坐过这种茶座的人现在还大有人在。

　　先生初到北京时,那时还没有什么正式公园,开始筹建公园,也是归教育部社会教育司管。先生壬子(一九一二年)六月十四日记云:

　　　　午后与梅君光羲、吴[胡]君玉搢赴天坛及先农坛,审其地可作公园不。

　　从这则日记中,可见辛亥后北京筹建公园之初的管辖所属。后来北京公园一个个地开办起来,那大多是当时内务部所管辖的。在中央、北海两公园初开时,就招商承办了茶座、饭馆业务,一年比一年兴旺,至一十年代末、二十年代初,就盛极一时了。

　　先生在北京住了那么些年,游踪所到,去公园的次数很多,而去北海的次数特少。从日记中看,直到先生一九二六年离京时,才因朋友送别宴请的关系,去过两次北海。所以在介绍公园中的茶座和饭馆,也必须先从中央公园说起才行。

　　中山公园在一九二八年之前叫中央公园,是在清代社稷坛的旧址开辟出来的。原来只有中间的社稷坛五色土,前面的演礼亭,后面的大殿等;建筑物虽不多,但却有最珍贵的上千株几百年的古柏,和紫禁城的风景线。在这个基础上,辟为公园,修了进门后东西两路长廊,西南角的假山,东面的来今雨轩,以及后来增建的唐花坞等。这样风景益臻完美,成为最适中、最紧凑的名园—稷园。董其事并细作规划者,是昔时中国营造学会的负责人贵州朱启钤氏。

先生丙辰(一九一六年)九月十日记云:

> 同三弟往益昌,俟子佩,饭后同赴中央公园,又游武英殿,晚归。

这是先生日记中第一次记到去公园,正是初开辟的情况。其后先生每年天暖之后,都要到公园去几次。其中去得次数最多的是一九二四年四、五月间和一九二六年七、八月间。在这些年中,中央公园的茶座、饭馆已经是十分热闹,不但是名动京华,而且是名闻南北了。当时不知有多少人把公园的茶座当作休息、闲谈、看书、写东西、会朋友、洗尘饯别、订婚、结婚宴请客人的好地方。所以不但先生常去,朋友们也常去,在公园茶座上就常常不期而遇地碰到老朋友。如一九二四年四月十三日记云:

> 上午至中央公园四宜轩。遇玄同,遂茗谈至晚归。

这中间没有写明吃饭,但在上午去,一直到晚上才回来,那两餐饭自然是在茶座上吃的了。

同年五月十一日记云:

> 往晨报馆访孙伏园,坐至下午,同往公园啜茗,遇邓以

141

蛰、李宗武诸君,谈良久,逮夜乃归。

这也是在茶座上遇到朋友,啜茗快谈,逮夜乃归,这中间自然也要吃晚饭,自然也是在茶座上吃了。照南方人说法,当然不一定是吃"饭",包子代"饭",汤面代"饭",吃些点心,也是能饱肚皮的;目的是流连名园夜色,好友快谈,吃什么东西是不在乎的;何况当时公园各茶座上,面食点心,样样都不错呢?

一九二六年七、八月间,在先生即将离开北京之际,与齐寿山先生合译《小约翰》,也就是在公园茶座上完成的。该书《引言》中引《马上支日记》道:

> 到中央公园,径向约定的一个僻静处所,寿山已先到,略一休息,便开手对译《小约翰》。

一九二六年七月六日记云:

> 下午往中央公园,与齐寿山开始译书。

八月十三日记云:

> 往公园译《小约翰》毕,寿山约往来今雨轩晚餐,同坐有芦骀、季市。

在这一个多月中,先生基本上每天下午到公园去,在一个僻静的茶座上译书。地点虽未写明,但想象中可能是四宜轩吧。在西南角上,背山临水,大路上根本看不见,顺长廊或柏树林走过来的人不会经过这里,是十分僻静的。虽然是小茶座,但照样有茶可喝,有藤椅可坐,真是最理想的写作环境了。但它家不卖菜肴,不能请客吃饭,所以又到来今雨轩晚餐。在所有的茶座中,最高级的,菜烧得最精美的,就数着这个"旧雨不来今雨来"的来今雨轩了。那块黑地金字大匾是徐世昌写的。徐宣统时任东三省总督、邮传部尚书,为洪宪皇帝袁世凯的"嵩山四友"的第一名,北洋军阀的第四名大总统。

先生离京南下时,正是夏末秋初,是中央、北海两公园茶座的黄金季节,所以除齐寿山的饯别是在公园举行的外,其他还有不少人在茶座上给先生饯别。八月七日记云:

> 晚紫佩、仲侃、秋芳在长美轩饯行,坐中又有紫佩之子舒及陶君。

八月二十一日记云:

> 午赴中央公园来今雨轩应季市午餐之约,同席云章、晶卿、广平、淑卿、寿山、诗英。

这都是在中央公园为先生饯行的。另外有两次是在北海举行的。八月三日记云:

> 得丛芜函约在北海公园茶话,晚赴之,坐中有李[朱]寿恒女士、许广平女士、常维钧、赵少侯及素园。

八月九日记云:

上午得黄鹏基、石珉、仲芸、有麟信，约今晚在漪澜堂饯
行。……晚赴漪澜堂。

先生从此去矣，在中央、北海两公园的茶座上为先生举行的
饯别盛会亦尽于此矣。来今雨轩外古槐荫中的蝉声，漪澜堂白
玉栏杆外的波影，应该长共先生的音容，留在人们的记忆中吧！
迨到一九二九年春暖花开之时，先生回京探亲，在公园长美轩参
加李秉中的婚礼、张凤举的宴会，那已是匆匆过客，转瞬即逝矣。

茶座风光

中央公园当时茶座可分东西两路。东面来今雨轩，现在还在，昔日曾执茶座的牛耳。菜好、点心好，自成一范围，绿油栏杆外是牡丹畦，大铁罩棚边是百年古槐，闪烁在夕阳中的画栋雕梁，远衬蓝天，近映红墙，是看花、听蝉、纳凉、夜话的最好的茶座。最著名的点心是肉末烧饼、冬菜包子、火腿包子。先生一九二四年四月八日记云："往中央公园小步，买火腿包子卅枚而归。"不用问，自然是在来今雨轩买的了。

西面，四宜轩在水榭和假山之间，地方较小，但是人少，最为安静，有个时期，是下围棋的棋客集中的地方。但因它远离大路，地址僻静，生意自然清淡，没有多少年，就关张了。

生意最好，还是西面大路边的几家。从南往北，依次而数，是"春明馆、长美轩、集士林、柏斯馨"，先生几次饮宴的长美轩，就在这里。所有茶桌，都摆在老柏树荫中，一色人造大理石的桌面，大藤椅子，桌子宽大，四张椅子很宽绰；人多时，可以加椅子，拼桌子，几十人开茶话会、举行婚礼、接待亲友都可以。柏树下面，都吊着高支光的电灯，入夜灯火辉煌，衣光鬓影。晚上七八点钟才是上人的时候，生意一直做到晚十点多钟。这些铺子，靠西房子中也都有坐位，但那只在冬天寒冷时，或摆圆台面时才有人坐，夏天则全是露天营业的。好在西面屋前都搭有大天棚，即使下点雨，也不要紧。这里的生意全靠四月以后，十月以前，等到旧历十月小阳春一过，西北风一起，那就意兴阑珊，游人稀少，春明花月，又待来年了。

这些露天茶座，由南到北，在柏树荫中，逶迤成一大片，生人是分不清谁家和谁家的，只有常来的熟人才知道。各家的熟客也是分开的，各家有各家的一路生意。大体上春明馆都是一些老先生，大厅正面墙上挂着一副集"泰山石经"的六言联："名园别有天地，老树不知岁时"，便充满了老气横秋的样子。再过去是长美轩，名点是三鲜蒸饺、鸡丝面等，整桌的菜和零星小卖都很地道，顾客中学界的人最多，朋友小聚也多在这里。再往北集士林、柏斯馨，则都是西式的茶点社，以卖冷饮汽水、樱桃水、冰激淋及西菜为主，照顾者则多是青年男女了。

北海的茶座分南面琼华岛和北岸一带。琼岛的茶座，进门过堆云、积翠牌坊，首先就是"双虹榭"，面对金鳌玉蛛桥和堆云积翠桥。这房子是后盖的，匾是藏书家蜀人傅增湘写的，并有跋。山顶白塔边是"揽翠轩"。岛北面东是"漪澜堂"，西是"道宁斋"，这两家当年是北海茶座的两张王牌。岛西"三希堂"下，还有一家小茶社，字号不为人所注意。北岸最西是"五龙亭"，靠游船码头，与漪澜堂隔水相望，茶客最多。东面是"仿膳"，是仿照御膳房的名厨。再往东，折而南，濠濮涧内幽静的房舍中，还有一家小茶室。

友人们给鲁迅先生饯行的地方就是琼华岛北波光潋滟的"漪澜堂"。这里和"道宁斋"连在一起，茶座一律摆在白石栏杆边上和走廊上的栏杆间，靠石栏的桌子三面坐人，北望湖水、游船、五龙亭、小西天，一派金碧辉煌。因为面对西北，夏天西晒很厉害，所以不但高搭天棚，而且用蓝布制成遮阳，按长廊弧度，像船舶张帆一样，一格格挂起来，挡住骄阳。遮阳下波光粼粼，燕子穿梭般地飞来飞去。船码头下，锦缆系着当年老佛爷那拉氏的大小龙舟,任游人指点谈论,笑声喧阗,桨声杂乱,茶座上的茶客也谈笑风生,和公园茶座相比,则又是一番天地矣。

"漪澜堂"的点心也是以仿清宫御膳房著名的,出名的是"小窝窝头",是所谓"栗子面"蒸的。这种面是北长街山东海阳人开的、专做清宫生意的"泰来粮店"磨的,成本原本有限,而卖价却很可观。说实在,倒是他家的冰镇的"豌豆黄",《燕都小食杂咏》所谓"十文一块买黄琼",端上来后乍一看真像一块块的"田黄"图章一样,而吃起来又凉、又甜、又香、又糯,入口即化,似乎真是得了"大内"的秘方。

清末徐珂《清稗类钞》中说:"京师茶馆,列长案,茶叶与水之资,须分计之,有提壶以往者,可自备茶叶,出钱买水而已。"所有公园的茶座,虽不像老式茶馆列长案,但也是茶叶与水资分别计算。茶座喝茶,每位八分,茶叶另算。茶叶都是一小包、一小包包好的,这种情况在南方是没有的。北京茶叶铺卖茶叶,不管你买几斤,都能给你包成小包,即一两五包,一斤八十包。茶座沏茶一般五分一包的茶叶,就是四元一斤的香片,在当时这已经是相当高级的了。茶房把茶沏好,端上来,照例把包茶叶的小纸折成三角锥形,插在壶嘴上,一方面保持壶嘴清洁,一方面表示茶叶无误。至于那些茶叶纸上的字号,自然都是什么"东鸿记"、"西鸿记"、"张一元"、"吴德泰"几家大栅栏著名的大茶叶铺了。

每个茶桌照例四盘压桌干果,每盘价格等于一个人的水钱,吃一盘算一盘,收入归所有茶房公柜。营业时间不限制,你上午沏一壶茶可以吃到晚上落灯;喝到一半,又到别处去散步,或去吃饭,茶座仍给你保留。所以鲁迅先生上午到公园喝茶,遇见朋友,能够一谈就谈到晚上,比在家里招待客人方便。老朋友谈累了,在椅子上睡一觉也可以。南柯一觉,午梦初回,斜阳在树,鸣蝉噪耳,请茶房换包茶叶重沏一壶新茶,吃上一碗,遍体生津。串茶座的报贩,默默无声地把一叠报放在你桌上,随你翻阅,看过后,在报上放一两个铜元,他等一会儿过来又不声不响地拿走。这就是先生当年公园啜茗的茶座风光,也是中山、北海两公园茶座的鼎盛时代。

堂会和请帖

由"和记"说到公园和北海的"长美轩"、"漪澜堂"等等,对于先生所记录的饭馆,大部分都介绍到了,所缺者,还有一家"石田料理店"。一九二五年九月十七日记云:

> 往石田料理店应峰簇良充君之招饮,座中有伊藤武雄、立田清辰、重光葵、朱造五及季市。

这是一次日本人宴请先生的小型宴会,陪客中也大都是日本人。其中的重光葵,九一八后,在上海虹口公园被朝鲜义民炸断过一条腿,第二次战后,在阿米苏里战舰上递投降书的就是他。料理店是日文名称,西餐叫西洋料理,日本菜叫东洋料理,料理就是烹饪的意思。这纯粹是日本人开的日本式饭馆,喝的是日本清酒或太阳啤酒。当时这种料理店都开在东单苏州胡同一带。先生在日本生活过多年,这种纯日本风格的招待,先生自是能够接受的。

料理店虽非一家,而先生所记到的则只此一家,略作介绍,能够说明问题便可以了。需要多说几句的,则是另一种情况,即不到饭馆中去,在自己家中或在大的公共场所如会馆之类的请客情况,这在当时行话叫做"堂会",饭庄派人去应这种生意叫做"走堂会"。

有时别人请先生到家中坐席饮宴,如甲寅(一九一四年)四月三十日记云：

> 晚徐吉轩招饮于其寓，同席者齐寿山、王屏华、常毅箴、钱稻孙、戴螺舫、许季上。

后来先生也在家中设宴请友人，一九二○年三月十四日记云：

> 午宴同乡同事之于买宅时赠物者，共二席，十五人。

这都是在家中设席宴请客人的记录。当时北京大小饭馆，都管外送，小到提着食盒给你送一盒炒饼、一碗豆腐汤，三四十个铜元的生意，大到几桌酒席，挑了大圆笼、行灶到你家中来现烧，结算下来几十块银元。贵贱虽大有悬殊，但送到家中的原则却是一样。那时先生的同事、朋友之间，在北京有家的，能独住在一所四合院子的人家是不少的，在家中设席宴请是有条件的。如先生所记徐吉轩及先生自己请客情况，虽未记明是用谁家的菜，但是用饭庄子的菜则是肯定的。寓所都离西四不远，很可能都是用同和居的菜吧，这是前三四天就定好了的。晚上六七点钟上席，下午三四点钟饭庄子的伙计就挑着大圆笼来了。假如主人家的厨房有高灶可用，那最方便，挑开火就可上灶烹炒。如果只有小煤球炉子，那就还要把行灶挑去，临时生火。圆笼中台面家具酱油碟、羹匙、筷子等都已用雪白的桌布包好，到时往圆桌面上一摊，样样都齐全了。菜肴之中，冷荤都已摆好盘，往上一端就可以了。热炒都已切好、拼好、配好，该开水焯的已焯过，该热油拉的已拉过了，只要一下炒瓢，旺火一翻身就可上桌。至

150

于最后的几道大菜，当然更是早已烧好，一回锅就行了。这就是当时饭庄子"走堂会"的情况。那时北京的中等饭庄子，如广和居、同和居、东兴楼之类，除去门市生意而外，外送酒席是很大的一笔生意，每天都有，城里的所谓"大宅门"，三天两头是有这种饭局的。当然这只是一桌、两桌的小饭局；如果红白喜事，娶亲过寿的大局面，那情况就两样了。这种事如果不在大饭庄子像什么福寿堂、惠丰堂等店家办，而另外找地方，那就要找专门包大批酒席的店家或厨行来包。《燕市积弊》中说："人间如有喜庆宴会，以及红白大事，都得用酒席，分为两种：一是庄眼儿，一是散包儿。"所谓"庄眼儿"，就是有字号的饭庄子包办；所谓"散包儿"，就是厨行中的私人来办。当时人们常常借会馆来办事，这是自清代以来的传统。嘉道时杨懋建的《京尘杂谈》[①]内云："宣武门外大街南行近菜市口有财神会馆，少东铁门有文昌会馆，皆为宴集之所。"鲁迅先生在京时期，有名的办大堂会的会馆是虎坊桥的湖广会馆、浙绍乡祠，宣武门大街的江西会馆等。先生日记中就记着当时师大国文系教授高步瀛（阆仙）为母亲在江西会馆办八十整寿，先生去祝寿的事。这种情况，就必须预先找人包办寿宴了。

当时正式宴会，都要预先发请客帖子，谚语道："三日为请，两日为叫，当天为提来。"所以帖子要在三日前发出，不然便为失礼。先生一九二〇年三月十四日宴请买八道湾住宅时送礼的同乡、同事，帖子便是前好几天发出去的。三月九日记云：

　　上午发邀客帖子。

---

　　① 似应为《京尘杂录》。——编者注

这就是在五天之前，就把帖子发出去了。这种帖子都是纸店印得现成的。如果在饭庄中请客，饭庄自有印好店名的请帖，你只要把客人名单、地址开给它，它自然会把帖子给你按时送到，决不误事。在家中请，自己就要向纸店买好空白帖子，填好日期、地址、姓名，按时发出去。如果红白喜事，发的帖子多，那还可以向小印刷所去订印。《同治都门纪略》引《都门杂咏》云："台光红帖印千张，喜网拉来如许长。夜半起来看天色，盼晴早到汇元堂。"这是清代的情况，后来到民初，也基本上与此相同。就是发帖子拉网，目的想多收份子，把办红白喜事当作做生意了。只是"台光"二字，是请帖的专门词语，有人看来可能很生疏了，不妨把那昔年帖子的格式写一个在后面：

谨订于某月某日×午×时，假座本宅，洁樽恭候

台光

某××□□谨订

地址：某街某巷××号

如果是在饭庄子中请，那"假座本宅"就可改为"假座某某楼饭庄"；如果是请全家，那"台光"二字就改为"阖第光临"。请帖上不写被请人姓名，帖子外面还有封套，被请人姓名写在封套上。

为了表示对客人的尊敬，在请帖以外有的还要附一份"知单"，将所请客人的姓名，一一开列在"知单"上面，以便客人知道被请的还有什么人。被请的人，要在"知单"上签名，表示会去。签名的方法是在自己的姓名下面写一"知"字或"敬陪"二字。如被请的人年龄、地位大多高于自己，则应签"敬陪末座"四字，以示礼貌。

旨酒嘉肴和冰

　　北京有那么些家数不清的大小饭馆,有上百年的老字号,有名闻全国的名酒家,有秘方精制的名肴、名点,这些之所以能够保存下来,要有不少条件。如四川菜是很有名气的,但四川离海远,新鲜海货就吃不到,昔时有名的成都酒家姑姑筵、者者居,如果要个炒蟹粉、松鼠黄鱼,就无法供应了。再如广东菜是很有名的,但那时科学不发达,炎暑天气,要点冰就办不到。古语说"夏虫不可以语冰",在北京则是夏虫也可以语冰的。这些都是开饭馆的重要条件,有与没有,是大不一样的。近人邓之诚《骨董琐记》记云:

　　　京师人烟繁密,号称百二十万。日食猪六百头,羊八千头,年节则倍之。鱼虾皆来自津沽,过一日即腐臭,而价特昂,售者渥之以冰,故冰之用周四时。蔬菜瓜、茄、菘、蓏之类,每日自关乡入城者,小车相属于道,丁巳、庚申,两次之变,九门昼闭,居民不得蔬食。平时园丁皆能移植,四方名蔬异种,春初焙火坑,种瓜茄,故昂价十倍,富人争购之。说部称岁除日一王瓜值五十金,非过夸也。

　　这段文字把昔时北京的供应情况记录得很全面,所谓巧媳妇烧不出没有米的饭,材料供应充沛,与饭馆的好坏是大有关系的。北京土质好,种菜技术好,各种蔬菜都能生长,冬天又有洞子货,黄瓜、豆角都能四时供应,所以饭馆里讲究用新鲜蔬菜。北京又有一定面积的水面,可种菱藕莲茨之类的水生植物,及时供应鲜货,而且比南方的好。富察敦崇《燕京岁时记》云:"七月中旬,则菱茨已登,沿街吆卖曰:'老鸡头,才下河。'盖皆御河中物也。"魏元旷《都门琐记》云:"藕本南方物,远逊于北,清脆干润,了无渣滓,席中与鲜核桃、莲子、菱米,同入冰碗。"有这样条件,所以饭馆又讲究冰盘、冰碗、鲜莲子粥、鲜核桃酪等。

北京离海不远,离天津、白洋淀、胜芳,都很近,郊区、市区又有水面,所以咸水、淡水各种鱼鼋虾蟹,供应十分及时。清初《燕京杂记》云:"京师最重活鱼,鲩鱼一斤值钱三四百,至小鲫及乌鱼、黄鳝之类,虽活亦贱,其价有下于南方者。"严缁生《忆京都词注》云:"京郊虽陆地,而多谙陶朱种鱼术,故鱼多肥美,不徒恃津门来也。酒肆烹鲜,先以生者视客,即掷毙之,以示不窃更。肆中善烹小鲜者,可得厚俸,谓之'掌勺'。故人争趋焉,南中无此妙手也。"有鱼,又有名掌勺,所以昔时著名的酒家都有拿手的"鱼"。魏元旷《都门琐记》记清末各饭馆名菜时曾云:"鱼之做法最多。"所谓滦河鲫、宝邸银鱼,早在王渔洋时代就有"滦鲫黄羊满玉盘"的名句,亦可见北京酒肆烧鱼的渊源了,南方各地也是很难媲美的。

有鱼,自然还有虾、有蟹。关于虾,在前面说到先生在青云阁中茶楼饮茗吃虾仁面合时已谈过,兹不再赘。关于蟹,清末署名忧患生所著《京华百二竹枝词注》道:"六七月间,满街卖蟹,新肥而价廉,八月渐稀,待到重阳,几几乎物色不得矣。"先生甲寅(一九一四年)九月十九日记云:"夜食蟹。"这年十月四日中秋,九月十九日正好还是旧历七月底。乙卯(一九一五年)九月十日记云:

晚齐寿山邀至其家食蟹,有张仲素、徐吉轩、戴芦舲、许季上,大饮啖,剧谭。

这次先生吃得非常痛快。这年九月二十三日中秋,九月十日是旧历八月初二。这吃蟹的日期都符合"竹枝词注"所记。严缁生《忆京都词注》云:"都中蟹出最早,往往夏日已有,故余诗有'持螯北地翻佳话,却对荷花背菊花'。然赏菊时,间亦有之,特不多耳。"这记载都是一致的,都可见北京的蟹肥得很早,这与吴门阳澄湖的金毛大蟹,不到经霜不肥,是大不相同的。北京最好的螃蟹出在天津附近的胜芳镇,高粱地边上的最肥。北京当时肉市正阳楼饭庄,就是以卖螃蟹名著京华的,可惜鲁迅先生没有在它家宴饮过。

至于鸡、鸭、野味,那就更不稀奇了。油鸡、填鸭,都是全国闻名的。《都门琐记》云:"北方善填鸭,有至八九斤者。席中必以全鸭为主菜,著名为便宜坊,烩鸭腰必便宜坊始真,宰鸭独多故也。"昔时北京好多鸡鸭店都叫便宜坊,但真正便宜坊饭庄则在前门外肉市。先生日记中记到好多次便宜坊,如壬子(一九一二年)九月八日记云:"晚稻孙招饮于便宜坊,坐中有季市与汪曙霞及其兄。"乙卯(一九一五年)正月三十日记云:"晚徐吉轩招饮于便宜坊,共十三人,皆社会教育司员。"虽然未记明吃烤鸭,但可想见是吃鸭子的了。

猪羊牛肉、鸡鸭、鱼虾蟹、蔬菜、水鲜等等,都是大小饭馆的重要物质材料,但是全要新鲜,冬天好办,夏天天气一热,稍一变质,就是再高明的一级名厨,也烧不出好菜来了。所以还要有一样最重要的东西,那就是出处最不值钱、而缺处决无法购买的冰。这在科学不发达的时代,炎热地区是无法可想,而北京则是取之不尽、用之不竭的。《燕京岁时记》云："冬至三九则冰坚，于夜内凿之，声如錾石，曰打冰。"曼殊震钧《天咫偶闻》又云："都城内外，如地安门外火神庙后，德胜门外西，阜成门外北，宣武门外西，崇文门东，朝阳门外南，皆有冰窖。以岁十二月藏冰，来岁入伏颁冰。"《春明采风志》又云："三九冰坚，各处修窖存冰，以铁锥打冰，广尺许，长二尺许，谓之一方。"以上所引三则资料，较全面记录了昔时北京藏冰的情况。这些冰窖，到了夏天，按日把冰送给用户，尤其是各大饭庄，一年到头是离不开冰的。冬天也要有冰箱贮藏鱼虾鲜货，至于热天，那就更不用说了。

徐珂《清稗类钞》云："京师夏日之宴客，饤盘既设，先进冰果，冰果者，为鲜核桃、鲜藕、鲜菱、鲜莲子之类，杂置小冰块于中，其凉沏齿而沁心也。此后则继以热荤四盘。"阴历七月，正是北京最热的时候，壬子(一九一二年)七月间，先生在广和居宴饮过四次，便宜坊宴饮过一次。我们遐想一下吧：广和居的精致的院子中，搭着两丈多高的大天棚，院子里大方砖扫得干干净净，喷壶喷得湿浸浸的，天棚柱子边大型绿油冰箱中放着像条石一样的大块冰，自然散出凉阴阴的冷气。所谓"小屋垂帘，分曹而饮，曰雅座"。各个雅座，窗上都糊着翠绿的冷布，门上都挂着细竹帘子，又恬静，又爽快，又清凉。先生和朋友们，吃着冰碗，稍微喝上一小杯茵陈酒，微熏之后，挥洒高谈，如此风光，应在后人的思念之中吧？这时古老的广和居的清凉世界，不会因为没有空气调节器或电扇而减色吧？

酒肆沧桑

　　古语说:"沧海桑田,陵谷变迁。"俗话说:"三十年河东,三十年河西。"照过去说,饭馆不论大小,都是一个买卖,经营得法,时间长些,经营不善,时间短些。客观条件允许,多存在一个时期;客观条件不允许,没有多少年便完了。这也就是饭馆的沧桑变化。其间可能有几家字号,或因当时的盛名,或因名家的笔墨,记入史册,流传异代,如宋朝汴京的"樊楼"、武林的"太和园"等等,但这毕竟如九牛之一毛,与湮没无闻的相比,那是不成比例的了。鲁迅先生在北京各饭馆饮宴的时候,正是本世纪一二十年代,去今不过六七十年,而这中间,就饭馆来说,变化也是十分大的。那时的饭馆,到现在,可以说是百不存一,即使有一二家存者,也是面目全非。其间兴替,不要说和现在比,即使就先生初到北京和先生离京前相比,也是有不少变化的。大体一是地区的变化,二是物价的变化,三是风气的变化。

　　先生初到北京那几年,正是民国初年,南城最热闹的时候。当时各大饭庄,著名酒家,几乎都集中在前门外,较早都在鲜鱼口、肉市一带。《道光都门纪略》说:"肉市酒楼饭馆,张灯列烛,猜拳行令,夜夜元宵,非他处所可及也。"《京都竹枝词》"肉市"条所咏"高楼一带酒帘挑,笋鸭肥猪须现烧",正是纪实之作。这是清代同光之前的情况。鲁迅先生初至京时,距此时已有六七十年,肉市虽然仍多名酒家,但更多的名店则集中在前门以西了。如先生日记所录:致美斋在煤市街,厚德福在大栅栏,醉琼林在陕西巷,中华饭庄在陕西巷,杏花春在韩家潭,新丰楼在香厂,澄园在香厂。真是京华名酒家,在南城偏西一带,占尽半壁山河。但到了二十年代以后,情况又渐渐变化,南城城南游艺园、新世界、香厂一带,相继冷落,饭馆生意,一落千丈,而生意渐渐转向内城东安市场、王府井、西长安街一带,新开饭庄也如雨后春笋。先生一九二六年三月九日记云:

午季市招饮于西安饭店,同席有语堂、湘生、幼渔。

同年五月十日记云:

午后得语堂信招饮于大陆春……

这便都是开在西长安街的饭庄了。其中"大陆春"就是有名的"八大春"之一。当时由西单十字路口往东到六部口,短短的不过一里来长的西长安街,就有大陆春、新陆春、春园、同春园、淮阳春、庆林春、忠信堂、五族饭店、西来顺、西黔阳、西安饭店、长安食堂十二三家饭庄子,还不算夹在这些饭庄子中间的二荤铺、小饭馆。亦可见当时长安道上的酒家之盛了。

物价变化和社会风气影响饭馆的盛衰,这是自来就如此的。《天咫偶闻》上记载:"顺治之初,一席之费至于一金,御史已言风俗之侈。但到光绪时,一筵之费,已贵到十金。寻常客至,仓卒作主人,亦非一金上下不办,人奢物贵,两兼之矣。"这就是感叹市风越来越侈奢,东西越来越贵。

鲁迅先生在京时期,日常小饭馆便饭的价格,日记中均有记载:中餐约二角,西餐二角五。酒席的价格日记中没有记,据有关资料记载,那时一般一桌鸭翅席,即主菜有一只全鸭、一个翅羹,价格约在八元到十五元之间。如果再加酒饭及车饭钱(照例洋车包车二角,汽车司机一元),总在二十元左右。这就相当于一百份中餐便饭的价格。先生《集外集拾遗》中《一个"罪犯"的自述》一文内曾有"一千四百三十七斤(原注:中华民国六年买白面)算一算,五十二元七毛"几句,照此计算,当时面粉不过四分左右一斤。一桌普通酒席,全部开支,要等于五百斤面粉的价格;如只算菜,则也合到二百斤面粉的价格。看钱数似乎不多,按实物折合,价钱也不少了。不过鲁迅先生和朋友、同事们的日常饮宴,大部分是三五个人小聚的次数多,这自然无须乎定整桌的酒席,而只要零点几样菜就可以,价钱也自然要便宜多了。《京尘杂录》注云:"小屋垂帘,分曹而饮,曰雅座;肥甘蔬笋,选味而尝,曰小卖,酒庄、酒馆皆然。"民生凋敝,物价飞涨,市面钱紧,生意清淡,开大小饭馆的人,不得不动足脑筋,变些花样,在风雨飘摇之中,谋子母什一之利。比如便宜坊的烤鸭,最早都是卖整桌的菜,后来便卖单只的鸭子,再后来便卖零星小盘鸭肉,一直到最后零星小盘也卖不出去,或无鸭可卖的时候,那便只好一家家地相继关张了。这便是旧日北京饭馆的沧桑史。各家的衰落情况虽然不完全一样,但总的趋势则都是一致的。

别了，广和居；别了，先生！

　　当年北京的大小饭庄、饭馆、二荤铺、切面铺，城里城外，总不下一两万家，而先生日记中所记，则不过六十多家。虽不说是太仓之粟，但也不过约三百分之一而已。如只就数目来谈，原本也没有什么值得多说的。所可贵者，是数目虽少，体例具备，各种类型的代表都有几家，所以使我们有话可说，有如写昔时北京"饭馆志"了。更可贵者，是这些字号都曾留下过先生的足迹，都曾回响过先生的语音，而且还有先生的战友、朋友同路人的足迹，说得再抽象一些，也可以说曾经留下过中国文化思想界先驱者的战斗史绩吧。这样，这些饭馆就有了它的历史意义了。惟其如此，把它用文字介绍一下，使异代的人，能够通过文字的媒介，了解一些当时生活中的背景，能更亲切地缅怀先生的生活史实，应该说，也是有一定意义的。至于说，能够一鳞半爪地记录一点旧日北京的掌故，留下一点市廛的资料，那倒是次要的了。

　　鲁迅先生离开北京之后，于一九三二年十一月第二次回北京探亲，在京住了没有多少天，于十一月二十八日就匆匆登车返沪。二十七日，章矛尘请先生吃晚饭，为先生饯行，这天日记记道：

> 矛尘来邀往广和饭店夜饭，座中为郑石君、矛尘及其夫人等，共四人。

这是先生最后一次在北京的酒肆中饮宴了。日记中记作"广和饭店",按北京过去只有"广和居饭庄",历来没有知名的"广和饭店";而"饭店"一词,在那时是新名词,经营新式旅馆业的,又有餐厅卖酒饭的才叫"饭店",一般饭馆从无单叫"饭店"的,这个"广和饭店"该是"广和居"之偶然笔误吧。先生壬子(一九一二年)五月五日到北京,六日搬到绍兴会馆,七日晚就在广和居小酌,日记云:"夜饮于广和居。"这是先生到北京后第一次在饭馆中小饮。先生后来住在城里,去广和居的次数少了。一九二四年六月三十日记云:"午访孙伏园,遇玄同,遂同至广和居午餐。"根据日记所记,这是先生在北京居住时最后一次去"广和居"。由第一次在"广和居"小饮,到章矛尘为先生饯别时,为时已二十年又六个月矣。先生昔年不知去过多少次广和居,若干年之后,又到这个百年老店来小宴,其间一恍已是二十多年。后来再去"广和居"的人,几人能有黄公酒垆之思呢?而若干年后,则一并连"广和居"也没有了,一切都已成为历史上的云烟。但就在这点历史的云烟中,曾经有过一条僻处宣南的普通胡同,一所古老的北京式的大院子,开过一家著名的饭庄,有过一位给时代留下巨大影响的人,在这家饭庄进出过,饮宴过,谈笑过。曾作为一个初到北京的异乡口音的官吏,在这古老的酒肆中,自斟自饮,享用过他到北京后的第一次小酌;也曾作为一个别离多年的老主顾,旧地重游,在问候寒暄中,举杯小饮,吃过离开北京的最后一杯饯别酒,这不又都是当年活生生的历史真实吗?这中间不是存在着活的先生的生活形象吗?

"广和居"是没有了,但那老屋子,可能还在北半截胡同,过往行人,是否有风景不殊之感呢?如果有条件,把"广和居"这样的老字号恢复起来,不唯保存一个宣南古迹,而且能够使后人在更具体、更典型的环境中,缅怀一下先生当年的音容笑貌,景仰仪型的意义,应是十分重大的吧!

名胜散记

逛万生园

鲁迅先生民国元年,即一九一二年五月五日到北京,很快就游览了"万生园"。壬子(一九一二年)五月十九日记云:

> 与恂士、季市游万生园。

民国五年秋天,周建人先生来北京,先生特地陪他去游万生园。丙辰(一九一六年)九月十七日记云:

> 星期休息。……同三弟游万生园。下午微雨。晚买蒲陶二斤归。

以后两次去游更热闹了。己未(一九一九年)十月十九日记云:

> 晴。星期休息。上午同重君、二弟、二弟妇及丰、谧、蒙乘马车同游农事试验场,至下午归,并顺道视八道湾宅。

这则日记记明是乘马车去的。这是有玻璃窗的,内分正座、侧座,可坐四个人的马车。这里正好四个大人,丰、谧、蒙是三个孩子,最大的丰(即周丰一先生)当时大约不过七八岁,肯定是都坐在大人身边或怀里了。此后先生迁入到八道湾的新房子中,鲁老太太来京之后，又陪老太太游了一次。一九二〇年四月二十五日记云：

> 晴。星期休息。午后同母亲、二弟及丰游三贝子园。

这四则日记所记，游的都是一个地方，而地名却不一样，这个如果给几十年前的北京人看，自然不成问题，现在的北京人就要产生疑问了，何况外地的人和将来的人呢。其实这三处是一个地方的不同时期的名称。从历史上说，这里原来包括"三贝子花园"的旧址，其后在这里营建了万生园，又叫"万牲园"，其后又改称"农事试验场"，后来又改名为"中央农事试验场"，实际都是一个地方，就是现在的北京动物园。

几十年前，这个地方，虽然一再改换名称，但老北京习惯上还叫它"三贝子花园"。"贝子"是满语"固山贝子"的简称，亲王、郡王之子有的封作"贝勒"，"贝勒"之子得封为"贝子"。所谓"三贝子"就是行三的"贝子"。这个贝子是谁呢？据传就是清代异姓郡王衔忠统嘉勇贝子富察福康安。曼殊震钧《天咫偶闻》记光绪末叶西直门外情况云：

> 西直门而西北，有如山阴道上，应接不暇。去城最近者，为高粱桥，明代最盛。清明踏青，多在此地。今则建倚虹堂船坞，御驾（指西太后那拉氏）幸园，于此登舟。沿河高楼多茶肆，夏日游人多有至者，而无复踏青之俗矣。南岸乐善园久毁，近又以墙围之。再西则为可园，俗称三贝子花园，今亦改为御园。

从震钧的记载中，可以知道当年的情况。原来出西直门去万寿山的大路是出西直门，走关厢，不远，折西北，到高梁桥，过桥去海淀。桥西北岸是倚虹堂船坞，是停泊那拉氏御船的地方，南岸先是顺治时永烈亲王代善的别墅乐善园，即震钧所谓"久毁"者，似乎就是现在北京展览馆的旧址。再过去是可园，其间还有两座庙，即广善寺、惠安寺。光绪二十几年，慈禧太后那拉氏拨"胭脂银"二百五十万两，营建此园，即震钧所说的"御园"，但是没有园名。据说作为三贝子花园时名"环溪别墅"，而震钧记载中则为"可园"，震钧之书成于光绪二十九年，即此营建之初，所记园名，自是可信的。

　　光绪三十二年（一九○六）七月，清朝派往东西洋各国考察政治的大臣载泽、戴鸿慈、端方等人回到北京，为了讨好那拉氏，从外国买了一些老虎、狮子、斑马等动物带了回来，便放在这里，这便成了最早的动物园，取名"万牲园"。光绪三十三年（一九○七），那拉氏曾来过一次，金梁《清宫史略》记云：

　　　　光绪三十三年，皇太后临幸万生园。

　　园中建筑物有畅观楼、鬯春堂、豳风堂、来远楼、荟芳轩、松风萝月亭等。畅观楼就是为了那拉氏"临幸"建筑的西式二层楼，楼上作为她的寝宫。当时特别引起人们，尤其是儿童们兴趣的，是两面特大哈哈穿衣镜，分设在楼下大厅的左右两侧，一个照人细长，一个照人矮胖，和过去上海大世界的哈哈镜一样，这可能也是载泽他们孝敬老佛爷的洋玩意儿。这对大紫檀底座的哈哈穿衣镜，直到三十年代末，还在那里摆着。鲁迅先生带丰、谧、蒙等孩子们游览时，想来是都照过的了。如果问周丰一先生,一定会记得当时的情况。可惜鲁迅先生日记很简略,当时的具体情景,只能托诸想象了。

畅观楼的南面是邕春堂,是一所掩映在林木山石中的庭院。辛亥革命后,宋教仁来京,就住在这里。宋教仁被袁世凯暗杀后,这里立过一个小小的纪念碑。畅观楼东北方,有一座游廊环绕的庭院式建筑物,就是有名的豳风堂,这个堂名取义于《诗经》的《豳风》篇,虽说是"颂圣"的,但和农事有关。几十年前,这一带都是荷塘和稻田,大似江南农村,颇有野趣,现在这块牌匾早已毁坏。隔开一条小河,正南方向还有两座纯日本式的木板房屋,鱼鳞状的木板墙壁,做工很细的木拉门——障子,房外还有矮矮的日本塔松,原是展览性质,想不到已成为一种优美的园林点缀物。

这里称作"万牲园",光绪三十四年(一九〇八)开始卖票,开放,任人参观。这里的大门还是原建的,进大门后的庭院,也是老样子,当时人称"万牲园",又叫"万生园",后又改称"农事试验场"。原意所谓"万生",是包括动物和植物的。那时,进大门往东,是参观动物,往西是参观植物。昔人诗所谓:"入园分两界,中隔一湾水。植物与动物,划然分彼此。"现在只是动物园,不再以参观植物号召了,而进大门后,还可以看出诗中所写的"入园分两界"的痕迹。

万生园展出动物的场地很小,只占东西二门内一片地方,往北、往西就没有了。当时动物都养在室内,猛兽展览馆是四五座六角形的亭式建筑,里面分成六格,都是扇面形,墙上有兽洞可通,装有推拉插板,拉开兽可通行,插上兽过不来,便于饲养人员清理放食。前面装铁栅栏,栅栏外隔着走廊还有玻璃窗,本来游人可在走廊中隔栅栏看,后来有小孩手伸进去,被咬伤过,便只能隔着打开的玻璃窗,在外面观看了。象房也很小,而且光线很暗。另外也有小动物馆、猛禽、鸣禽馆。大动物最早有老虎、狮子、金钱豹、大象、斑马几种,没有多少年,斑马死了,做成标本展出。那时斑马叫"文马",这名称现在也很少有人知道了。日本叫"麒麟"的长颈鹿、河马、犀牛等等异兽,当年万生园从来没有养过。至于熊猫,连名字也没有听说过。鸣禽馆中,有一只八哥,会叫"卖报,卖报!""混蛋,混蛋!"最能引人兴趣。

叶德辉《观古堂诗集》中有一首《游万生园诗》,写的是民国初年游万生园的情况,也正是鲁迅先生几次去游览的前后,摘引几句,以见当年的实况。诗云:"万生园中列万物,飞潜动植充林麓。……钱甮语我园游好,四月黄云麦秋早。入门突见两长人,伛偻接客如山倒。迤逦携手与周行,青苍步步连芳草。象房兕柙重门开,虎啸狮吼闻惊雷。狐狸跳舞鼠兔跃,似与暮气乘虚来。可怜文马擅文彩,老死不见文王台。目穷万状毛虫丑,怪羽啾啾声在后。铜梁鹦鹉自呼名,伏者如鹰吠者狗。其余水鸟与山禽,色色形形无不有。……"后面半首写农事植物,如什么"桃李杏梅柰柿枣,百果分种连花田。灌花老人笑且语,别有温室辟寒沍"等等,把万生园比较繁盛时期的状况,写得还是清楚的。

鲁迅先生不但几次同家人去游览万生园,而且在好多文章中提到过。一九二六年《马上支日记》七月三日记云:

晚饭后,在院子里乘凉,因此说,那地方在夏天倒也很好看,可惜现在进不去了。

田妈就谈到那管门的两个长人,说最长的一个是她的邻居,现在已经被美国人雇去,往美国去了,薪水每月有一千元。

先生的《马上支日记》,虽说是文学体裁的创作,但所记全是当时的事实,然后再生发出去作文章。这天日记,这儿只是一个开头,是由万生园说起的。一是说万生园夏天的风景很好,是消暑乘凉的好地方。叶德辉诗中写四月中的风景道:"西行忽见飞桥连,下有曲涧鸣流泉。舟子抱桨眠柳絮,园丁缚帚扫榆钱",写得很生动。这里春天好,夏天更好,高柳荫浓,荷塘风软,因为是几个名园的底子,所以很有些池沼流水、林木乔柯,足以点缀景色,正像鲁迅先生所说:"在夏天倒也很好看。"当时正是段祺瑞执政府时代,有一个时期,农事试验场不开放,要有熟人才能进去,所以说"可惜现在进不去了"。第二,谈到那两个长人。现在六七十岁以上的人,小时候游过万生园的都还记得,门口收票的两个长人,身高都在二米以上,收票时常常跷起腿来,踏到对面铁栏上,孩子们仰着头好奇地望他,从他腿下面钻过去。前引叶诗中也说"入门突见两长人,伛偻接客如山倒",也就是这两位。后来有一位被美国人雇到好莱坞电影城去拍电影,成为一时的新闻人物。四川人邓镕(字忍堪)一九二七年写的《春游杂事》中有一首也咏此事,诗云:

> 休言食粟似曹交,九尺身轻渡海遥。
>
> 果有巨人长无霸,金钱不复看僬侥。

诗后并自注云:"三贝子园司阍有长人二,余等不及其肩。其一为西人雇以重金,鬻技于海外都会,获利不赀。"不过这两个长人并未发财,而且老境很潦倒。

早期万生园的动物后来也越来越少,本来经费就不足,再加层层贪污,不少动物从二十年代末、三十年代初就相继饿死了。

《春游杂事》诗还有一首写道：

> 豹房虎圈尽空虚，兽簿何从问啬夫。
>
> 止有猢狲犹未散，缘橦轻矫胜都卢。

诗后注云："园中豢养猛鸷，多以饿毙，惟猴类尚多，游人聚观，顿有时无英雄之叹。"这已是旧时万生园走下坡路、日渐荒凉的时代，也是鲁迅先生离开北京后不到一年的情况。自此之后，若干年中，万生园苟延残喘，时闭时开，一直到解放后，这个创建于本世纪初的北京的第一个公园，才得到新生，中经一度叫西郊公园，后又加以整顿经营，才成为今天的宏大壮观的动物园。这里当年还有辛亥革命烈士墓。就是在东华门三义茶馆门前扔炸弹伏击袁世凯未中而就义的张先培、黄之萌、杨禹昌，在府右街光明殿良弼家炸死良弼、当场牺牲的彭家珍，四位烈士都埋葬于此，鲁迅先生在文章中还曾感叹过他们墓地的荒凉。于今园景壮丽，游人欢欣，可以说是实现了前辈先烈们的遗志了。

鲁迅先生游览万生园的事迹去古未远，陪同先生游览的人不少还都健在，那座刻砖的三拱门的大门下天天沸腾着游人欢乐的笑声，谁能想象鲁迅先生当年走进这座园门时的情景呢？

国子监

  鲁迅先生早期日记中,记到国子监的地方很多,到北京不久,就去了国子监。壬子(一九一二年)六月二十五日记云:

  午后视察国子监及学宫,见古铜器十事及石鼓,文多剥落,其一曾剜以为臼。中国人之于古物,大率尔尔。

二十六日又记云:

  上午太学守者持来石鼓文拓本十枚,元潘迪《音训》二枚,是新拓者,我以银一元两角五分易之。

同年九月五日又记云:

  上午同司长及数同事赴国子监,历览一过后受午饭。

  这几则日记都提到国子监,不过写得很简单。从日记中"视察"二字看,只能一般地理解到这是公事,但为什么要视察国子监,国子监又是什么地方,里面情况如何,又是国子监,又是学宫,凡此等等,就不是一句话所能说清楚的了。

  国子监就是封建时代的国家最高学府。鲁迅先生去的是明清两代的国家最高学府,这和后来的国立大学在制度和办法上完全是两回事。学宫就是孔庙,又称文庙,鲁迅先生视察的学宫,是元、明、清三代的北京的孔庙。国子监和学宫,是在一起的,过去北京有城墙、城门的时候,这两处国家学术机构都在北京东北城,安定门里成贤街。在这条街北面,西面是国子监,东面是孔庙。虽然各有大门,但里面有门相通,在清代,实际等于一个机构。文献记载上也写在一起。《清史稿·礼志》中记云:

> 世祖定中原,以京师国子监为大学,立文庙。制方,南向,西持敬门,西向。前大成门,内列戟二十四,石鼓十,东西舍各十一楹,北向。大成殿七楹,陛三出,两庑各十九楹,东西列舍如门内,南向。启圣祠正殿五楹,两庑各三楹,燎炉、瘗坎、神库、神厨、宰牲亭、井亭皆如制。

历代国子监及孔庙的建筑都有一定规格,所以这段记载最后说"皆如制","如制",就是按照一定的制度。一般人很少读史书的"志",这是冷门货,为了说明问题,先引一段礼志,以便下文更清楚地介绍。

清代国子监是一个独立机构,设管理监事大臣一人,由满、汉大学士、尚书、侍郎特简。下设祭酒、司业,祭酒从四品,司业正六品,官职虽然不大,却是很受人尊重的,都是当时学养有素的知名之士。如康熙时的大诗人王渔洋就做过国子监祭酒,近代著名历史学家、《新元史》作者柯劭忞就做过国子监司业。光绪末年,废科举,兴学堂,成立学部,这里就归学部管了。《清史稿·职官志》记载:"光绪三十三年,省入学部。嗣以文庙、辟雍典礼隆重,特置国子丞以次各官,分治其事。"辛亥革命以后,共和政府成立。清朝学部的事务，移交给新政府的教育部，鲁迅先生在社会教育司做金事兼科长，正好是主管，所以要在接事不久，便来视察。以后又几次来此，都是因为职务的关系。

国子监和大学最早都是元代大德年营建的，所谓"左庙右学"，是按照传统规矩建造的。曼殊震钧《天咫偶闻》中描绘这里当年的气氛道：

> 国学在安定门成贤街，因明之旧……桧柏皆逾十围，翠盖撑空，苍苔绣径，庭阶肃穆，风日幽闲。每一瞻仰，令人兴敬止之思，信诗礼之宫墙，道德之渊囿也。辟雍亭在国子监彝伦堂下，璧水环周，檐楹壮丽，虹梁四达，碧坊高骞。

从震钧的描绘中，可以想见其肃穆气氛。照这两处的作用来说，国子监是国家太学生读书讲学之所，孔庙是供奉孔子的地方。辟雍是国子监中心，是一座深广五丈三尺见方的华丽建筑，是皇帝讲学的大课堂。别人不能在此讲学。四面有门，周围有回廊，廊外即汉白玉栏杆，喷水螭头的水池，对着门均建有石桥。这就是所谓的"辟雍泮水"。过去考中秀才，有资格入监读书，叫做"游泮"，就是从这个"泮水"来的。这是从《诗经·鲁颂》"泮水"中"既作泮宫"一句留下来的故事。所谓"诸侯之学"，实际是似是而非、谁也说不出道理的。清代崇尚朴学，姚濬、方玉润都有考证，但是都解释不清楚。不过这是闲话，不必多说。而国子监的建筑物还是值得介绍的，辟雍的北面是彝伦堂，是元代崇文阁的旧址，明代永乐时改建，命名为彝伦堂。东面孔庙的主要建筑物是大成殿，重檐庑殿，顶盖黄琉璃瓦，殿基汉白玉石栏围绕。孔庙的大门叫"先师门"，又叫"棂星门"，这座门，在古建筑成群的北京也是较特殊的。因为北京古建筑最多是明清两代的，而棂星门却是元代的建筑，粗大朴实的斗拱，清楚地显示出元代木建筑的风格。再有国子监中的那座琉璃牌楼也很精美，其白石横匾一边刻"圜桥教泽"，一边刻"学海节观"，都是称颂泮宫的颂言。

这里不只是建筑物，更重要的是有许多重要的古物。大成殿中不只有孔子、四配（颜回、孔伋、曾参、孟轲）等牌位，更有一套完整的祭器和乐器、笾豆、登、爵、编钟、编磬、琴、瑟。大门内两侧排列着大量的石牌，这是明清两代的进士题名碑，还是一千三百年前唐代进士"雁塔题名"的遗意。这事直至肃宁刘春霖氏中末代状元后，光绪三十年清朝废弃科举制度才停止。国子监还保存着"乾隆石经"。西安有唐代"开成石经"，字体不同，十分芜杂。乾隆时江苏金坛贡生蒋衡，字湘帆，号拙老人，用十二年的时间，一人写成一部《十三经》，共六十三万多字，乾隆五年江南河道总督高斌把这部蒋衡写的《十三经》献给清廷。乾隆五十六年（一七九一）刻石，五十九年（一七九四）刻成。连乾隆上谕共石经刻石一百九十块，迄今均保存于国子监中。还有更重要的文物，就是"石鼓"，这是唐代韩愈都写诗赞颂过的古物。历代学人以一见石鼓为盛事，正是热爱宗邦文化的表现。如清初谈迁在《北游录》中记参观太学石鼓云：

> 癸酉，自正阳门东行，观太学石鼓，在先师庙门内。高二尺，广径尺余，形似鼓而项微圆，其一如臼。周宣王之猎碣也。初弃陈仓野中，唐郑余庆徙凤翔县学，而亡其一。宋皇祐四年，向传师得之民间。宋大观二年，徙京师国学，金嵌其字。靖康二年，金人辇至燕，剔其金，置大兴县学。元

大德十一年,大都教授虞集移国学。其篆籀凡六百五十七言,宋治平中存字四百五十六,元至元中存字三百八十六,今存字三百二十五。

　　谈迁生当明末清初之际,是一个很爱国的知识分子。这是三百多年前关于石鼓的记录。石鼓上刻着比金文晚、比篆文早的文字,世称石鼓文。年久石头表面风化剥蚀,所刻文字能见者越来越少,一般人对古物也不明意义,不知爱护,改作他用,造成破坏,所以其一似曰。谈迁参观时如此,鲁迅先生视察时,又在二百多年之后,鼓上可见的字更少了。所以先生感慨地说"文多剥落,其一曾剜以为曰。中国人之于古物,大率尔尔"这些话,既是叹古,亦是慨今。

　　按,"石鼓",正名为"猎碣",是记周宣王狩猎的石刻。但争论很多,有的说是文王之鼓,宣王刻石,有的说是宣王的,有的说是秦人的。从韦应物、欧阳修、赵明诚,直到晚近的马衡,都各有主张。但石鼓文年代越久,字数越少却是很现实的。太学守者特地由东北城跑到西南城教育部,送给鲁迅先生石鼓文拓本十枚,为的是得到鲁迅先生一元二角五分大洋的代价,虽然肯定说字数是非常少了,但想想还是十分便宜的。传世的石鼓文拓本以晚明锡山安氏十鼓斋所藏"前茅本"、"中权本"、"后劲本"最佳,均为北宋拓本。"前茅本"存四百九十七字,"中权本"存字五百,"后劲本"不知。"前茅本"宋拓真迹已于半世纪前以万金的代价流入日本,中华书局影印本有马叔平(衡)、唐立庵(兰)二先生的"跋",这个影印本,现在也不大容易买到了。

　　国子监和孔庙在清代有两样大典,一是皇帝要举行"辟雍"大典,就是到辟雍亭讲学,要举行典礼。按,"辟雍"二字,是从

《周礼》上传下来的名称，即周之大学名"辟雍"，后代从《周礼》，即都叫"辟雍"。不过这个礼节，辛亥后不举行了。因为在名义上已经"共和"，没有皇帝，也不行周礼了，所以鲁迅先生当年没有参加"辟雍大典"。第二就是孔庙中的"丁祭"。按，《清史稿·礼志》所记："春秋上丁，遣大学士一人行祭，翰林官二人分献，祭酒祭启圣祠，以先贤、先儒配飨从祀。有故，改用次丁或下丁。"其典礼是十分隆重的。所谓"春秋上丁"，就是立春或立秋之后，第一个有干支"丁"字的日子，如"丁丑"、"丁卯"等等。辛亥之后，是否举行祭孔的事，并未明文规定，但在一些守旧的人看来，这似乎还是大事。这就发生了"孔子过生日"的闹剧，癸丑（一九一三年）九月二十八日记云：

> 星期休息。又云是孔子生日也。昨汪总长令部员往国子监，且须跪拜，众已哗然。晨七时往视之，则至者仅三四十人，或跪或立，或旁立而笑，钱念敏又从旁大声而骂，顷刻间便草率了事，真一笑话。闻此举由夏穗卿主动，阴鸷可畏也。……下午小睡。晚国子监送来牛肉一方。

汪总长是汪大燮。这不是正式"丁祭"，如照世俗说法，这是给孔子拜冥寿，因为他是死了两千年的人，而用的是丁祭的办法。辛亥后规定，一切大礼仪式免去跪拜磕头的办法，而这里还用"跪拜"，大部分人是官僚，既不坚决反对，又不认真执行，所以闹哄哄地演了一场滑稽戏。但是下午还送给先生一方牛肉，这倒真真是"丁祭"的规矩。因为"丁祭"的祭品照例用"太牢"或"少牢"，不管哪一种"牢"，都要杀一条牛作牺牲来献牲，成"释菜"、"释奠"、"饮福"、"散胙"的仪式。凡是参加祭礼的人，照例要分到一点祭余的牛肉,谓之"受胙"。送给鲁迅先生的这一方牛肉就是"胙",按古礼就是干肉的意思。

不过这一次还不是正式祭孔。袁世凯早具窃国称帝的野心,"共和"不过是他的一个过渡手段,做皇帝才是他的目的。在洪宪帝制之前,他先要让他的喽罗们制造各种空气,恢复各种专制礼仪。民国三年,也就是一九一四年一月十四日,袁世凯的政治会议讨论"祭天及祀孔案",讨论的结果,袁世凯在天坛演了一场"虾蟆祭天"的丑剧,孔教会的人也正式要举行"丁祭"。甲寅(一九一四年)三月二日记云:

> 晨往郓中馆要徐吉轩同至国子监,以孔教会中人举行丁祭也,其举止颇荒陋可悼叹,遂至胡绥之处小坐而归,日已午矣。

如果说这次祭孔,还是社团出面,那么第二年,也就是洪宪帝制的时期,正式祭孔出现了。乙卯(一九一五年)三月十六日、十七日分别记云:

> 夜往国子监西厢宿。
> 晴。黎明丁祭,在崇圣祠执事,八时毕归寓。

日记很简单,却隐藏着很复杂的时代背景。民国元年,南京临时政府,蔡元培先生任教育总长,其措施首先是停止祭孔,其次是北京大学废去经科,正式定名为文科,人们说这两件事在中国的影响极大。后来北京大学有人作"柏梁体"联句诗,咏北大人物,说到蔡子民的一句就是"毁孔子庙罢其祀"。而在民国四

178

年，又全面恢复了祭孔，可见旧势力是多么顽固了。

鲁迅先生住在南半截胡同绍兴县馆，在北京外城的西南角，而国子监在安定门成贤街，在北京内城的东北角，如果划条对角斜线，也足足有二十里路吧，何况还要弯弯曲曲地走呢。当时又没有汽车，这样远的路，是很费时间的。"丁祭大典"据说要黎明举行，当天赶去，自然来不及，所以头天夜里就要先去住在那里了。

其后若干年中，北洋政府还在举行"丁祭"。先生日记中时有记载，如丁巳（一九一七年）二月二十三日、二十四日记云：

> 夜至平安公司观景戏，后赴国子监宿。
> 晴。晨丁祭，在崇圣祠执事。

戊午（一九一八年）三月十九日、二十日、二十一日记云：

> 午后往孔庙演礼。
> 夜往国子监宿。
> 晨祀孔执事毕归寓卧。

一直到一九二〇年、一九二一年先生搬到八道湾居住时，日记中还记着"午后往孔庙演礼及向晨赴孔庙，晨执事讫归睡"或"未明赴孔庙执事"。不过这时住在西北城，路途稍近，坐包车走新街口、蒋养房、旧鼓楼大街等处去，大概一个小时就可到了，就不用再头天晚上住在国子监，只要第二天五更起身就可以，但是这也够辛苦了。一直到一九二三年三月二十五日日记中还记着：

晴。星期。黎明往孔庙执事,归途坠车落二齿。

根据这些记载,可以想见鲁迅先生去国子监和孔庙的次数是非常的多了。这些都是历史的陈迹,拉杂写来,保存一点资料,供读者参考吧。

漫步银锭桥

什刹海之一

《鲁迅日记》壬子(一九一二年)九月五日记云：

> 上午同司长及数同事赴国子监，历览一过后受午饭，饭后偕稻孙步至什刹海饮茗，又步至杨家园子买蒲陶，即在棚下啖之，迨回邑馆已五时三十分。

这段记事文字不多，但很能想见先生当日的豪情。"同司长"是同夏穗卿，赴国子监是为了在国子监彝伦堂设立历史博物馆筹备处事。在此以前，先生于六月份就视察过国子监及学宫，这是第二次去了。

国子监在安定门，什刹海在地安门西，虽然不能说太远，但相距也有一段路程；即使走近路，走到鼓楼前，从烟袋斜街斜穿过来，弯弯曲曲，总也有四五里路吧。而先生却安步当车，同朋友由国子监步行到什刹海河沿来喝茶，这已经是兴致非常好了；而喝完后游兴未阑，又漫步到杨家园子去买葡萄，买好后，就坐在葡萄架下吃起来。向晚时分，对着初秋的斜阳，坐在绿阴阴的葡萄架下，望着垂实累累，吃着现摘下来的玫瑰香的葡萄，此时此刻，其豪情隽味，真可说是跃于纸上了。先生在日记中特地加了两个"步"字，又记了"即在棚下啖之"一句，生动而真实地反映了先生当时的情感。

先生在这年八、九月间，去了不少次什刹海，在日记中都有记载。这中间有一个重要原因，就是为了工作的关系。另外，其时又是夏末秋初，正是什刹海风物最宜人、游客最热闹的时候，所以也就顺便几次逛什刹海了。

当时先生在北洋政府教育部社会教育司工作，职务是佥事兼第二科科长，主管事务是：博物馆、图书馆、动植物园、美术馆、美术展览会、文艺、音乐、演剧、古物等事项。早在清代光绪末年，张之洞入主军机，兼管学部，推行新政，就筹建学部图书馆。当时归安陆氏之书全被日本人买去，张恐怕其他藏书家的书也流向国外，就想征集宁波范氏天一阁、常熟瞿氏铁琴铜剑楼善本书入馆，但这种无偿征集，近于夺取，因而瞿氏拒绝送书，只有天一阁答应送二十种书，敷衍一下，后来也并未送来。只是把学部和翰林院的书集中在一起，设立了京师图书馆。正式开馆，是在宣统元年（一九〇九），《清史稿·宣统本纪》上记着："秋七月，壬申，学部立图书馆于京师。"这就是北京最早的国立图书馆，也就是现在文津街北京图书馆最早的前身了。当时张之洞住家在后门外白米斜街，他家的后窗打开就对着什刹海的前海，可能因为他的关系吧，这个图书馆的馆址就选择了什刹海银锭桥西后海北岸的广化寺。最早两任馆长是缪荃荪和江瀚。辛亥革命之后，政府成立，这个图书馆归教育部社会教育司接管，主要就是由鲁迅先生他们负责的。壬子（一九一二年）八月二十日记道：

> 上午同司长并本部同事四人往图书馆阅敦煌石室所得唐人写经，又见宋、元刻本不少。阅毕偕齐寿山游十刹海，饭于集贤楼，下午四时始回寓。

这便是先生由于职务关系，第一次到京师图书馆去，又顺便游览什刹海的经过。实际图书馆就在什刹海,二者原本是一体的。

广化寺作为图书馆,从风景上说是十分相宜的。这座寺在后海北岸,庙门正对后海湖面,门前还有一片开阔地带,长着一些古槐、老柳之类的杂树。庙院很大,前门在后海沿,后门却一直顶到鸦儿胡同,黑鸦鸦的一大片房屋,同当时的广济寺、广惠寺一样,都是有名的大庙。风景好,而且远离市廛,绝无尘嚣干扰,的确是读书的好地方,唯一的缺点,就是太偏僻了。

出庙门顺海沿往西走不远,就是宣统生父载沣的王府。摄政王当年上朝时,每天都要经过广化寺。顺着后海北岸往东走不远,到了水面最窄、像个葫芦腰的地方,那就是极有名的银锭桥了。说是桥,但是如果你不注意,一忽略就走过去了。在北京的名桥中,甚至在全国的名桥中,它恐怕是最简陋、最寒伧的了。"银锭观山"和"卢沟晓月"分别都是"金台八景"之一,但银锭桥与卢沟桥比,在建筑规模上,简直是无法比拟。整个银锭桥的长度还没有卢沟桥的一个桥墩长,但它在地位和名气上却与卢沟桥并驾齐驱。从广化寺东门往东走,没有几步,就到了桥前,如果往左拐,便是烟袋斜街,往右拐,便上桥,桥不高,几乎和两头的街面平行;不宽,只有丈把宽,不能对开两部汽车;不长,顶多也不过两丈长。过桥,正对一条小胡同向北口,地名海潮庵,偏东,顺河沿走,便豁然开朗,到了什刹海的西河沿了。

刘侗《帝京景物略》中《泡子河》一篇开头说:

> 京城贵水泉而尊称之:里也,海之矣;顷也,湖之矣;亩也,河之矣。

就是说北京缺水,有一里大的水面,就称之为海了。什刹海还分后海、前海,前海绕一圈也不过二三里路,实际还没有西泠桥里面里西湖大,而它却洋洋自得一直以"海"名。银锭桥似乎就是这个海上的蓬莱。《帝京景物略》中《英国公新园》说:

> 崇祯癸酉岁深冬,英国公乘冰床,渡北湖,过银锭桥之观音庵,立地一望而大惊……西接西山,层层弯弯,晓青暮紫,近如可攀。

刘同人的文章,直入公安、竟陵门径,写得自是冷隽。但真正好,还是那个地方好。"银锭观山"作为"金台八景"之一,的确是名不虚传的。站在桥头上往西北眺望,后海的水面越来越宽,也越苍茫,在水天极处,浮现着一痕西山的影子。有时若有似无,有时清明娟秀,有时铺霞堆锦。昔时有人曾用一个"钝"字描绘西山,因系名家,便有不少人附和,而我则觉得这字是不能完全表现西山的千娇百媚的。看山是宜晴、宜雨、宜朝、宜暮,春夏秋冬,各有不同,最好是盛夏雨后,初秋清晨,残冬雪霁。最怕是北京春天特有的大黄风天气,那真是一塌糊涂,什么"钝"不钝,再好的西山也是面目全非的了。旧时老师顾随先生的《一半儿》道:"山前山下影模糊,恰似潇湘水墨图。……有春无,一半儿尘沙一半儿土。"正是纪实之作;可惜年代久远,记不完全,忘掉了第三句。不过银锭桥的大大出名,还不在于"银锭观山",而有它更重要的原因。当年这座不起眼的小桥是摄政王载沣每天上朝的必经之路。距今七十年前,一九一〇年三月三十一日,即宣统二年旧历二月二十一日,汪兆铭、黄树中、罗世勋三人就在这座桥下埋炸弹,谋刺载沣。阴历二月间,什刹海边上没有游人,冷冷清清,一有行迹可疑的人,很容易被巡逻者所发见,不久三人同时被捕,银铛入狱。汪兆铭还写下"慷慨歌燕市,从容作楚囚。引刀成一快,不负少年头"的诗,一下子大大地出了名,银锭桥也举世皆知了。①

鲁迅先生和齐寿山先生经过银锭桥时,距行刺摄政王事件的发生相隔不过两年半时间,齐寿山先生又是京师掌故名家,过桥时,可能要指指点点地详细告诉先生事情的经过吧?

———————

① 关于汪精卫炸摄政王的地点,据东莞张次溪寻考,系甘水桥。按,甘水桥在旧鼓楼大街小石桥南,一九四三年,福建人李宣倜曾撰有《北京庚戌桥记》说明此事。但甘水桥后来只剩下地名,桥已没有了,而银锭桥一直存在到现在。民间传说,炸摄政王的地址是银锭桥。

会贤堂与荷花市场

什刹海之二

　　先生日记所记,吃饭的酒楼是"集贤楼",实际是记错了的。应该是"会贤堂"。由广化寺图书馆出来,过了银锭桥,顺河沿往南走,没有多远,就可以望见:在绿柳阴中,远远地飘荡着北京式的饭庄幌子,下垂红布的,一块块地垂在楼头房檐下的黑地金字的长牌子,这自是"青旗在望"的遗意,但比江干野店的青旗那要富丽的多了。"在望"之后,接着,便是一座画栋雕梁、修栏疏槛的大酒楼出现在你的眼前,这就是有名的"会贤堂"了。

　　"会贤堂"的有名,其故有三:一是政治的,二是风景的,三是饮食的。

　　这是一座十二开间,面向东南的大酒楼,全部建筑都是磨砖对缝的楼房,二楼房间全部有宽大的绿油栏杆画廊,正对着什刹海前海湖面,可以凭栏眺望。由北往南数,第三间的楼下是大门,两边马头墙上,挂着耀眼的大铜牌子:"会贤堂饭庄"。进门大影壁前面摆着太平水缸。门前老柳浓荫,地方十分宽敞,有上马石,拴马桩。它的门前,也是当年载沣每日进宫的必经之路。载沣一生,不知照顾过它多少生意;做摄政王时,还曾在这里召开过大臣会议。"会贤堂"门前河沿的广场上,在那浓密的柳树阴下,当年曾经停满过绿呢大轿、红围子大鞍车和西洋式的四轮双马大马车。在鲁迅先生去时,虽然已经不再是爱新觉罗氏的天下,黄带子的气势不比从前,但会贤堂照样做的是北府(载沣王府的惯称)和内务府的生意。徐世昌做大总统,溥仪的内务府大臣世续、绍英、耆龄出面宴请这位徐太傅,并由内务府的前任大臣增崇、继禄作陪,就是在这个什刹海水滨的会贤堂楼上举行的。溥仪在《我的前半生》一书中写得很清楚。

会贤堂的风景是独一无二的,当时在北京找不出第二家。面对着什刹海的水面,往东北方向望去,是鼓楼、钟楼的嵯峨气势衬着缥缈的蓝天;往东南方向望去,是绿树葱郁的景山衬着黄琉璃瓦的佛亭。近处是粼粼的水面,依依的柳浪,郁郁的翠盖,冉冉的荷香。从柳浪的缝隙中望过去,是斜跨前海那条大堤上荷花市场中的熙熙攘攘的人群。我后来作客在杭州,在孤山下太和园门口,看着店里的师傅在门口湖边柳阴下,从系在湖水中的鱼篓里取活鱼,不禁想起什刹海边上会贤堂的情景,感到十分神似。虽然会贤堂门前,远远没有孤山下太和园和楼外楼的视野开阔,但情调是一致的。

在饮食方面,会贤堂也是继承了什刹海的流风余韵的。严缁生《忆京都词》注云:

> 德胜门内积水潭之荷,则可约客往观,且有酒家,买荷叶粥,清香可口。宴客之筵,必有四冰果,以冰伴食,凉沁心脾。

这是清代同光以前的情况。会贤堂也是以精致的冰碗著称,以荷叶粥、莲子粥闻名。一九一九年,正好是五四运动那一天,沈尹默先生恰巧和朋友在会贤堂闲坐,给朋友写了一首小词,调寄《减字木兰花》,词云:

会贤堂上，闲坐闲吟闲眺望。高柳低荷，解愠风来向晚多。冰盘小饮，旧事逢君须记省。流水年光，莫道闲人有底忙。

这首小词，基本上把会贤堂的风光概括了。只有一点可议者，就是实际时令较之词中意境要晚一些。因为阳历五月初，只不过旧历四月初，在北京这时，新荷一般还未全部出水，冰盘也还未登市，要到端午之后，荷花市场才开市。

鲁迅先生和齐寿山先生那天在会贤堂吃饭，从时令上说，正是好时候。这天是旧历七月初八，七夕初过，中元未到，是一年中什刹海荷花市场最热闹的日子。二位先生坐在会贤堂楼上的雅座中，先弄个冰碗尝尝鲜，鲜莲子、鲜鸡头米、鲜菱角、鲜藕，并在一个碗中，刚从冰桶中拿出来，又凉、又甜、又鲜。一边吃着，一边看着栏杆外面的风景，偶然有东南风吹过，传来阵阵荷花市场上唱野台小戏的锣鼓声、丝弦声。这种情趣，也许多少有些先生在东南水乡看社戏的境界吧。总之，这些都引起了先生的兴趣，所以五天之后，于星期天，又大老远地特地从南城跑到什刹海来喝茶了。一九一二年八月二十五日记道：

星期休息。……午后钱稻孙来，同往琉璃厂，又赴十刹海饮茗，旁晚归寓。

其后于九月一日、九月五日又接连去了两次。可见先生对什刹海兴趣之浓了。

什刹海昔时作为游赏胜地，那原是很早的事了，但最早集中在积水潭和后海一带，戴璐《藤阴杂记》记乾嘉以前的情况说：

积水潭荷花极盛。潭在德胜门内,毗连秦家河沿,荷繁于昔。河沿有河船一具,仿西湖船式。六、七两月,月望前后,放棹花间,明月清风,如游仙境,忘其为在人海中也。

　　高珩《德胜门水关竹枝词》云:"酒家亭畔唤鱼船,万顷玻璃万顷天。便欲过溪东渡去,笙歌直到鼓楼前。"洪亮吉《积水潭看花》诗云:"十里长河汇作塘,马嘶人语看花忙。"均可想见当年积水潭及后海一带的游览胜况。后来积水潭及后海水浅处逐渐淤积为葑田,两边杂种菱、茨、水稻,看荷花的热闹区域,慢慢移到银锭桥东,什刹海前海来了。富察敦崇《燕京岁时记》云:

　　十刹海俗呼河沿,在地安门外迤西,荷花最盛,每至六月,士女云集。

沈太侔《春明采风志》云:

　　十刹海,地安门外迤西,荷花最盛,六月间士女云集,然皆在前海之北岸。同治中忽设茶棚,添各种玩艺。

　　这就是荷花市场的缘起,鲁迅先生几次来什刹海饮茗,也就是在这样的茶棚中了。

　　由会贤堂门前稍往南行,没有几步,就有一条由西北通向东南的大堤把前海一隔为二,大堤两旁都是老柳树,堤南堤北的水面,一进六月,新荷出水,渐渐就看不到水面,而全部是接天无穷碧的莲叶了。荷花市场就设在这条大堤上,会期一般年份是五月端午开始,七月中元盂兰会之后结束。届期堤两旁先搭起不少茶灶、酒肆的大天棚。这也是北京棚铺的好生意。搭法是先搭木板平台，一半在堤上，一半伸入水中，围上栏杆，上面摆桌子卖茶、卖酒，客人凭栏而坐，又得看荷花，又得乘风凉，是十分理想的消暑处所。在木板平台的上面，又搭着舒卷自如的大天棚，既可挡住伸入水中一面的阳光，又可防夏日的雷阵雨。等到黄昏之后，新月初上，夜凉如洗，天棚的席子统统卷了起来，客人们一边喝茶，一边望着夜空的疏星、弓月，水面上黑黝黝的，飘拂过来的是淡淡的荷叶香、荷花香，柳上断续蝉鸣，堤下一片蛙声，北岸河沿人家的后窗上时时闪动着红红的灯火，很像江南某些水码头边船上的灯火。那时什刹海茶座上这点带有郊野意味的情趣，就北京来说，只有当年二闸泛舟时如意馆、望东楼的茶座或可比拟，其他就都比不上了。后来中山公园、北海公园的茶座虽然高级、考究，但是富贵气太重，远远不能和什刹海的野趣相媲美。

这条大堤短短的也不过一百多米长，在荷花市场开市的日子里，这样的大茶棚大约有三四处吧，其他就是卖酒、卖菜、卖吃食的大棚子。六月一过，鲜藕、鲜莲子、鲜菱都上市了，而且就是什刹海前后海所生产的，是真正的"土宜"。什刹海最应时的食品八宝莲子粥和荷叶粥，就是这些"土宜"烧成的。八宝莲子粥是用糯米和上好粳米煮得腻笃笃的粥，盛在小碗中，中间混着鲜莲子、鲜菱、鲜鸡头米等，上面再堆上雪花绵白糖、青丝红丝，看上一眼，就觉得香喷喷、甜腻腻的了。荷叶粥更是精致而又大众化的食品，上好粳米粥，不稠不稀，烧时用刚刚摘下来的鲜荷叶做锅盖，等到粥烧好，鲜荷叶的香味全部渗入粥中，连粥的颜色也变成淡淡的湖水色，一碧澄空了。真不知道第一个创始人是谁，创造出这样富有诗情画意、艺术魅力的食品，该如何感谢他呢？

　　卖食品的大棚中，专卖食品，但是坐在茶座上，照样也可以把莲子粥、荷叶粥、苏造肉火烧等食品送过来吃。鲁迅先生他们几次到什刹海饮茗，不知吃各种点心没有，纵然日记中未记，我想多少总会品尝一些吧。《道光都门纪略》中的竹枝词道：

　　地安门外赏荷时，数里红莲映碧池。
　　好是天香楼上座（酒楼在莲池北岸），酒阑人醉雨丝丝。

　　就由道光年算起吧，到鲁迅先生饮茗时，什刹海荷花市场的风流绵绵已近百年之久了。

荷花灯

什刹海之三

荷花市场在开市期间,每当下午三四点钟,游人杂沓的时候,人头济济,各个阶层的人都有。什刹海周围,昔年有不少王侯宅第,恭王府、乐家花园、相国第宅都近在咫尺。鲁迅先生去时,辛亥革命不久,清代王公贝勒的贵胄子弟,头上拖着小辫,带着汉玉扳指,腰上挂着槟榔荷包,手上托着画眉笼子,在人群中踱方步的还大有人在;穿着大绣一枝花旗袍,梳着两把头,脚登绣花花盆底子鞋,坐在茶座上吃莲子粥的格格、福晋也数见不鲜。但是更多的则是剃光头、穿短打的一般游客了,因为毕竟是把"辫子"的命革了。簇拥着人群,其热闹处,还不全在大天棚下面的茶座上。论吃的,还有卖冰镇果子酪的、酸梅汤的、白花藕的。摆摊的、掌柜的,剃着精光的头,穿着琵琶领的对襟白竹布小褂,把手里的冰盏敲得山响;卖切糕的、卖炸糕的、卖凉糕的,忙活着自己的摊子;卖麻花的,卖豆汁的,把大腌萝卜切得像头发丝那样细,在大釉下青的瓷盘中堆得像小山一样,上面洒点鲜红的辣椒丝;卖凉粉的、卖扒糕的、卖灌肠的,把煎灌肠的平底锅子敲得叮乱响,锅子中滋滋滋地冒出煮灌肠的油烟;还有卖豆腐脑的、卖老豆腐的、卖西瓜的、卖果子的……论穿的、用的,有卖估衣的,在老柳下,一件一件地抖着,力竭声嘶地唱着,招引着看热闹的人;卖盆、卖碗,大小绿盆又能买,又能换。论玩的,有套圈的,最远中心处,摆着个大兔儿爷,是最好的彩头,引得孩子们,十个圈、二十个圈地买来套,但套来套去总是只能套两个小泥娃娃,那个大的则老是可望而不可及,最后只好不服气地说说笑笑地抱着小泥娃娃或皮老虎走开了。论看的、听的,则有拉洋片的、摔跤的、变戏法的、玩刀枪拳棍的、说相声的、唱大鼓的、用席围起来唱小戏的……这里既有天桥的繁华,却无天桥的尘嚣,在老柳树下,坐着大板凳,听听"什不闲",既借水音,又得野趣。

先生壬子(一九一二年)九月一日记道:

> 星期休息。……上午与季市就稻孙寓坐少顷,同至什刹海,已寥落无行人,盖已过阴历七月望矣。

阴历七月十五,旧称中元节,是什刹海荷花市场热闹的顶峰,是游人最多的一天。吸引人的是:盂兰会上烧法船,什刹海中放河灯。

按照旧日迷信的说法,七月十五中元节是鬼节,盂兰会、烧法船是超渡亡魂。但是人们并不真信这一套,在玩得热闹、欢乐的时候,是不会想到神和鬼的。尤其是孩子们,只盼着七月十五放河灯,点蒿子灯,点荷花灯。儿歌道:

> 荷花灯,荷花灯,今天点了明天扔。

那做得十分精致又十分便宜的小灯笼,先用高粱秸破篾,圈成一个小西瓜大的圆圈,上面贴一圈用纸剪好压凹、又染成粉红色的花瓣,下面再贴一圈用绿色纸剪成的六七寸长的流苏,衬着上面的粉红色花瓣,又意味着荷叶,又意味湖水,中间点一支小蜡。在夜凉如水,银河浅淡的小四合院中,儿童们用一根小棍挑着这样的小灯笼,唱着"荷花灯,荷花灯……"的歌儿,跳出跳进。这梦一样的红红的火焰的小灯笼,游荡在夜色朦胧的庭院中,所有的气氛都是像醇酒一样的童年的欢乐,大人们也会暂时忘去生活的艰辛和哀愁,这时哪里还能找得到半点鬼魂的影子呢?在当时,七月十五,对儿童说来,似乎是比元宵更有趣的一个灯节。鲁迅先生是非常关心儿童生活的。甲寅(一九一四年)九月四日记云:

> 旧七月十五日也,孺子多迎灯。

先生日记,留下一点旧时儿童生活史和民俗史的资料,说起来这也是北京很古老的风俗了。

蒿子灯是拔一棵青蒿,把许多点燃的线香头一一系在青蒿的枝叶间,手举根部,摇来摇去。在昏暗的庭院中、胡同中,点点红星晃动着,空气中弥漫着一派香烟味。"百本张"《北京俗曲十二景》道:"七月里,秋爽天,盂兰会上正好游玩,玩童最喜黄昏后,点上蒿子灯,闹了一院子烟。"很可体现民间通俗文学的善于描绘生活细节。荷花灯及蒿子灯均只点一晚,明日便扔掉,夏枝巢老人诗所谓:"莲灯似我新诗稿,明日凭扔乐此宵",即此意也。

什刹海旧历七月十五那天夜里,要在水面上,荷花丛中放河灯。这在刘侗《帝京景物略》中都记载过:

> 十五日,诸寺建盂兰盆会,夜于水次放灯,曰"放河灯",最甚水关,次泡子河也。

一般的河灯,就是用一小块较厚的圆木板,周围糊一圈纸,中间放一个泥捏的小油灯盏,点燃后,放在平静的水面中,任它随处漂流。也有把西瓜皮雕镂成灯,放在水中任其漂荡的。放灯的那晚,如果坐在茶座上,凭着栏杆,望着水面荷花深处,闪烁着的河灯,似渔火,似繁星,夜气新凉,飘洒衣鬓,简直像催眠曲一样的迷蒙了。文昭《紫幢轩竹枝词》道:"绕城秋水河灯满,今夜中元似上元。"其实不但是"似上元",应该是胜上元的。燕地苦寒,正月十五上元时,穿着臃肿的棉衣,冒着刺脸的寒风看灯,哪里比得上轻衫纨扇,嫩凉残暑季节,在银河下面看河灯时的潇洒呢?

　　河灯过后,什刹海的荷花市场便到了游客阑珊的时候了。该收摊的收摊,该收市的收市。纵然有些茶棚、酒肆,还恋恋不舍,想多做几天生意,把搭棚的钱和人工挑费,多捞几个回来;可是好景不长,北方的天气,说冷就冷,秋雨秋风之后,谁还肯再来河沿喝茶呢?自然像先生日记所记:"已寥落无行人。"荷花市场,水边茶棚,柳下丝弦,这一切便顿时萧索,又要待诸来年了。

穿荻小车疑泛艇

陶然亭之一

　　七十来年前,北京游览的地方不多,城里则更少。当时北海、景山等处还是内苑,中山公园是社稷坛,太庙是皇家的祠堂,天坛是皇上祭天的地方,先农坛是祭先农、皇上"九推"的场所,都是天地鬼神的渊薮,不是人们游乐的场所。辛亥之后,政体突然转变,但这些地方却一下子还改变不过来,不能马上开放,供人们参观游览。《鲁迅日记》壬子(一九一二年)六月十四日记云:

　　　　午后与梅君光羲、吴[胡]君玉搢赴天坛及先农坛,审其地可作公园不。

　　可见鲁迅先生初到北京时,这些地方都还未开放,已经动议筹办了,但还未实现。至于辟出先农坛部分地方开办"城南游艺园",供人游乐,那还是以后的事。在当时,城里要找一个有风景、可以游乐的地方,那就只有什刹海和陶然亭了。

　　那时的陶然亭,论风景则远远没有什刹海秀美;论历史,也远远没有什刹海悠久;论游客,更远远没有什刹海热闹,但是论名气,则不但可以和什刹海并驾齐驱,甚至某些地方,还远远超过了什刹海。"江亭修禊",也就是陶然亭修禊,在乾嘉以后的清人诗集中,几乎家家都有这样类似的咏唱题目,单凭这点文字宣

196

传的功力，就远远超过什刹海了。

陶然亭又名"江亭"，在北京的西南城墙脚下，乾隆时秦朝钎《消寒诗话》中有一则道：

> 京师外城西偏多闲旷地，其可供登眺者曰陶然亭。近临睥睨，远望西山，左右多积水，芦苇生焉，渺然有江湖意。亭故汉阳江工部藻所创。江君自滇南入为工部郎，提督窑厂，往来于此，创数楹以供休憩，高明疏朗，人登之，意豁然。江君有记，有长古诗，刻石陷壁。诗如初唐体，文学欧阳永叔，书法甚似吾乡严宫允(绳孙)或即严所书。江君仕康熙时，其时士大夫从容有余力，风流所事如此，可羡也。

秦朝钎这段笔记把江藻修陶然亭的经过，江写的碑记，以及陶然亭的风景说得很清楚。其中提到的严宫允(严绳孙)是江藻友人，是和江藻同时的著名书画家。康熙时举博学鸿词，屡征不就，屡辞不准，不得已进场，只做了一首诗便离开考场。后被授为检讨，又迁中允，所以秦朝钎称他为"严宫允"。严是无锡人，秦是金匮人，清代建制，无锡城分无锡、金匮二县，都归常州府管，严、秦二人是同乡，所以秦文中称之为"吾乡严宫允"，是个颇有民族气节的人。未观其人，先观其友，从江藻的诗文法严书上石，或即严书上石一点看，也可多少想见江藻的襟怀。

江藻修陶然亭，是在康熙三十四年，亦即公元一六八五年，正是修建太和殿工程完工的一年。江藻当时以工部郎中的官衔，提督窑厂事务，烧制琉璃砖瓦，这些窑厂，就在南下洼子、陶然亭所在地大悲庵的周围。这周围的地方，因为烧窑取土关系，越挖越低，只有这座古庙，未被挖掘，因而就显得特别高敞。江藻在这座破庙的西面,修整了一下,盖了一排东房和敞轩,作为公余休憩,和朋友们聚会的场所,以"更待菊黄佳酿熟,共君一醉一陶然"的诗意,取名"陶然"。后来挂在庙门前的那块江藻写的大匾,只有"陶然"二字,并未加"亭",但是从江藻时开始,大家便以"亭"呼之,实际并不是"亭",只是几间比较高敞的、面西的敞轩而已。这几间敞轩,在建筑上并不讲究,甚至可以说是较为简易的,这座古庙也很小,只有一个院子,只是庙院的一个六棱石经幢,的确是辽代的东西,足以证明这个地方的古老的历史。

江藻修了陶然亭,又作诗,又作记,又树石,又刻字,真是一经品题,身价十倍,原来僻处城南一隅的这样一个不起眼的小庙宇,不久就名闻遐迩,成了北京的文人学士流连咏觞的第一胜地。康熙以后,二百年中,在北京做京官的海内名士,大部分住在宣武门外,所谓"宣南"流寓,这些人,几乎可以说没有一个没游览过陶然亭。

陶然亭所谓"高明疏朗",远可以眺望西山,无限缥缈,近可以放眼积潦,一派苍茫,可以说是说不尽的野趣和江湖之思,使这些久居日下、红尘攘攘、案牍劳神的京官老爷们精神为之一爽。这里宜春、宜夏、宜秋。道光时杨懋建《京尘杂录》记道:

> 今则二三月间,南西门外三官庙海棠开时,来赏者车马极盛,城内则龙爪槐,城外极乐寺,皆游春地也。游人皆自携行厨,惟陶然亭、小有余芳二处,有酒家。陶然亭暮春即挂帘卖酒,小有余芳则迟至入夏乃开园。

这是陶然亭春日酒家的胜况,旧时文字简洁,只一句便把

"陶然"风光写出矣。乾隆时汪启淑《水曹清暇录》云：

> 黑窑台与陶然亭接壤，都人登高，多往游焉。

光绪时富察敦崇《燕京岁时记》云：

> 瑶台即窑台，在正阳门外黑窑厂地，时方五月，则搭凉篷，设茶肆，为游人登眺之所。

又云：

> 京师谓重阳为九月九，每届九月九日，则都人提壶携榼，出郭登高，南则天宁寺、陶然亭、龙爪槐等处。

这又是陶然亭和窑台一带夏日和秋日的胜况，不过这还是一般的游客。至于有名的骚人墨客、诗家大老，那就更不论一年四季，随时都要到陶然亭去雅集了。康熙时查初白《敬业堂诗集》中，就有一个诗题云：

> 试灯夕吴篁村同年招集陶然亭。

试灯夕是旧历正月十三，最早是"五九"，最晚也不过"七九"，所谓"七九河开河不开，八九雁来肯定来"。在寒冷的北国，正月十三冰还没有完全化，就跑到这冷清的陶然亭雅集，这在当时，除去这些诗酒风流的人有此雅兴外，世俗人恐怕无此豪情吧。诗中有句道"灯光参差亭北面，管弦清脆月初更"，好像当时陶然亭夜间也还有些情趣。

上面说了这些,目的只是说明:第一,陶然亭名气大;第二,因为名气大,鲁迅先生早已就知道陶然亭,也可以说是慕名久矣,所以初到北京没有几天,别的好多地方都未去,就到陶然亭来游赏了。壬子(一九一二年)五月十九日记云:

> 与恂士、季市游万牲园。又与季市游陶然亭,其地有造象,刻梵文,寺僧云辽时物,不知诚否。

先生是五月五日到京的,由天津到北京时,曾记途中的景物道:"途中弥望黄土,间有草木,无可观览。"说实在,北京的春天,风多、尘土多,就季节上讲,并不是什么游览季节,但先生因为初到北京,又久慕陶然亭的大名,所以在游完万牲园之后,又特地来游陶然亭了。

当时坐的是骡车,由万牲园出来,坐上骡车,顺着黄土路,进西直门,一直走,还是出顺治门,到菜市口转弯,直到虎坊桥,再转弯往南,过了南横街,走八角琉璃井胡同往南,地势就越来越低,经过一个过街的小楼,像城门洞一样,那就是大名鼎鼎的江南城隍庙。再往前,路东一座小庙,庙虽小,却很整齐,这是有名的姑子庙,名叫"三圣庵"。往前再走不远,就到了陶然亭区域了。首先触入眼帘的,是西南面的窑台的高土堆,和上面的那所很小的房舍。车子再往前走,一股车道从窑台东角下转过去,弯弯曲曲,都是弧形的路。如果是夏秋之际,芦苇丰茂的时候,从路两面望去,只见都是密密的芦丛,如在秋深芦花白了的时候,那就更是可观。但是鲁迅先生来的时候,是阳历五月下旬,正是春末夏初之交,两面芦塘的芦苇还没有长起来,这样就没有蒹葭苍苍的气势,看到的:低处是一片片的芦塘,和出水不久的新芦;高处则是一片片的坟地,荒冢累累,星罗棋布。在这中间有几棵刚吐嫩叶的病树,左不过是酸枣、洋槐之类。骡车先往东南,兜一半圆,折而西南,先看见几个荒坟边的断碑古碣,再往前看,就是古树杈丫,簇拥着一个高台,台上一座古庙,这就是有名的陶然亭了。庙门朝东,南门前一株老槐树,先生来时,正是老槐吐嫩绿新叶的时候。前人诗云"老树着花无丑枝",老槐在春末夏初吐新叶的时候,也是十分妩媚的。杈丫的老干,蟠曲的枝柯,一簇簇的嫩叶闪着绿茸沐浴在暖暖的阳光中,连挂在树上的蛛丝都能看见。

先生和许寿裳先生坐的骡车,在车把式的吆喝声中带住骡子,停在庙门下。二位先生下了车,盘腿坐车久了,先活动一下腰腿,然后在许寿裳先生的带领下,顺着宽敞、坡度不大,但却相当高的台阶慢慢上去,一边走,一边打着乡音谈论着。上到门前,先看看那块江藻写的"陶然"二字的古旧的大匾,然后进入院内,在主持僧人的接待下,随意游览一番,立在院中的老柏树下面,听听和尚介绍那个辽代经幢的情况。然后到西院,也就是真正陶然亭的那几间朝西的敞轩上,眺望一番:看看远处的西山,南面的城阙,栏杆外面的野水、新芦,苍苍茫茫,青青翠翠,是一派陶然亭春末夏初的风光,也自有其宜人的情趣。陶然亭最好的时候,是所有芦苇全部长起来的时候,这种景色,过去有两句很有名的诗句来描绘。道光时福州梁章钜《楹联丛话》记云:

京师陶然亭,康熙年间水部郎江藻所建,取白香山诗"一醉一陶然"之语为额,百余年来,遂为城南觞咏之地。戴敔塘璐《藤阴杂记》中,载沈东田方伯游陶然亭,以楹帖"慧眼光中,开半亩红莲碧沼;烟花象外,坐一堂白月清风"为韵成诗,书壁间。余寻之,不得其处。而联语实未佳。惟有旧联云"窗前绿树分禅榻,城外青山到酒杯",亦是常语。窃谓曹慕堂宗丞学闳"穿荻小车疑泛艇,出林高阁当登山"二句,脍炙人口,便可移作楹联矣。

梁章钜是清代联语专家,这则记录,不但记载了陶然亭的楹联掌故,而且记录了著名的诗句,"穿荻小车疑泛艇",写得是十分形象的,非身历其境者不能体会。鲁迅先生所坐骡车,车帷之上,左右都有玻璃小窗。坐在车里,从小窗望出去,车下的路很狭,看不见,只看见两面芦塘中的野水和芦芽,这情景,不是很有些像坐乌篷船从野滨中穿过吗?

城角人家墟墓间

陶然亭之二

查慎行《敬业堂诗集》中,有四首提到陶然亭的诗,其中有一首诗题是《从刺蘼园步至陶然亭》,诗云:

> 未觉年衰身脚顽,意行随步有跻攀。
> 雨余天气晴和候,城角人家墟墓间。
> 柏子庭空移白日,荻苗水涧转苍湾。
> 此来直与孤亭别,贪得凭栏一晌闲。

这是初白老人晚年的诗,写得十分淳厚。刺蘼园就是刺梅园。《京师地名对注》云:"刺梅园,右安门内,近黑龙潭,为士大夫游宴之所。"乾嘉时戴璐《藤阴杂记》也说:"城南刺梅园,士大夫休沐余暇,往往携壶榼班坐古松树下,觞咏间作。"可见当时刺梅园和陶然亭一样,均是南城游宴胜地。这首诗所描绘的景物,看得出也是春末夏初、荻苗初出水的情况。这时在陶然亭凭栏闲望,可以看见"城角人家墟墓间",使我们看到,在康熙末年,陶然亭一带,就有不少坟墓了。主要是这一带,虽说还在城里,但僻处城隅一角,比城外各关厢的通衢大路偏僻,所以后来这里的荒坟一天比一天多。到鲁迅先生来游览时,庚子之乱刚刚过去十来年,在庚子混乱中,北京当时死于非命的人实在不少,许多穷苦劳动人民,都埋在这一带的义冢中,俗名"南下洼子"。还有旧时代一些沦落烟花、被蹂躏而死的妓女，大多也埋在这一带的乱坟中，所以陶然亭一带的荒坟场，说起来是十分凄惨的。

前文说过，在由八角琉璃井通往陶然亭的路上，有一个过街楼式的小庙，俗名"江南城隍庙"。按《燕京岁时记》所载：江南城隍庙，在正阳门外，南横街之东，还有什么城隍行宫，是很大的。但后来人们却把这个小而破的过街楼当成江南城隍庙，每年清明，由这里开始，一直到陶然亭，一路上全是飞扬的纸灰，凄凉的野哭，这时陶然亭当然不只是"城角人家墟墓间"，简直是被孤魂怨鬼所包围了。近人大雷歋公所编《续都门趣话》中收有协尘作的几首《都门清明竹枝词》，其中说到江南城隍庙一首的注解云："值清明节，都门旧俗，例往邑庙拈香，求神庇佑，颇一时之盛，而妇女尤诚。"说明当时这个小庙的香火是很可观的。记得当年去陶然亭时，每次经过这个过街楼的小庙，都能看见上上下下挂满了红布、黄布写的烧香还愿的类似匾的东西，俗名叫"挂袍"，写着什么"有求必应"等词语，十足显示了某些善男信女的愚昧和迷信的程度，这种似宗教非宗教的虔诚，实在是可厌而又可悯。

《都门清明竹枝词》中有一首写义冢的诗有句云："荒冢累累触眼惊，生刍一束泪盈盈。"并注道："邑庙一带，荒凉寂寞，为城外义葬之所，断碑残碣，卧没于荆棘泥壤间，在在引人悲戚。"可想见这一带当年的荒凉情况。本来乱坟场是不会有人来给树丰碑的，怎么又有断碑残碣呢？这有两点：一是义冢的所属部门立的，如什么梨园公所、钱业公所等等，给这一行中的贫苦无告的同业人员死后准备的义地，立个石碣来标明行业。二是一些"名墓"的大小石碣、石碑，也有历史上留下来的，也有后来增添的。坟墓也有"名墓"，这也是名胜古迹常有的，如西湖上西泠桥边的苏小小墓、苏州虎丘山下的真娘墓等等。过去的陶然亭,也是以几座"名墓"而著称的。是些什么墓呢? 先看一首《都门清明竹枝词》:

> 香厂蟠桃莫漫夸,黑窑游履斗纷华。
> 谁知芳草香妃墓,却在荒凉南下洼。

诗下并注云:"邑庙在南下洼,与陶然亭畔之香妃冢,相去密迩,踏青于此者,竟不知有古迹,良堪浩叹。"

这就是陶然亭的第一座名坟。不过诗的作者弄错了,陶然亭的这座是"香冢",而不是"香妃冢"。香妃是清代乾隆的著名的维吾尔族妃子,同陶然亭的香冢全无关系。陶然亭"香冢",又名"蝴蝶冢",在陶然亭门前高台阶下面东北方向的高地上,坟头很小,其出名在于墓前的一座石碣。这个石碣,既无任何款识和署名,又无年月,只刻着一段很神秘的韵语作碑文。文云:

> 浩浩愁,茫茫劫;短歌终,明月阙;郁郁佳城,中有碧血。
> 碧亦有时尽,血亦有时灭,一缕香魂无断绝。是耶? 非耶?
> 化为蝴蝶。

因为碑文中有"香魂"二字,所以俗名"香冢";又因有"蝴蝶"二字,所以又叫"蝴蝶冢"。据李慈铭《越缦堂日记》说:是同治时御史、丹阳人张春陔为悼念曲妓茜云所作。张名盛藻,光绪初年,曾出任过温州府知府。据碑文稍加分析,可以很明显地看出原文,并无多少不可理解之处,越缦老人所说,自是实情。张春陔是御史,这种文字自不能署名。只是后人来凭吊,不尽了解个中情况,看上去这没头没脑的碑文,便产生出许多猜测和遐想,众口纷纭,越说越神秘,便莫名其妙地扯到香妃身上,甚至写出"谁知芳草香妃墓,却在荒凉南下洼"的诗来。

陶然亭第二座名墓是醉郭坟。这座坟在香冢的北面,只知死者姓郭,绰号"醉郭",真实姓名就不知道了。据说在庚子前后,天桥一带,有个姓郭的人,平日天天喝酒,喝醉之后,借着酒疯,在天桥热闹的地方,使酒骂世,大声评讲时事,大骂洋人,听众很多,这样在天桥一带就出了名。因为不知道他的名字,所以人们送他个号叫"醉郭"。这个人无家无业,光身一人,每天在天桥一带,就靠使酒骂世来吸引听众,讲完了多少讨几个钱再去喝酒,似乎是个托迹醉乡的有识之士。死后没有后人,人们便把他埋在陶然亭下,做作了一个坟,也刻了一个墓碑,上写"醉郭墓"三字,供游人凭吊,至于其他,则没有人知道了。

陶然亭第三个名墓,是赛金花坟。不过这是很晚的事了。赛金花同陶然亭有些关系:一是樊增祥所写的《彩云曲》的石刻,原来一直是镌在陶然亭西部敞轩的墙上;二是赛金花晚年,生活潦倒,在离开陶然亭没有多少路,天桥西面的陋巷破屋中,住了不少年;三是赛金花死后,后来由做过大汉奸的潘毓桂出面理丧,给她埋在陶然亭下,香冢东面的一块荒坟地上,做了坟,立了一通人造金刚石的碑,上面题字曰"魏赵灵飞之墓",字是张伯英写的,抑是张海若写的,就记不清楚了。

陶然亭的这三座名墓,早就没有了。在陶然亭畔的许多坟墓中,还有一座与先生稍有关系的,那就是"石评梅墓"。石评梅是山西人,也是先生在女师大教书时的学生。先生一九二六年八月二十六日离开北京时,她也曾到车站来送行。这天的日记云:

子佩来,钦文来,同为押行李至车站。三时至车站,淑卿、季市、有麟、仲芸、高歌、沸声、培良、璇卿、云章、晶清、评梅来送,秋芳亦来,四时二十五分发北京……

　　石评梅当时也是很有前途的一位女作家,可惜去世很早。去世后,她的亲属也把她葬在陶然亭的东北面,并立了一个墓碑,离开陶然亭较远,但在大道边上,去陶然亭,在路上经过时,总能望到她的那个不大的墓碑。后来改建公园,就不知迁葬到哪里去了。

　　"城角人家墟墓间",从康熙年代开始,便是陶然亭的风景特征。足足二百多年,直到五十年代初,才彻底改变了这种面目。

钓鱼台骑驴

先生定居在宫门口西三条之后,这里地址比较偏西,已近西城根,距阜成门很近。阜成门外有个游览的地方,就是钓鱼台。先生一九二五年四月十一日记道:

> 下午同母亲游阜成门外钓鱼台。

一九二六年三月七日又记道:

> 星期。晴。下午小峰来交泉百。季市来,同品青、小峰等九人骑驴同游钓鱼台。

先生在两年中,乘兴游春,连去两次钓鱼台,情绪都很好,尤其第二次,骑驴去钓鱼台,更是十分怡神的了。

按,阜成门外钓鱼台最早原是金代的行宫,名"同乐园",又名"鱼藻池",有股泉水平地涌出,冬夏不竭。元代叫做"玉渊潭",清代之后,这里还有一所行宫。乾嘉之际,清朝封建皇帝一年大部分时间都住在圆明园,每当要进城到先农坛、天坛举行祭礼时,銮驾队伍不进西直门,而是一直往南走,到钓鱼台行宫休息吃饭,然后再起身往南,由彰仪门进城,直接到天坛等处举行典礼,或由阜成门进城回宫,总之这个行宫似乎是一个旅途打尖的地方。行宫外面,有空旷的地方和一片积水,在清代时已成为游赏、玩乐的地方。曼殊震钧《天咫偶闻》云："钓鱼台俗名望海楼，即金代同乐园，又名鱼藻池，今为行宫。每岁中元节日，游人多聚此，名为观河灯，实无灯可观。"富察敦崇《燕京岁时记》道：

> 钓鱼台在阜成门外三里许，有行宫一所，南向。每届重阳，长安少年多于此处赛马，俗称曰"望海楼"。

文后又引《日下旧闻考》云：

> 钓鱼台在三里河西北里许，乃金主游幸处，台前有泉从地涌出，冬夏不竭。元时谓之"玉渊潭"。后为丁氏园地。国朝乾隆二十八年，浚治成湖，以受香山新开引河之水。复于下水建设闸座，湖水全引河水，由三里河达阜成门之护城河。三十九年，始命修建台座，御书"钓鱼台"三字悬之台西面，故凡祗谒西陵及由园致祭天坛时，必于此用早膳焉。台左有养源斋、潇碧亭诸胜。

鲁迅先生去时，这所行宫已经残破。① 当时人们喜欢秋天去，钓鱼台上十分高敞，可供登高眺望。二十年代末所编《民社北平指南》②谈到九月九日"居民率多提壶携榼出郭登高"时，就把钓鱼台列为第一个去处，可见在当时也是十分知名的场所了。

---

① 民国初年，溥仪将颐和园赐予外国师傅英国人庄士敦，同时把钓鱼台行宫一度赐予中国师傅闽人陈宝琛。近承潘渊若老先生见告：陈宝琛在这里请过客，潘老先生其时很年轻，但因为是某巨公的家庭教师，当时仍按旧惯，尊重西席夫子，所以在请某巨公的同时也请了潘。据说当时里面并不残破，稍事打扫，即可宴客看花。鲁迅先生去时是民国十五年，在溥仪出宫二年之后。

② 似应为"民社《北平指南》"。以下不再注明。——编者注

阜成门外的名胜,再早还有真觉寺。《日下旧闻》引《北京岁华记》道:

> 九日集无定所,而阜成门外真觉寺金刚宝座,游人为多。市上卖糕人,颈带吉祥字。霜降后斗鹌鹑,笼于袖中,若捧珍宝。

还有天主堂和郎世宁的墓。邓之诚《骨董琐记》中还记录了墓碑原文,文字是右面汉字,左面拉丁文。汉文云:

> 耶苏会士郎公之墓。乾隆三十一年六月初十日奉旨:西洋人郎世宁,自康熙年间,入值内廷,颇著勤慎,曾赏给三品顶戴,今患病溘逝,念其行走年久,齿近八旬,着照戴进贤之例,加恩给与侍郎衔,并赏内府银三百两,料理丧事,以示优恤,钦此。

先生第二次去钓鱼台,是和朋友们一共九个人骑驴去的。骑驴的事,要由当时的骑驴游山说起。当时北京城里人把出城骑小驴当作一桩十分有趣的娱乐。正月里出阜成门、西便门、广安门骑驴逛白云观;春三月里,在香山脚下骑驴游樱桃沟;秋天在阜成门边骑驴逛西山;在香山脚下,或在西直门外骑驴游香山、看红叶,这都是当年最吸引人的胜游。这种驴叫做"脚驴",城里和城外都有,是那时最廉价的一种交通工具。《光绪都门纪略》中《脚驴诗》云:

一城三里踏沙尘，十个猴头受雇缙。

来往最多天下士，也应驮着作诗人。

"十个猴头"就是十个小钱，价钱是便宜的；雇它的人都是一些穷书生，所以作者以"天下士"作诗人来嘲笑。到了后来，城内交通工具发达，便都退到城外去了。在西郊、北郊尤其是山区一带，还是重要的交通工具；而近城一带，则同时也变成一种娱乐的工具了。民社《北平指南》介绍"脚驴"的情况说：

脚驴：平京（按，即北京）四郊各城关，均有驴户，以供往返乡里之人雇用，其价目每里约需大洋一分。近郊穷苦农民，于农暇时，亦营此业。如遇郊外庙会开放时，虽云利市三倍，较之汽车、马车，终属蝇头小利也。

这种驴，都小得可怜，一抬腿就可跨上去。在和煦的阳光中，沿着阜外的黄土路，蹄声得得，铃声当当，先生们谈笑风生，小驴向钓鱼台小跑着，迎面吹着带有一些黄沙的北京特有的春风，这样的快游，在先生久住北京的十五年多的漫长岁月中，是没有多少次的。

宣南二寺

花事之一

北京,也是一个看花的城市,几百年来,每到春天,花事都是值得称道的。关于北京的花事,先生也是很注意的,在日记中留下一些看花、种花的记载。癸丑(一九一三年)五月五日记道:

> 下午同许季市往崇效寺观牡丹,已颇阑珊,又见恶客纵酒,寺僧又时来周旋,皆极可厌。

同月八日记道:

> 下午与齐寿山往戴芦舲寓,拟同游法源寺,不果。

同月十日又记道:

> 午后以法源寺开释迦文佛降世二千九百四十年纪念大会,因往瞻礼,比至乃甚嚣尘上,不可驻足,便出归寓。

这三条日记都记录了先生当时看花的兴致,只可惜都是乘兴而去,败兴而归。

五月五日,阳历重五,正是先生到北京的一周年,从节令讲,时方谷雨、立夏之交,正是看花的好时候。当时城里中央公园、北海公园都还没有开放,在南城一带,最有名的赏花胜地就是崇效寺和法源寺了。法源寺在南横街七井胡同内法源寺街上,崇效寺在白纸坊西北崇效寺街,离开先生所住的南半截胡同山会邑馆都不远。如去法源寺,出南半截胡同到南横街,往西一拐,不多几步就到,真可以说是近在咫尺。如去崇效寺,那便再往西,经过圣安寺,穿过一条叫枣林前街的陋巷,再斜着落荒过去,就到崇效寺的山门前,大约也不过三里之遥吧。这两座庙,就规模讲,都不是顶大的,崇效寺尤其小,只不过是一座佛院而已。但其名气则远远超过其规模,名气的得来,主要是因为花事:牡丹、海棠、丁香,这些缤纷的春花,把释迦的佛法都压下去了。试翻清代乾嘉以来各家的诗文集,几乎家家集子中都有法源寺、崇效寺看花的诗篇,却没有礼佛的忏文,这便是明证了。如果把这些诗,汇编一下,是会成为一部很大的专集的。先征引一点资料,看看历史上法源寺和崇效寺的花事情况吧。试看《林则徐日记》,嘉庆二十一年四月初六日记道:

> 上午偕兰卿赴文远皋师家,出城后顺途拜客,并到法源寺看丁香、海棠,即回。

同年四月二十一日记道:

> 上午偕兰卿出门拜客,顺[路]到崇效寺观牡丹。

林则徐当时在北京翰林院做庶吉士,住家在虎坊桥粉坊琉璃街,其地在山会邑馆东面约二里之遥,也是昔时所说的"宣南寓客",离这两座庙也不算远,顺途看花,亦可想见冷京官忙中偷闲之乐趣。嘉庆二十一年,是公元一八一六年,去鲁迅先生看花时,早在九十七年之前,举其成数,这在当时,也已是百年前的旧事,可以看出法源寺、崇效寺以花事闻名于都下的历史是多么的悠久了。这些自然都是鲁迅先生早已知之甚稔的,所以兴致勃勃地去观赏了。

昔时的庙,有阔庙和穷庙之分。这两座庙,法源寺是阔庙,崇效寺是穷庙,反映在先生日记中,其不堪处,也就因穷富而异了。一是做大佛事,人太多,不可驻足;一是平日冷落,全靠花期看花人来,得点布施,所以时来周旋,以讨好游客,这都大大地影响了先生的兴致。

法源寺在清代有不少著名文人同它发生过关系,如著名短命诗人黄仲则,就在这庙里住过不少年。洪亮吉《法源寺访黄二病因同看花》诗说道:

> 长安城中一亩花,远在廛西法源寺。
> 故人抱病居西斋,瘦影亭亭日三至。

随后又道:

> 法源寺近称海棠,崇效寺远繁丁香。

这均可见两庙那时花事的情况。其时是乾隆辛丑,即一七八一年,比林则徐看花又早三十五年了。法源寺庙大,香火一直很盛,佛门大法事常在那里举行,如鲁迅先生所记纪念释迦诞生的这样大会能在这里举行,可见它在当时北京几百所寺庙中的地位了。花事也是不断变化的,在黄仲则时以海棠著名的法源寺，到鲁迅先生去时，最值得一看的只是丁香了。它的佛殿也并不雄伟，不过建筑较精致、整齐。院中全是一行行、一丛丛的紫丁香、白丁香，如果是在人少的时候去，在花丛中，透过和煦的阳光，看着飘忽的游蜂，在淡淡香雾中飞来飞去，虽然是在佛寺中，但也感到熏人的春光会像酒一样的香醇。可惜鲁迅先生在举行盛大佛会的时候去，把看花的诗心完全搞乱了。

说到崇效寺，洪亮吉《卷葹阁集》中也有一首崇效寺看花的七古，其中有几句说："门前见树尤绝奇，屋畔无枝不娟好……海棠无言压桃杏，莺声不来空昼永。寻廊万点白参差，恍若银河泻星影。闲心爱看日午花，采色讵似残春葩。"这是二百年前的崇效寺的花事图景，当时是以丁香、海棠著称的，所以诗中有"万点白参差"的描绘。可是后来崇效寺丁香凋零，牡丹葱茂，独以牡丹著称，洪亮吉诗中的旧景，就剩下那句"门前见树尤绝奇"的故国乔木楸树了。楸树开花晚，每当牡丹阑珊的时候，它才缓缓着花。

鲁迅先生去时，那里正是牡丹阑珊、楸树发花的时候吧。崇效寺的牡丹圃，在大殿的西北角上，顶多也不过三分地。由破旧的山门进去，斜穿过正殿前的院子，转过正殿西山墙，就到花圃了。有一两株墨牡丹、一两株淡绿色的牡丹，都是非常名贵的品种，可惜后来培养不善，没有多少年，都进入半枯槁的状态，崇效寺的牡丹渐渐被人们遗忘了。

先生虽然离得近，但却只去过这两回。其后城里中央、北海等公园相继开放，都广植丁香、牡丹、海棠、桃花等春花；稷园花事，渐渐望名遐迩，把南城古老的法源寺、崇效寺的花事代替了。鲁迅先生年年春天的游踪，也多在中央公园茶肆间。来今雨轩边的大片的牡丹畦，堆锦铺绣，其气象远非崇效寺的小小花圃所能比拟了。

龙泉寺简述

　　《鲁迅日记》壬子(一九一二年)十月十五日记有"访游观庆于龙泉寺,不值"一语,这龙泉寺也是宣南名寺,且与近代史极有关系,因略作介绍,附于"宣南二寺"之后。

　　过去在北京南城陶然亭西北两面,地势低洼,聚着一汪水,叫做"野凫潭",春秋两季,常有野鸭子出没,十分廖廓萧索。潭的北面,有一座很大的庙,就是"龙泉寺"。龙泉寺的东面,还有一座庙,叫"龙树寺",以有一棵明代的龙爪槐而著名,和龙泉寺紧邻,中间只隔开一条小胡同。二寺都是文人学士游览的胜地,在各家著作中记载很多。但是只据文献编撰,没有实地调查过的人,常常把这二寺混淆起来。著名的曼殊震钧的《天咫偶闻》中,就把这两座庙弄混了。他记道:

　　　　其北为龙泉寺,又称龙树院,有龙爪槐一株,院以此名。

　　实际"又称龙树院"的是龙树寺,而非龙泉寺。这点李慈铭记得十分清楚。《越缦堂日记补》同治元年九月初九日记云:

　　　　独行至南下洼子游龙泉寺,观壁间石刻唐人所书《金刚经》。进至丈室,观寿山石十六尊者像,赞叹莫名,他日南返,得重建绛跗阁,当力购此归供也。出,访龙树寺,车马甚喧,登看山楼,座客已满,酒肉重午,略一倚栏,啸咏而下。

216

> 将访陶然亭,以夕照渐西,遂返。独饮时丰斋,尽药酿一注
> 子,醺然而归。

据越缦堂所记,可知当时这三处的情况,当时龙泉寺、龙树寺都是十分热闹的。李慈铭是鲁迅先生祖父介孚公的同时人,又是绍兴小同乡,当时还有绍兴名人赵之谦亦在京。李、赵二人互相诋毁,成见极深。同治十年张之洞约潘伯寅大会京都文士于龙树寺,想调解他们二人的矛盾。张致潘函云:

> 四方胜流,尚集都下,不可无一绝大雅集,晚本有此意。
> 陶然亭背窗而置坐,谢公祠不能自携行厨,天宁寺稍远,以
> 龙树寺为佳。

这次胜会就在龙树寺,有二十多人参加,都是一百多年前有名的学者,如发现甲骨文的王懿荣、大经学家孙诒让、大诗人王闿运等;并由无锡秦炳文绘图,湘潭王闿运作诗,南海桂文灿作记留念。这是百年前龙树寺最有名的掌故。

其后数十年,一九一四年一月份,袁世凯因禁章太炎先生,从火车站把太炎先生劫持回来。太炎先生到总统府找袁理论,袁避而不见。太炎先生手持羽扇,以大勋章作扇坠,在总统府承宣处大闹,梁士诒来接待,被先生斥之去。后被陆建章带宪兵警察十余人逼迫,先至军事教练处,后至龙泉寺。袁之警察总监吴炳湘派暗探多人充门房、厨役等监视。幽居龙泉寺之第二日,袁世凯派其子袁克定来送被褥,被先生掷弃怒斥而去。刘禺生《洪宪纪事诗本事笺注》云:

先生移居龙泉寺之翌日，袁抱存亲送锦缎被褥，未面先生。先生觉窗隙有人窥探，牵帷视之，抱存也。入室燃香烟，尽洞其被褥，遥掷户外，曰："将去"！

太炎先生一九一四年二月二十一日家书云：

吴炳湘迁我于龙泉寺，身无长物，不名一钱，仆役饮食，皆制于彼，除出入自由外，与拘禁亦无异趣，"下床畏蛇食畏药"，至此乃实现其事矣。

六月初，太炎先生在龙泉寺进行绝食斗争，"槁饿半月，仅食四餐"。六月十六日由龙泉寺迁至东四本司胡同铁如意轩医院。七月二十四日租定东四北钱粮胡同寓所，迁入新居。《鲁迅日记》甲寅（一九一四年）八月二十二日记云：

午后许季市来，同至钱粮胡同谒章师，朱遏先亦在，坐至旁晚归。

这就是这时的事了。龙泉寺、龙树寺后来都在。一九二九年，如皋冒鹤亭氏尚有《春日独游龙泉寺，遂至龙树院、陶然亭》诗。现在其寺址及房屋尚有存者。

盆梅和花树

花事之二

　　先生多年住在会馆中,山会邑馆的补树书屋,院子里有浓阴荫屋的古槐,却没有花木。一九一九年先生买好八道湾的房子,修好后年底搬了进去,并把老人和家人接了来。同事们可能知道先生非常爱花吧,便送了鲜花来给先生温居。一九二〇年一月十七日记道:

　　晴。上午同僚送桃、梅花八盆。

　　这年阳历一月十七日是旧历十一月底,时交三九,正是冰天雪地的严冬,突然送来这样八盆鲜花,在晴光高照、暖日当窗的时候,在炉火热气熏蒸的暖室中,自然明艳动人,香气四溢,精神为之一爽。先生日记中虽然只是简单的一笔,但当时围炉对花之情景是可以想见的了。

　　人常把松、竹、梅列为岁寒三友,但在北京,这样说却不无问题。北京冬天天冷,松树在户外,自可挺霜傲雪,苍劲依然;大毛竹在北京不能生长,小丛竹在户外还勉强可以过冬;独有梅花,在北京如种在户外,是无法过冬的。多少有心人,想弥补这一缺欠,辛辛苦苦从江南运来树苗,精心培育,把它种在房中地上,号曰"燕梅",后来也还是失败了。词人张丛碧也下过这番工夫,在《凄凉犯》一词小序中说:"故都寒冱,梅种难活。去岁江南归来，载取四株，种植庭前，只活一本，纸窗草荐，勤加护持。"而那一本，后来大概也是九死一生，徒劳无功了。说来很简单，就是梅花开花时，在江南正是春节前后，腊梅还早一些，头、二九就可开花，而这时北京地还冻着，冻土一般在二尺多厚，平均温度再暖也在零下五度左右，因此在这种条件之下，在户外无论如何是没有办法种梅花的。鲁迅先生迁居时，人家送给他的八盆桃花和梅花，都是在花窖子里熏培的，即所谓的"唐花"或"莳花"。

当时北京城里花铺、俗名花厂子很多，冬天卖的梅花、碧桃、山茶、迎春、水仙、兰花、金橘，以及后来外国人需要的一品红、小雪松等等，样样都有。他们卖出来的梅花，一般都是接枝的。都是在春天把梅桩上的嫩条剪下来，再用插枝法嫁接到从山里掘来的小株山刺梅等树根上，再把嫩条弯成各种弧形，蟠来蟠去，一入冬，就放在花窖中熏培，等到一过冬至，就陆续上市，枝上花蕾很多，含苞待放。虽说都是龚定盦《病梅馆记》中所说的那种"病梅"，但初买来时，第一个冬天却开得十分烂漫；养到隔年，第二冬只能开三五朵，第三冬自然就更少得可怜了。这倒不是因为一般人不会培育，主要是因为它的根源本不是梅花。当时在花铺中自然也能买到真正的盆栽梅桩，但那价钱比一般盆梅要贵出好几倍。而一般送礼的梅花、碧桃，则都是嫁接熏培的，又好看，价钱又不贵，送给人家，在寒冬腊月中，顿添无限生气，这正是花厂子的生意经。

北京过去花农都在丰台一带，其熏培唐花的技术，远自宋时武林，后来是从明代就传下来的。《日下旧闻》引陆启浤《北京岁华记》道：

腊月束梅于盎，匿地下五尺许，更深三尺，用马通燃火，使地微温,梅渐放白,用纸笼之,鬻于市。小桃、郁李、迎春皆然。

王渔洋《香祖笔记》记道:

> 宋时武林马塍藏花之法,纸糊密室,凿地作坎,覆竹,置花其下,粪土以牛溲硫黄,然后置沸汤于坎中,候汤气熏蒸则扇之,经宿则花放,今京师园丁亦然。

他在《居易录》中又说:

> 京师冬月,养花者多鬻牡丹、芍药、红白梅、碧桃、探春诸花于庙市,其法置花树于暖室地炕,以火逼之。

以上这几则都是那时北京唐花的资料,人家送鲁迅先生的桃花、梅花就是这样培植出来的。王渔洋说得有些神奇不清,而所说冬月芍药也不实。因为玫瑰和芍药二花,不能熏培,一定要等到春天按季节开花。所以富察敦崇《燕京岁时记》中说:"是二花者,最为应序,虽加燃煴之力,不能易候而开,是亦花中之强项令矣。"渔洋老人所记,未注意到这点,是欠细致了。按,早年在丰台农村所见的花窖子大体是这样:方向一律面南偏东,后面土坯厚墙,顺墙挖沟,留好火道,上面垫土,做成台阶一样的坎,在上面分层培植。棚顶用高粱秸,上面再抹泥,后低前高,一可多取阳光,二可减少风势。那时玻璃贵,花农自然用不起。前面朝阳一面,柱子间,一律用高粱秸扎成窗棂,全部糊旧帐纸。两面山墙上留门,一头砌有地灶,生火,热气经过火道,由另一头烟囱出去。装火的一头,埋有大粪缸、水缸。粪缸无盖,气味外熏。顺土坎所种植的各种花苗、菜苗,根部不少都培着干马粪。冬天到花洞子中去,一拉草门,便迎面扑来一股热气,混合着花香、粪味、青草气、泥土气的一种特有味道,里面自是温暖如春,枝叶扶疏,似乎有点进入童话世界的境界了。

冬天鲜花出窖,搬运进城上市时,要放在特别的里面用东昌纸糊好的大柳条篓中,口上再盖上棉被,这样鲜花在路上才不会冻坏。

丰台一带花农培育出来的盆花、草花、树苗等等,都要在城里的花铺出售。当时东城隆福寺、西城护国寺的花厂子最大,富察敦崇《燕京岁时记》说:"两庙花厂尤为雅观,春日以果木为胜,夏日以茉莉为胜,秋日以桂菊为胜,冬日以水仙为胜。"这些花厂出售各种鲜花、盆花;春天还包种各种花木,给人家包种花木是笔大生意。鲁迅先生买好八道湾房子后也种过不少丁香、榆叶梅之类的花树。一九二四年四月盲诗人爱罗先珂回国,濒行正是种树季节,还在八道湾种了一株棘梅以留纪念。这些花树,该是相隔不远的护国寺花厂所种的吧。

先生后来搬到西三条,也还种了不少花木。一九二五年四月三日记道:

> 云松阁李庆裕来议种花树。

同月五日记云:

> 云松阁来种树,计紫、白丁香各二,碧桃一,花椒、刺梅、榆梅各二,青杨三。

222

五十多年过去了,这些花树昔年如果未被砍伐,应该早已亭亭如盖了吧! 每到春来,缤纷烂漫,枝叶扶疏,一派朝阳照耀下,先生的精神音容,也是永驻其间的了。

中央公园

　　在北京的风景名胜中,鲁迅先生去的次数最多的,恐怕要数中央公园了吧? 有的时期,甚至于是天天去,如一九二六年七月间与齐寿山先生合译《小约翰》时,就是每天到中央公园译书的。七月六日记云:

　　下午往中央公园,与齐寿山开始译书。

　　七日、八日及以后一些日子里,都记着"下午往公园"或"午后往公园"。那时北京有个习惯,即在口语中,说"公园"就指中山公园,而说到北海公园时,则只说"北海",那"公园"二字照例省略。这样二者也不会混淆了。不过这里还有一个问题,即鲁迅先生日记中,一律记作"中央公园"。如一九二九年五月由上海回北京(那时已叫北平),二十日记云:

　　赴中央公园贺李秉中结婚,赠以花绸一丈,遇刘叔雅。

　　二十四日又记:

　　上午郝荫潭、杨慧修、冯至、陈炜谟来,午同至中央公园午餐。

这里记的都是"中央公园"。同一时期,而《两地书》所收五月二十三日许广平信中则云:"李执中君五月二十日在北平中山公园来今雨轩结婚,喜柬今天寄到了。"这里又写中山公园。这就说明这时已改名为"中山公园"了。而鲁迅先生还习惯民国初年的旧叫法,所以一直写作"中央公园"。如有人要编写北京的公园史,以出售门票,向广大市民开放,任人参观为公园的标准,那么万生园是第一所公园,中央公园就是第二所公园了。

在《鲁迅日记》中,有关中央公园的记录是很早的。乙卯(一九一五年)八月七日记云:

> 前代宋子佩乞吴雷川作族谱序,雷川又以托白振民,文成,酬二十元,并不受,约以宴饮尽之,晚乃会于中央公园,就闽菜馆夕餐,又约季市、稻孙、维忱,共六人。

这则日记,距今已六十六年,自然公园的筹建和开放,又在这则记载之前了。公园筹建开放时,因其地处北京中心,又是首善之区的公园,所以名为"中央公园"。民国十四年中山先生逝世,在公园大殿开追悼会。后南京紫金山陵园修成,总理奉安追悼会也在公园大殿举行,因此改中央公园为中山公园,名大殿为"中山堂"。而在筹建公园之前,这里原是封建时代的社稷坛。所以改为公园之后,一般好古之士又称之为"稷园"。

这里的环境现在大大不同了。鲁迅先生去公园的时候,还是北京有"皇城"的时代,即在内城里面,还有一套皇城。不是现在还有东西皇城根的地名吗?那就是皇城的遗址。皇城在天安门前伸出很长的一条引路,其南端是明代的大明门,清代的大清门,辛亥后叫中华门。这是象征"国门"的门,也就是皇城正南面

225

的正门。从中华门笔直走到天安门，天安门座北面南，其左面是太庙，其右面是社稷坛。当年这两处南面都没有门，都是一派红墙，其门都在天安门里面，都是起脊殿宇宫阙式门庭，太庙门向西开，社稷坛门向东开。南端有"社稷街门"五楹，北面有"社稷左门"三楹。这里原是明清两代祭社稷的地方；园中心五色土即"社稷坛"，是国家政权的象征。辛亥后，民国改元，共和体制建立，再不祭社稷，这里就闲置了。

辛亥革命之后，按照南北军代表会同订立的《清皇室优待条例》，宣统等人应该迁移到颐和园居住。可是一直拖延着没有实行。因之皇城内、天安门里面仍为禁区，一般人还不能进去。民国二年（一九一三）三月，光绪女人隆裕太后叶赫那拉氏（西太后侄女，死时名义上是溥仪嫡母）死了，在太和殿停灵，大出殡，一帮当权的遗老和袁世凯之流，说她对民国有"让国之德"，便要北京市民入内自由参拜。这时任职交通总长的贵州朱启钤氏，担任丧事的照料指挥事宜，入天安门里面及太庙、社稷坛两处巡视，觉得社稷坛内古柏参天，地点适中，不加利用，十分可惜，便想把这里改建为公园。这一年冬天，朱氏调为内务总长，正赶上不久热河避暑山庄古物运到北京，无处安置，朱氏便和清宫内务府交涉，将三大殿以南划归北洋政府管理，清宫的人不再走前面，只从后面神武门出入。这样在朱启钤氏的倡导下，联合了北洋政府的一些官僚，于一九一四年秋天，就筹备开办改社稷坛为公园的事了。

社稷坛未改为公园之前，是个什么样子呢？原来全园的建筑物是很少的。中心是五色坛，五色土是中黄、东青、南赤、西白、北黑，土在清代是由河北省涿、霸二州（今涿县、霸县），房山、东安二县按例每年运一些到太常寺（清机关名）备用。土中心埋

226

一斜顶方石曰"社主"。坛北为"拜殿"，即现在的中山堂。堂北为"戟门"，在清代列戟七十二枝；开辟为公园后，这里改成通俗图书馆，戟则不知何处去了。《鲁迅日记》丁巳（一九一七年）八月二十一日记云："晨小雨。公园内图书阅览所开始，乃往视之。"说的就是这里。另外是后面的"祭祈御道"。清代祭社稷，皇帝出午门右转，出阙右门，由御道入坛北戟门至拜殿前行礼，是由北往南来，不是由南往北，所以拜殿盖在坛北。当年公园西南角，即现在水榭、长廊、假山一带，是用高墙围起来，坛户（看守社稷坛的世袭人员）养牛羊的地方。可以说在当时这里是紫禁城边上的一个死角。那时除此之外，其他什么也没有，只剩下郁郁苍苍经历了元、明、清三代的老槐和柏林了。《中央公园二十五周年纪念册》记开创之前的情况说：

> 稷坛古柏参天，废置既逾期年，遍地榛莽，间种苜蓿，以饲羊豕。其西南部分则为坛户饲养牛羊及他种畜类，渤溇凌杂，尤为荒秽不堪。

从这一小段记载中，可以想见当时的荒芜情况。中央公园开创于一九一四年九月间，先在南墙上，对着天安门右侧金水河上的石桥开一园门，同时太庙也开一假门，两面对称。开门后，即由大门开了一条石碴引路，先往北再往西至社稷坛南门，又修了一条环坛的马路，可以绕着坛墙在柏林中走一圈。那时九月间开门修路，于十月十日即正式开放，其间只用了一个月的时间，也可以说是很快了。刚开放的那些日子里，虽然柏林中还多是草莽瓦砾，没有后来的风景宜人，但当时还保存了社稷坛的老样子。

正在社稷坛开辟为公园的同时,也是朱启钤氏与清宫交涉、接管三大殿、在武英殿开办"古物陈列所"的时候,《鲁迅日记》甲寅(一九一四年)十月二十四日记云:

> 下午与许仲南、季市游武英殿古物陈列所,殆如骨董店耳。

当时教育部社教司和内务部在关于处理古物以及其他工作职权上有混淆的地方,如热河文津阁《四库全书》运到北京时,两个部就同时去取过,教育部要送到京师大学堂,内务部先走一步,领了来存到故宫文华殿。一九一二年教育部就计划改天坛为公园,这些事在《鲁迅日记》中均有记载。中央公园开办之初,属于董事会性质,段祺瑞、汤化龙、梁士诒等总理、官僚、财阀等都捐过钱,因而不算官办,一切事情都由董事会决定(过去园门内墙上有董事姓名刻石)。朱启钤氏自始至终是董事会会长,他当时有势力,又有钱,又精研古代园林建筑,是后来营造学会的会长,所以中央公园后来的各项土木建设,基本上都是朱氏亲自主持的。关于中山公园修建的历史,可说者甚多,这里且不作过详细的介绍,只约略提到一些。在开放后,其新建的建筑,主要是东面的行健会、来今雨轩、董事会、投壶亭、六方亭等,西南是水榭、唐花坞,西北是春明馆、绘影楼、上林春,属于前面全园范围的是进门后、向东西两面连接的长廊,东面直通到来今雨轩,西面则往南通到水榭,往西往北通到唐花坞、绘影楼。这些建筑的木料,主要拆除中华门里、东西两面千步廊的木料而改建的。

在这些建筑物中,值得一提的有这样几项:一是兰亭碑亭。过去圆明园中有八柱《兰亭》刻石及碑,其碑一面刻乾隆题诗,一面刻《兰亭修禊图》。修建中山公园,从圆明园废址中运取修假山的云片石时,将此碑运至公园,在绘影楼前建屋陈列,这是中山公园中著名的圆明园旧物之一。二是"青云片石",原为圆明园时赏斋前物,有乾隆御笔"青云片"三大字及御题诗八首,后运到公园,陈列于来今雨轩之西。除此之外,尚有"搴芝"、"绘月"、"青莲朵"等石,亦均系圆明园旧物,均有乾隆题字。三是进大门后迎面之汉白玉蓝瓦牌坊,旧名"克林德碑",后改名为"公理战胜坊"。一九〇二年庚子义和团在北京时,德国总领事克林德被拳民在东单牌楼北面打死。其后侵略者逼着清室签订了丧权辱国的《辛丑条约》后,应德国人之要求,在东单北克林德被打死的地方,建了一座纪念牌楼。这座牌楼全部用京西房山出的汉白玉石料建造,上覆蓝色琉璃瓦,在艺术造型上是很好的。一九一八年欧战后,巴黎和会,中国也是战胜国。便把克林德纪念坊拆迁于公园中,改名为"公理战胜坊",上刻"公理战胜"四字横匾。民国八年夏天迁建时,由参战督办段祺瑞亲自主持奠基典礼,参、众两议院议员及各国公使都来参加,大有群魔乱舞之势。当时公园还有一个特殊的东西,就是"监狱出品陈列处"。《中央公园纪念册》记云:"民国八年由司法部主办,就坛内图书馆右后方建造琉璃顶西式廊房七间,陈列京师第一、第二监狱手工出品,并随时售卖。"当时鲁迅先生友人宋紫佩同这种机构有关系,所以先生买了不少这里的东西。己未(一九一九年)七月二十三日记云:

往中央公园观监狱出品展览会,买蓝格毛巾一打,券三元。

八月四日记着"午后托子佩买家具十九件,见泉四十"。这也是右安门自新路京师第一监狱的出品。过去听说,这批家具都是榆木做的很结实笨重的家具,包括大床、写字台,平均只合二元多一件,的确是物美价廉的。有一张写字台,六十年代初我见还放在八道湾苦雨斋的外屋中,大概现在也还在吧。

中山公园自从开放之后,就是北京人游赏的中心。尤其是后来盖了不少商业用房,开了许多饭馆茶座,更成了京华人士聚会的胜地了。这些,我在前面章节中都已说过,这里不再重复了。但需要特别说一下公园其他的好处。中山公园之可贵处,我感到一在于它的老树,二在于它的名花。

公园著名茶室春明馆过去挂着一副泰山石经体的大六言联,文云:"名园别有天地;老树不知岁时。"可见名园之所以"名",全因有不知岁时之老树。这一点是外地公园无法比拟的。中山公园的老树是柏、槐、榆三种,最多为柏,一九三八年统计,共九百零九株;古槐二十三株,古榆十三株。古柏围径超过一丈者有一百五六十株,其中最大者周径至一丈八九尺。公园所在地,是元代大都城正南面丽正门的右侧,不少树都是元以前的遗物。如社稷坛南门外的大柏树,共四株,树围都超过一丈九尺;以树木年轮推算,都是金元二朝的旧物,年龄都在七百年以上了。再有来今雨轩东西社稷街门左右两侧的古槐,树围一丈四五,仍极葱茏茂盛,也是四五百年的古物。乾隆时,钱载(箨石)有《社稷坛双树歌》,说什么"晓趋阙石陪祀坛,礼毕巽隅观古树"等等,所说"巽隅",就是东南角,吟的就是这两棵槐树。许钦文先生曾著文记和鲁迅先生在来今雨轩吃茶、吃包子的事,自然也正是在这绿森森的槐荫下流连光景了。

第二,中山公园的花是几十年中在北京享有盛名的,所谓

"稷园花事",单纯中山公园的花,就可以编一部很好的"花木志"。公园的花以种类分,是数不胜数的。以培育的形式来看,有花圃、花台、花畦、唐花(即专门养在温室唐花坞中的花,也可叫莳花)、盆花等等。在这些姹紫嫣红的百花中,究竟以什么为主呢?我感到中山公园最重要的花是丁香、牡丹、芍药,这三者是中山公园花事的台柱子。丁香最盛时有七百余株,着花时,真不亚于苏州邓尉山的香雪海了。牡丹和芍药都养在花池(实是花圃)和花坛中,共一百一十六方。每一个池或坛中,都培育了数十株。不但株数多,而且品种繁多。牡丹有:烟笼紫珠盘、墨撒金(以上黑色),姚黄、御衣黄、黄气球(以上黄色),娇容三变、豆绿、绿玉(以上绿色),昆山夜光、清心白、白玉、宋白(以上白色),葛巾、魏紫、墨魁(以上紫色),大红剪绒、状元红、丹炉焰、掌花案、胡红、秦红(以上红色),水罩红石、海棠擎润、醉仙桃、观音面、醉杨妃、赵粉、大金粉、瑶池春(以上粉红色),二乔(红白色),蓝田玉、藕丝魁(以上蓝紫色)。芍药有:金带围(上下瓣粉红,中间有数十黄瓣),御袍黄(黄色),醉西施、南红、观音面(以上粉红色),迟芍、傻白、香妃(以上白色),胭脂点玉(白色有红点),凝香英、瑞莲红、紫都胜、紫芍(以上紫色)。单看这些洋洋大观的花名,能不叹为观止吗?

其中金带围,是一九一九年曾任朝鲜釜山领事的辛宝慈和园董贺雪航等人从釜山中国领事馆移归的。据说在釜山时,花开得特别大,和宋人笔记所记著名的扬州金带围品种相同。移植在中山公园,虽然着花没有传说的那样大,但也是当时北京独一无二的名贵品种了。

牡丹、芍药开放时,都在农历谷雨节前后。《鲁迅日记》戊午(一九一八年)六月一日记云:

午在第一春饭。午后游公园,遇小风雨,急归已霁。

这则日记,先生未写明是看花,但可想象先生是为看花去的,可惜为"小风雨"所误,难免有"更能消几番风雨,匆匆春又归去"之感了。一九二九年五月底,先生回北京探望鲁老太太,五月二十五日写给夫人许广平的信中说:

中央公园昨天是开放的,但到下午为止,游人不多,风景大略如旧,芍药已开过,将谢了,此外则"公理战胜"的牌坊上,添了许多蓝地白字的标语。

这是先生最后一次看中山公园的芍药。"芍药已开过,将谢了",虽然短短的一句话,而字里行间,包含着多么深厚的眷恋之情?稷园花事年年发,红药古槐仰昔贤。从此先生再没有看过中山公园的春花,后人只能于中山公园春花烂漫时,思想先生当年看花时的音容笑貌了。

西山点滴

北京的地势，在西面、北面基本上都是山，东面、南面都是平原。西面、北面的山连得很远，燕山山脉直连太行。因为是一千多年来都城的关系，所以邻近北京的山中，名蓝胜迹，是数也数不清的。而且这些山峦中，还有得天独厚的地方，就是地下水脉充足，不但有像玉泉山"天下第一泉"那样充沛的、足以汇成汅淩沂和昆明湖（最早叫西湖）的水源，而且还有不少温泉，如小汤山温泉、潭柘寺龙潭等。地下水脉足，而且还有温泉水脉，所以地上草木也长得特别葱茂。虽然燕山北地比较高寒，而许多植物长的像江南一样，不但松柏苍翠，果树成林，就连北方很少见的竹子，在西山也是不稀奇的，有成片成片的森森的竹林。蒋一葵《长安客话》中"碧云寺"一条，记竹林风景云：

> 卓锡泉傍一柳累累若负瘿，形甚丑拙，众呼为瘿柳。柳左堂三楹，宸题"水天一色"。前临荷沼，沼南修竹成林，疏疏潇碧，泉由竹间流出。岩下琢石为屋，正对竹林。即炎日，飒飒生寒云。

再有"先有潭柘，后有幽州"的著名的潭柘寺，也是建在山中的古寺，那里有著名的"金镶玉"竹林，今天仍然长得很茂盛。鲁迅先生住在北京的年代里，正是香山、玉泉山、西山八大处，罗睺岭戒坛、潭柘二寺，妙峰山朝山进香，春天看花，夏天避暑，秋天看红叶,冬天赏雪,一年四时游侣不断的时候,说也奇怪,鲁迅先生在北京十五年中,却没有去游览过,连秋天骑小驴到香山看红叶似乎也未去过。而先生之去西山,却是因为另外的原因。一九二一年五月二十四日记云:

> 上午齐寿山来,同往香山碧云寺,下午回。浴。

这是去游山吗?自然去到碧云寺,也要游览一番,但主要目的不是为了游山去的。

接着二十七日记云:

> 清晨携工往西山碧云寺为二弟整理所租屋,午后回,经海甸停饮,大醉。

六月二日记云:

> 下午送二弟往碧云寺,三弟、丰一俱去,晚归。夜雨。

从这些记载中,可以看明白,先生去碧云寺,是送病人去养病的。在六月、七月、八月这几个月中,鲁迅先生去了八九次碧云寺。在七月间,鲁老太太还去住了几天。七月四日记云:"晨母亲往香山。"七月十日记云:

> 晨往香山碧云寺视二弟。下午季市亦来游,傍晚与母亲及丰乘其汽车回家。

在先生的日记中，有时写"西山"，有时写"香山"，按小范围说，自然应该写作香山才是，因为说西山是专指"西山八大处"而言。但按大范围广义地来说，北京西面的山都可以叫做"西山"。《长安客话》的"西山"条下，就注明曰"诸山总称"，文中写道：

> 西山春夏之交，晴云碧树，花气鸟声，秋则乱叶飘丹，冬则积雪凝素，种种奇致，皆足赏心，而雪景尤胜。故京师八景，一曰"西山霁雪"。

这八景之一的"西山霁雪"的石碑，直到现在还竖立在香山公园内。所以把香山叫做西山，是一点也不错的。

碧云寺在香山脚下，依香山东麓的坡势而建。寺最早创建于元代，名碧云庵。明朝宠信宦官，正德的御马太监于经在这里修了生圹，也扩建了碧云寺，所以又称为"于公寺"。嘉靖时于死于狱中，自然不会埋在这么好的地方。其后天启时，魏忠贤也看上这个好地方，又在这里修他的生圹。崇祯登极，阉寺魏忠贤不得好死，自然又没有埋在碧云寺，但他那个墓当年是很大的。谈迁《北游录》记云：

> 出园问司礼于经墓。经正德间大珰。预治葬，立寺赐敕。土木极一时。冀邀宸幸。

又记云：

> 魏忠贤犯殊死，不余寸骨，见其墓骇之。僧曰：忠贤名下苏应宣尝被掠至建州，从清人入燕，立忠贤虚冢。

谈迁的记载,可以告诉我们两点:一是碧云寺的确是在于经时修得规模宏大起来的;二是魏忠贤的爪牙在投降了敌人之后,回到北京,还要给这个不知残杀了多少仁人志士的大珰立虚冢,也就是做假坟,这是很足以令人深思的了。

碧云寺建筑宏伟,风景秀丽,所谓"金碧鲜妍,宛一天界";又道"碧云鲜,香山古,碧云精洁,香山魁恢"。这是明代的景象,可以想见其规模了。清代乾隆十三年(一七四八)又修了金刚宝座塔和罗汉堂。金刚宝座塔原是印度菩提迦叶城在释迦牟尼悟道处建的浮屠。其后世界各地仿照这种造型建的塔,尽管规模大小不同,但都称"金刚宝座塔"。碧云寺这座,建得特别讲究,坐西朝东,全部汉白玉石砌成,全高十余丈,是一座造型精美、艺术价值很高的建筑物。其罗汉堂是仿杭州净慈寺的罗汉堂建的,"田"字型,供有五百零八尊罗汉像。

鲁迅先生去时,下距中山先生去世还有好几年,那时自然没有中山先生衣冠冢、纪念堂。当时庙院很大,有些房子,租给盖不起别墅也住不起香山饭店、甘露旅馆的中上层人士居住休养。那时一级阔人在香山都有别墅,如徐世昌、梁士诒之流;临时来的阔人,住香山饭店;等而下之,在庙里租房休养,也很不错了。《鲁迅日记》六月二日记着"下午送二弟往碧云寺",九月二十一日记着"夜二弟自西山归"。其时间是足足三个月又二十天了。这期间的情况,在《雨天的书》一书中,收有六篇写给孙伏园的《山中杂信》,第一封写于一九二一年六月五日,最后一封信尾写着"九月三日,在西山"。日期和地点,都是非常切实的了。在第二封信中写当时的居住情况云:

近日天气渐热,到山里来往的人也渐多了。对面的那

236

三间屋,已于前日租去,大约日内就有人搬来。般若堂两旁的厢房,本是"十方堂",这块大木牌还挂在我的门口。但现在都已租给人住,以后有游方僧来,除了请到罗汉堂去打坐以外,没有别的地方可以挂单了。

这是和鲁迅先生日记中所记同时期的情况。隔了足足四十一二年之后,《知堂回想录》中又回忆"西山养病"的房屋道:

我于六月二日搬到西山碧云寺里,所租的屋即在山门里边的东偏,是三间西房,位置在高台上面,西墙外是直临溪谷,前面隔着一条走路,就是一个很高的石台阶,走到寺外边去。这般若堂大概以前是和尚们"挂单"的地方,那里东西两排的厢房原来是"十方堂",这块大木牌还挂在我的门口,但现在都已租给人住,此后如有游方僧到来,除了请到罗汉堂去打坐以外,已经没有地方可以安顿他们了。我把那西厢房一大统间布置起来,分作三部分,中间是出入口,北头作为卧室,摆一顶桌子算是书房了,南头给用人王鹤招住。后来有一个时期,母亲带了她的孩子也来山上玩了一个星期,就腾出来暂时让给她用了。

这四十年以后的回忆,和当时的记载来对照,除去有些重复的地方而外,房屋的情况倒写清楚了。那是三间一通没有隔扇的西厢房。这山中庙里的三间西房,租金比起城里的房子要贵得多。《鲁迅日记》七月十八日记云:

碧云寺房租五十。

八月份未记付房租。九月十七日又记云:

　　付碧云寺房泉五十。

　　不算六月和八月,也已足足付了一百元,当时这一百元,足可买五十袋面粉。城里租房,一般很好的大北屋,每间每月也不过四五元。这和尚庙里的房租,差不多要高出城里三倍。也可想见当时租房休养的人多,空房是多么吃香了。

　　鲁迅先生自此以后,在北京居住时,再没有到西山一带游览过。只是一九二九年五月间先生回京探亲时,坐汽车到磨石山西山病院看过一次韦素园的病,在病院中盘桓了半天,于下午三时匆匆而去,自此,便和西山挥手永别了。几度匆匆,都不是特地到西山来游览,所见自非全貌,不过是点滴而已。西山不老,浮云来去,空使后人无限怀念耳。

生活杂撷

会　馆

鲁迅先生壬子(一九一二年)五月五日第一天到京,日记
记云:

> 约七时抵北京,宿长发店。夜至山会邑馆访许铭伯先
> 生,得《越中先贤祠目》一册。

第二天六日记云:"上午移入山会邑馆。"自此而后,就一直
在会馆中住着,一直住到己未(一九一九年)十一月二十一日,
记云:

> 上午与二弟眷属俱移入八道湾宅。

这样先生在会馆中足足住了七年半之久。会馆是一种什么
地方呢? 住会馆要不要出房钱呢? 什么样的人、凭什么资格才
能住会馆呢? 凡此等等,在数十年之前不成问题的事,由于时代
久远,历史变化,制度改革,风俗迁异,都已成为问题了。为此在
这里想把会馆的形成和居住情况当作谈资约略谈一谈。

先简单地回答一下上面三个问题:

其一,会馆是北京以外某省、某府、某县在北京的类似招待
所和集会场所的地方;

其二,住在会馆中,不管是短期还是长期,一律不收费用,只

按时、按节给负责看管会馆的人—长班赏钱;

其三,某地在北京做小官或等候分配以及等候考试的人,只要有同乡人介绍,会馆中有空房,就可以搬进去居住。

北京辽、金、元三朝不说,即从明代永乐年算起,到辛亥之后北洋政府时期,前后作了五百多年首都。在废科举之前,全国各地的举人都要到北京来考试,会进士;考中或考不中,都有可能在北京担任中枢各衙门的官吏,这些人有时流动性较大,而且因同乡的关系,有时要聚会议事,这样便都要有居住和议事的场所,因此除去私人住宅和旅店以及借住寺庙之外,又出现了会馆的组织,这都是适应当时的客观需要而出现的。自从什么时候开始出现会馆,史籍上没有十分明确的记载,但估计是从明代中叶就开始的。明代沈德符《野获编》云:

> 京师五方所聚,其乡各有会馆,为初至居停,相沿甚便。

刘侗《帝京景物略》云:

> 会馆之设于都中,古无有也。始嘉隆间,盖都中流寓十士者,四方日至,不可以户编而数。凡之也,用建会馆,士绅是至。

按,会馆的设立,最早的目的就是免费招待本省、本府县到京参加会试的举人们居住,以便使他们节约旅店钱。因为那时各省举人到北京参加会试,路费是国家出,叫做"公车",而到京住宿、伙食,国家不管,当时参加会试,由报到、入场考试,一直等到发榜,为期很长,住在旅店中,开支很大,因此在京的同乡官吏便筹设会馆,以招待自己家乡来京会试的举子,使他们节约开支,便于准备考试。所以叫"会馆",意思大概就是"会试举子的客馆"。当时同乡人也利用这个场所聚会,但"会馆"的意思,却不完全是"聚会之馆"的意思。这在清初汪由敦《松泉诗文集》中有一文说得清楚:

> 京师为万方辐辏之地……遇会试期,则鼓箧桥门,计偕南省,恒数千计。而投牒选部需次待除者,月乘岁积。于是,寄庑就舍,迁徙靡常,炊珠薪桂之叹,盖伊昔已然矣。时则有置室宇以招徕其乡人者,大或合省,小或郡邑,区之曰"会馆"。

这种会馆,在清代经过康熙朝六十来年的相对稳定时期之后,全国各地交通畅通,经济稍舒,各省到京的人更加频繁,会馆也就很快增多了。乾嘉时汪启淑《水曹清暇录》中记道:

> 数十年来,各省争建会馆,甚至大县亦建一馆,以至外城房屋地基,价值腾贵。

这样在清代中叶之后,各地在京会馆达到一个鼎盛的时期。宣武门外骡马市大街两旁的大小胡同中,东及虎坊桥一带,都是全国各省、各府、各县的大小会馆,虽无确切数字,但据徐珂《清稗类钞》统计:"或省设一所,或府设一所,或县设一所,大都视各地京官之多寡贫富而建设之,大小凡四百余所。"

会馆的房子,是花钱买的。这笔经费从哪里出,那是很复杂的。大体是各省、各府都有人在北京做京官,这些人中有知名之士出来倡议，再找一些同乡相帮，提议筹建会馆，先筹集经费，或由同乡中的京官、外官募捐，或挪用家乡地方上某种款项，筹好经费，然后买房、修缮，由同乡中在京资望最高、官最大的人主持挂匾，正式开馆，这便成为公认的某地的会馆了。这所房屋的产权，也就变成某地的地方公产，其产权的文书契纸，则由同乡公议，由某人负责保存。平日会馆由长班(即门房仆役)负责看管、联系。这里举几则当年林则徐买虎坊桥福州新馆时的日记，以见买屋建馆的概况：

嘉庆二十一年三月十六日记云：

上午偕同乡诸人往虎坊桥董宅，议买房屋为福州新馆，即于是日成议。

同月二十八日记云：

未刻至福州会馆，公议新馆款项，戌刻回。

四月十二日记云：

早晨赴万隆号，备福州新馆屋价。

同月十三日记云：

往董秋渔比部家，偕诸同人成福州新馆屋券。

从这四则日记中，可以看出当时购买虎坊桥福州新馆的经过。福州在北京原来就有会馆，那是从明代就传下来的。馆中正屋名燕誉堂，有明代名臣叶向高的联语：

> 万里海天臣子；一堂桑梓弟兄。

在封建时代，这对仗是十分得体的。立福州新馆时，林则徐在翰林馆任庶吉士，正在飞黄腾达的前夕，一时福州做京官的人很多，如李兰卿、郑心田、梁章钜等，都是知名之士，所以这些人在林则徐的倡导主持之下，又筹建了福州新馆。自此之后，福州一地在北京就有两所大会馆了。

鲁迅先生在北京住会馆时，绍兴也有两所会馆，都很有名。本来绍兴在明清两代，文风最盛，鼎甲兴旺，知名之士，代有传人。即以清代后期而论，如李慈铭、章学诚、赵之谦等等，一时在京的绍兴大名士，数也数不清。所以绍兴在北京买会馆的条件，是绝不亚于福州的。那时绍兴建制是府，府城中首县是山阴、会稽，鲁迅先生住的那个菜市口南半截胡同路西的绍兴会馆，清代正式馆名是"山会邑馆"，当年挂在大门上的魏龙藏写的大匾就是这四个字。绍兴府另一会馆，在虎坊桥，馆名"越中先贤祠"，又名"浙绍乡祠"，那在当时，是北京规模宏大，有数的几家著名大会馆之一。馆中有大院子、大戏台，经常借与人演戏宴客。清人《都门竹枝词》云：

> 谨詹帖子印千张，浙绍乡祠禄寿堂。
> 客散归家开发帐，才知原是空头忙。

能招待上千的客人，可以想见浙绍乡祠的规模了。林则徐日记中也记到不少嘉庆年间浙绍乡祠的情况。如嘉庆二十一年正月二十二日记云：

> 郑心田招往浙绍乡祠观剧，赴之。

同月三十日记云：

> 福建通省同乡在浙绍乡祠团拜，赴之；并搭席宴客。

同年十月二十六日记云：

> 同乡公请郑松如、杨古心两太守，在浙绍乡祠演剧，赴之。

福建人团拜，福州人请知府，都不在自己的福建会馆、福州会馆，而要外借浙绍乡祠，可见当时的浙绍乡祠多么热闹，简直同大饭庄子、大戏园子差不多了。借会馆的地方办红白喜事，请客唱堂会戏，在鲁迅先生住在山会邑馆的时代余风尚在，仍然这样。癸丑(一九一三年)十一月二日记道：

> 午后王仲猷在铁门安庆会馆结婚，往观，礼式以新式参回教仪式为之。

一九二〇年五月二日记道：

> 上午以高阆仙母八十寿辰，往江西会馆祝，观剧二出

而归。

王仲猷是先生当时教育部的同事;高阆仙即高步瀛,既是教育部同事,又在师范大学国文系教书。安庆会馆在菜市口铁门,老式四合院子,地方不大。江西会馆在宣武门外大街路东,是庚子后新修的,临街是半西式楼房,大门是磨砖刻花的,很高,很气派。里面有戏台,戏台下带有罩棚的大厅可坐近两千观众,当时是很出名的宴会会场。鲁迅先生是从来不大看京戏的,这次为了给朋友母亲称觞祝嘏,由于礼貌的关系,看了二出戏,这是十分难得的了。

会馆原是为会试举子、单身京官居住而设立的,自然就成为同乡们聚会的场所,而这些人又大都是科甲出身,是中国旧文化熏陶出来的人,习惯于流连觞咏,会馆也就成为显示才学的场所,所以会馆中的匾额、对联等也就汗牛充栋了。和林则徐一同筹建过福州新馆的梁章钜在《楹联丛话》中说:"余于嘉庆丙子与同郡诸君子,又创构福州新馆,在虎坊桥之东,规制愈宽,人文愈盛,同郡诸君子,合撰楹联,益蔚为巨观。"这很可以想见会馆鼎盛时代的文物风流。流风所及,便也出现了不少有名的作品。浙绍乡祠中就有两副传诵一时、脍炙人口的名对,一副是正庭的:

> 鉴湖八百里,望气遥来,书入帝城云物;
> 君子六千人,闻风兴起,勖成王国贤才。

对仗工稳,气魄宏大,是很切贴、很见功力的作品。下联"君子六千人"用的是《史记·越王勾践世家》的典故,原文是"乃发

247

习流二千,教士四万人,君子六千伐吴"。这只是越国的典故,只能用在此处,不能用在其他地方。另一副是戏台上的:

> 地当韦杜城南,鼓吹休明,共效讴歌来日下;
> 人在枌榆社里,风流裙屐,恍携丝竹到山阴。

既切合首都、城南、演戏、同乡等内容,又切合绍兴地区的故事,活用"何必丝与竹,山水有清音"及裙屐游山等谢灵运、谢安的典故,贴切而流畅,在联语中确实是不可多得的名作。

所有会馆的正屋中,都像祠堂一样,供有同乡前人的牌位。有的就直接以祠名馆。如前说的绍兴会馆,就叫"浙中先贤祠"或"浙绍乡祠"。又如宣武门外下斜街的山西会馆叫"三忠祠",供有同乡先贤,按时建礼节,在京的同乡京官,按时节要聚会到会馆中举行春秋两季的祭祠。鲁迅先生所住的山会邑馆中,也有一个供绍兴先贤的地方。周遐寿老人在《补树书屋旧事》中记云:

> 进门往南是一个大院子,正面朝东一大间,供着先贤牌位,这屋有名称,仿佛是仰蕺堂之类,却不记得了。里边是什么样子,我也不知道,因为平时关闭着。一年春秋两次公祭,择星期日举行。那一天鲁迅总是特别早起,在十点前逃往琉璃厂,在几家碑帖店聊天之后,到青云阁吃茶和点心当饭,午后慢慢回来。那公祭的人们也已散胙回府去了。

这一段文学把绍兴县馆供着先贤牌位,春秋祭祀的情况写得很清楚。但有一点却稍有出入,即鲁迅先生这天是否一定逃

往琉璃厂,根据日记来看,却不尽然,至少是最初几年不一定这样。如壬子(一九一二年)十月二十七日记云:

> 本馆祀先贤,到者才十余人,祀毕食茶果。

这明显可以看出,先生也是参与祭祀的。再如甲寅(一九一四年)十月十八日记云:

> 本馆秋祭,许仲南、季市见过。

按日记,这天先生也未曾出门,因此说"逃往琉璃厂"不尽然了。

会馆是明清两代适应科举制度,为了便利赴京赶考的举子居住而建立的。清末废除科举制度,进而辛亥革命之后,再没有上京赶考的举子,因而各地会馆也就少掉了主要的招待对象,大都是给单身京官居住了。与鲁迅先生同时,还有不少先生的朋友也住在会馆中,如壬子(一九一二年)六月八日记云:

> 晚访杨莘士于吴兴会馆。

癸丑(一九一三年)一月十二日记云:

> 往南通州馆访季天复,坐半小时。

丙辰(一九一六年)十月十日记云:

往大荔会馆访章介眉先生,不值。

这都可以看出当时会馆的居住情况。民国初年,单身京官住会馆的还是不少。一九二七年政治中心南迁南京之后,北京各地的会馆,除一些著名的大馆之外,大多破敝不堪,陷于无人管理的状态。第一是打破了不能居住女眷的馆规;第二是私人援引,把不属于同乡的人招引进去居住;第三是不肖之徒,偷换契纸,盗卖公产的事也发生了。这便是会馆的衰落时期,自此以后,会馆都已成为大杂院或改作宅用,"会馆"一词,便成为历史名称了。

房　屋

　　这个题目比较广泛,是说也说不完的;这里所说范围,是以《鲁迅日记》为主。鲁迅先生在北京十五年中,住过的房屋共有四处,即菜市口南半截胡同绍兴会馆、新街口八道湾住宅、西四砖塔胡同租赁的房屋、阜成门西三条住宅。这四处地方,有一个共同特征,即都是北京的老式四合院,虽然并不一定都符合标准的四合院格局。

　　谈起北京的老式住宅,人们都知道四合院,其实四合院细分起来也还是很复杂的,有大四合、普通四合、小四合、假四合、三合院等等区别。大四合大约占地一亩至一亩二分。如果是东西胡同,路北的门,大门照例在左手,即东南角。临街一排南房,五大间,除一间大门洞外,其他四间,靠大门一间,房门开在大门洞中,是门房。进大门迎面照壁,折而西,是外院。南屋门在正中,但只剩偏西三间,一般两明一暗,可作客室或书房。南屋窗外院子成长条形。进大门影壁转弯处如有月亮门,对称的西面也有花墙月亮门。将南屋最西面一间隔在月亮门里,另成一丈见方小院。一般在南屋西山墙外,还留有隙地,用建厕所。如此南屋前的长条形外院,视房屋开间大小,东西约长三丈多,南北宽约一丈多,方够格局。南屋门正对二门,二门照例是垂花门,前檐伸出,左右下垂木雕莲花瓣等花饰。二门左右磨砖清水墙,进垂花门方为内院,这就是俗语所说的"一宅分为两院"的格局。进垂花门,正面照例是四扇屏门挡住视线。如果有抄手游廊,两面都可通到东、西、北屋。否则，便从二门右面台阶踏步下来，就到了里院正中了。院子中有方砖面的引路。北屋是正房，所谓"三正两耳"，中间三间特别高大，两边一面一间耳房。东屋、西屋各三间完全对称。如东西房开间都是一丈，再加与北屋山墙间之距离，这样里面的大院子，便有十二三平方丈大小了。东西两角，又有短垣隔开，中间圆形月亮门，四扇屏门，照例是绿油门，红油斗方，或写"西园翰墨，东壁图书"，或作贴金汉瓦瓦当"长乐未央，益寿延年"。两边月亮门内，又各成方丈小院，北屋左右两个耳房的窗户，正对这幽静的小院。这样一所标准的大四合院，不算大门内影壁前的一方，则有一丈见方小院三个，长条外院一个，近似正方的大院一个。房间以一檩二柱的标准间算，共十五间，姑以一方丈一间计，则使用面积为十五平方丈。但在这十五间房屋中，冬日阳光充足，夏日高爽通风，真正适宜于住人的，则只有少数几间。三大间北屋最好，耳房及西屋勉强还可以，东房、南房则均不适用。昔时北京俗语道："有钱不住东南房，冬不暖来夏不凉。"把东房、南房夏天西晒，冬天吃西北风的苦处说透了。

以上说的只是最标准的大四合院，但完全符合这个标准格局的住宅，那只是一部分，其他则总有些变化，面积或大或小，房间或多或少，方向或东或西，都不能完全一律。如路北的大门最好，但如南北向胡同，则不能有路北大门，要开便要想办法，如南面留一小条空地，临街再做个车门，进车门后再进路北大门，这样便合格局了。又如四合院南北一般都要五开间，如只有四间地方，便把中间三间突出，两边各留半间地方，俗语叫做"四破五"。凡此都是尽量想把四合院盖得标准些。总之，北京的老式房屋，自明清以来，四合院不但完全定型，而且日趋华丽。光绪间曼殊震钧的《天咫偶闻》记北京房屋云：

> 内城房屋异于外城。外城式近南方,庭宇湫隘;内城则
> 院落宽阔,屋宇高宏。门或三间,或一间,巍峨华焕。

谈到房屋格局时又说：

> 大房东西必有套房,名曰"耳房"。左右有东西厢,必三
> 间,亦有耳房,名曰"盝顶"。或有从二门以内,即回廊相接,
> 直至上房,其式全仿府邸为之。

这说的都是标准大四合院的格局。鲁迅先生在北京所住过的一些房屋,严格地说,都不是十分标准的四合院。先以绍兴会馆来说,南半截胡同是南北向,会馆是路西的大门,进大门往南一转弯,就是正院,正房是朝东的西房,即俗名"西为正",这首先就不符合标准格局。会馆后院,跨院,房子倒不少,但也都是零散的。一九一九年秋天,先生用三千五百银元,买了新街口八道湾罗姓的房子,是一所大房子,有车门,有大门,前面正院是个四合院,但是不带廊子,也没有垂花门,也不是精致标准的四合院。从正房西侧进去,有后院一大排正房,西北角高台阶上去,也有不少房屋,住人自然都很适用,但从四合院的格局讲,那就差远了。一九二三年八月,迁于西四砖塔胡同六十一号,那是临时租的房。同年十月底,买成的阜成门西三条二十一号的房子,只是六间旧房,经修缮之后,又添了著名的"老虎尾巴",后又种了不少花木,是个十分安静的小院,但在四合院的格局上,也就谈不到了。

不过话又说了回来,先生住过的几处房屋,虽然都不是什么标准格局的四合院,但都是老式的北京房屋,都是瓦顶、砖地、纸窗、纸糊顶棚,夏天窗户上糊冷布,做卷窗,门上挂竹帘,冬天生炉子,挂棉门帘或装风门。在屋中躺在铺上,夏天可以听见知了声,胡同中卖冰的冰盏声;冬天可以听见远处的犬吠声,窗边的密雪声,午夜深巷中卖"半空儿—多给"的市声;春天半夜里可以听见大黄风撼屋声;秋天可以听见落叶打窗声,墙根的蛐蛐声。总之,就是北京老式房屋的种种情调,都是共同的,先生住过的各处房屋,都能领略到。

　　李慈铭《越缦堂日记》的《孟学斋日记》部分,有一条关于北京风物的记载,什么都是"三",如"三恶、三苦多、三绝无"等等。其中"三便"云:"三便:火炉、裱房、邸抄。"这三样方便之物,除邸抄是政府公报外,其他两样方便之物则都是房屋有关的。《鲁迅日记》壬子(一九一二年)十一月八日记云:

　　　　是日易竹帘以布幔,又购一小白泥炉,炽炭少许置室中,时时看之,颇忘旅人之苦。

　　这一则日记颇有诗意,正是写出了北京房屋的情调。大概在寒冷的地方,围炉夜坐,看着那红红的火焰,可以深味人生的温暖滋味吧。所以据说有的国家,盖现代化的恒温住房,也还要装个壁炉,烧点假炭,望着红红火焰,来享受一下围炉之乐。

　　乐天居士诗云:"绿蚁新醅酒,红泥小火炉。晚来天欲雪,能饮一杯无?"这情趣是千载之下仍然使人向往的。北京泥炉则特别,不是红泥而是白泥。这种古老的泥炉现在恐怕已经看不到了吧,不妨稍微说一说。简单说:炉子本身是胶泥搪的,外刷北京特有的大白粉,像一个绍兴酒坛子,底部有炉条,肚皮上开个小洞,用以通风,兼可捅灰。装在一个一尺多高的铁制或木制架子上,可炽木炭,也可烧煤球,十分方便。另有一种只能烧炭的上大下小、上有三叉瓦钵式的小泥炉,平时只能用于煎药、烧茶,如果用它来取暖,那在北京严冬之季,气温最少在零下四五度的寒夜里,则是完全不能胜任的了。再有这种泥炉,虽然很富诗意,但没有烟筒,易受煤气,很危险。为了取暖安全,还是要装带马口铁皮烟筒的铁炉子,俗名叫"洋炉子"。先生丁巳(一九一七年)十一月四日记云:

晚庄铁炉一具,九元。

同年十二月十六日记云:

从李匡辅分得红煤半顿,券五枚。

这里所说"铁炉",就是能装烟筒的洋炉子,它通风好,不但能烧硬煤(即无烟煤煤块),而且可以烧"红煤"(即有烟煤煤块),如山西大同口泉所产的煤,在北京就叫"红煤",而且是红煤中最好的。

下面再说说裱房。壬子(一九一二年)十一月二十三日记云:

院中南向二小舍,旧为闽客所居者,已虚,拟移居之,因令工糊壁,一日而竣,予工资三元五角。

甲寅（一九一四年）八月二十七日记云：

上午裱糊居室，工三元。

一九二四年五月十日记云：

午后李慎斋来，同至西三条胡同宅，并呼漆匠、表糊匠估工。

这几则日记，都是关于先生裱糊房屋的实录，盖北京老式房屋，大多没有固定天花板，一般要用纸来裱糊"仰尘"，又名"承尘"，俗名"顶棚"；墙壁一般不粉刷，也用纸来裱糊。再有大房子要隔成小房间，也用纸来裱糊成隔断，望上去像一面墙壁一样。多年老屋，房内肮脏、破旧不堪，但经过裱糊匠裱糊之后，便像雪洞一样，光洁宜人。这种裱法，行话叫做"四白到底"。一般裱糊过的房屋，经过一冬，烟熏火燎，隔年腊月，便要拆去重新再裱。最考究的每半年重新裱糊一次：头年腊月裱一次，迎接新年；过年五月裱一次，消暑度夏。清初柴桑《燕京杂记》云：

京师房舍，墙壁窗牖，俱以白纸裱之。屋之上以高粱秸为架，秸倒系于桁楠，以纸糊其下，谓之"顶棚"。不善裱者，辄有绉纹。京师裱糊匠甚属巧妙，平直光滑，仰视如板壁横悬。或间以别纸点缀，为丹楹刻楠状，真如油之漆之者然。又有琉璃纸，俗谓之"光明纸"，用以糊窗，自内视外则明，自外视内则暗，欧阳元功《渔家傲》词所谓"花户油窗通晓旭"者，此也。

256

文中所说"白纸"，是比较笼统，实际种类是很多的。按大类分，首先要把糊窗和糊墙分开。如果糊窗户，一般用高丽纸、东昌纸，后来又用粉连，其中还分中国粉连和洋粉连。糊顶棚、糊墙，则用"大白纸"，这"大白"是个专门名词，即北京房山县特产的一种白土，俗名"大白"或"大白粉"，可用来粉刷墙壁，"大白纸"即已刷好大白粉的土纸。银花纸，即"大白纸"上再印暗花的，其后又有现代工业所生产的机制糊墙花纸。糊顶棚、糊隔断用的高粱秸，即秫秸，用高粱秸把外皮剥光，再裹旧帐纸，这样既好扎，又好粘。乾隆时沈赤然《寒夜丛谈》记云：

> 屋中承尘及间断房屋，皆用苇秸缚方格，而表纸于外，以为观瞻，然苇秸不受面糊，又必先以残废字纸，逐条裹束，后以白纸蒙之，始熨贴牢著。

这段记述，就把用高粱秸、苇秸扎架子的方法说清楚了。裱糊房屋的师傅称作裱糊匠，主要手艺是裱糊房屋，裱糊冥器，同时也和油漆彩画同行，大类通称曰"画匠"。其裱工较为粗糙，与裱画铺裱字画、碑帖是两工。所用材料都向京纸铺去买。《燕市积弊》书中说："京纸铺卖的是本京所造各色染纸、倭子、银花、鞭炮、秫秸、毛头账本儿，与裱糊匠水马不离槽。"所说"水马不离槽"，就是互相离不开，裱糊匠用的材料都是从京纸铺中买的。

裱糊匠的工艺，是先把破旧的拆清、刮清、扫清，然后动手裱糊。如果是顶棚、隔断，那就先扎架子，裱时整刀的大白纸反摊在案子上，下手徒弟刷浆糊，上手师傅裱，浆糊刷在纸上。浆糊是稠糊用开水破成薄糊状，稍加明矾，使之既腻且滑，干后挺括。裱者把刷好浆糊的纸，轻提两角，先粘好上面，然后用棕刷四面掸开,同裱画一样,全在腕力。张张相压,干后光滑砥平,最见功夫。如一有绉纹,便不足取矣。

鲁迅先生在北京居住的十五年中,虽说住过的四处都是北京的老式房屋,但其中却以住在绍兴会馆的时间最长,也以绍兴会馆的房屋最古老。因为其他房子,如八道湾、西三条等处,先生在搬进去之前,都是进行过大修的,起码半截玻璃窗都是装上的(上半糊纸,下半玻璃,各房都如此),而绍兴会馆的房屋,其古老程度是连玻璃窗也没有的。周遐寿老人《补树书屋旧事》记道:

> 那些房屋都很旧式,窗门是和合式的,上下都是花格糊纸,没有玻璃,到了夏季上边糊一块绿的冷布,做成卷窗。

于此可见绍兴会馆中房屋的古老程度了。但是古老也有古老的好处,就是更能领会老屋纸窗的韵味。先生壬子(一九一二年)十月二十七日记云:

> 夜微风,已而稍大,窗前枣叶薪薪落如雨。

乙卯(一九一五年)三月三日记云:

> 夜大风撼屋,几不得睡。

这种情调,都只能是在纸窗老屋中才能领略得到的。北京秋天,有时秋风陡起,乱叶如雨,在纸窗下听得最真切。如果换玻璃窗,那情趣就完全两样了。春天大黄风震撼老屋,也是古旧房屋的特征,午夜躺在铺上,听着呼呼大风,似乎房架子吹得都在摇动。昔时老农谚语道:"不刮春风地不开,不刮秋风籽不来。"北方冬季寒冷,春天冻土消融,似乎全靠这有力的大黄风来吹拂。但是这风毕竟同台风、龙卷风两样。虽然年年震撼老屋,惊破劳人酣梦,却不曾听说它吹倒过房屋。

　　鲁迅先生在绍兴会馆住了七年多,也就是说在这种古旧的老屋中生活过七年,这已是六十多年前的旧事,有谁要去看看这所老屋吗?破旧的大门仍在,院内则早已非复旧观矣。

街　道

　　鲁迅先生在北京住过的几处房屋,都是在胡同中,都通向附近的大街。北京街道,最远的辽金时代不说,即从明代永乐年间开始营建算起,明清两代,经历了五百多年的经营,虽说当时没有现代化的城市建筑科学,但就其建筑规划来讲,也还是十分科学的,就是先划出主要街道的布局,再分出坊巷来盖各种房屋。随着人口增加,商业发展,都市规模日渐宏大,市容日臻繁华。在五百多年中,没有出现过因战争原因而引起大的破坏,因之一直到清代末年,北京的街道,还始终保持着明代的街道规模。大街之外,再有小街小巷,北京叫"胡同",密密麻麻,像蛛网一样,所谓"大胡同三千六,小胡同赛牛毛",这虽然有些夸大,但也可想见昔时北京街道坊巷之稠密了。因此本文所述,也还是以鲁迅先生居住过的地方为范围,略作介绍;不然,要写成《北京街道胡同志》,则远远不是一篇短文所能胜任的了。

　　鲁迅先生在北京住了十五年,先住在南半截胡同绍兴会馆,出门往北不远就是北半截胡同,再往北,就到了大街上,那就是有名的菜市口。这是一条丁字街,往西是广安门大街,往东是骡马市大街,往北是宣武门外大街。先生工作是在教育部,往北顺大街进宣武门,当时俗称"顺治门",进城门再往北走,快到西单时,往路西一条街一转弯就到了。原是清代的学部,辛亥后改为教育部,门前那条街,就叫教育部街。先生后来买了八道湾的房子,"八道湾"顾名思义,就可知道是一条弯弯曲曲的胡同。这条胡同在西北城,出胡同往东,不远就是新街口,转弯过去就是西直门大街,再往西,就是西直门了。后来租赁砖塔胡同的房子,是西四牌楼南面路西的大胡同,出口是缸瓦市大街。最后买了阜成门西三条的房子,出胡同是北沟沿,连接着的是阜内大街,往东不远又到了西四牌楼。先生在北京的所有住处,都是在北京整体建筑中轴线的西面,先是西南隅,后是西北隅,工作地点则始终在西单牌楼南面教育部。从所居附近街道的繁华程度来说,当时的谚语道:"东四西单鼓楼前,前门大街游艺园",这都是当时最热闹的地方。因之以先生所居附近的街道来说,最繁华热闹的是西单牌楼,其次是菜市口、骡马市大街、西四牌楼,最冷落的那就要算僻处西北城一隅的新街口了。

所谓繁华热闹,就是商店集中,建筑华丽,车马拥挤,游人众多,这样构成绚丽的市容。清初柴桑《燕京杂记》中说:

> 京师市店,素讲局面,雕红刻翠,锦窗绣户,招牌至有高三丈者。夜则燃灯数十,纱笼角灯,照耀如同白昼,其在东、西四牌楼及正阳门大栅栏者尤为卓越。

《道光都门纪略》中也道:

> 京师最尚繁华,市廛铺户,装饰富甲天下,如大栅栏、珠宝市、西河沿、琉璃厂之银楼缎号,以及茶叶铺、靴铺,皆雕梁画栋,金碧辉煌,令人目迷五色。

这是清代的北京闹市的风光。鲁迅先生居住时期,去此已远,不但是庚子之后,而且已是辛亥之后了。北京的街道,自从明清以来,虽说没有灾害性的大破坏,但变化还是有的。那不是辛亥,而是庚子,即去今八十年前的一九〇〇年,先是闹义和团,后是侵略者八国联军进北京,都给北京市容带来了灾难。仲芳氏《庚子记事》五月二十日记道:

> 义和团焚烧前门外大栅栏老德记大药房,不意团民法术无灵,火势猛烈,四面飞腾,延烧甚凶。计由大栅栏庆和园戏楼延及齐家胡同、观音寺、杨梅竹斜街、煤市街、煤市桥、纸巷子、廊房头条、廊房二条、廊房三条、门框胡同、镐家胡同、三府菜园、排子胡同、珠宝市、粮市店、西河沿、前门大街、前门桥头、前门正门箭楼、东荷包巷、西荷包巷、西月墙、西城根。火由城墙飞入城内,延烧东交民巷西口牌楼,并附近铺户数家。自清晨起火,直止次日天晓始止,延烧一日一夜。……约略延烧铺户一千八百余家,大小房屋七千余间……京师之精华,尽在于此;热闹繁华,亦莫过于此。今遭此奇灾,一旦而尽。

这是一次较大面积的焚毁,其后又经过多次焚毁,如侵略者八国联军炮火烧后门一带,烧大光明殿,烧安庆会馆等周围民房。总之,这次事件,时间虽然不长,但破坏不小,老北京街道的容貌,不少地方也因之而改观了。到了一九〇一年,火车东面由天坛后边经东便门、崇文门顺城墙开到前门东,立了东车站;西面由西便门、宣武门开到前门西月墙,立了西车站。东交民巷不许中国人居住,成了帝国主义的租界地。其他各处,也重新建造了。《庚子记事》一九〇一年旧历五月十五日记道:

近来后门大街、西单牌楼、前门大街、大栅栏被烧被抢各铺户,均按原业修复,比从前尤觉华丽,金碧辉煌,人腾马嘶,依然兴隆世界。

此后十年,就是辛亥。鲁迅先生壬子(一九一二年)五月五日到达北京,先生所看到的以及后来居住了十五年的北京,各处街道,基本上就是庚子以后重修的老样子。魏元旷《都门怀旧记》说:

自正阳门前至天桥,马路宽十余丈,平坦如砥,车马驰骤,狂疾若风雨。入夜,两旁灯火,密如繁星……内城东西长安市场,外城青云阁、劝业场,皆罗列百货,间以球场饮憩之室,男女履舄,终日恒满。

这段记载,正是说的这个时期北京的繁华街道的情况。

先生上班的地方在教育部,壬子(一九一二年)五月六日记云:

上午移入山会邑馆。坐骡车赴教育部,即归。

教育部离开西单牌楼的热闹中心不远,从部里出来,向东走到大街上一转弯就到了。那时旧刑部街口上的那座号称“西单牌楼”的牌楼尚未拆除,所谓“三门、四柱、七重楼”的雕梁画栋的牌楼远远地就可望见。牌楼下来往的拥挤的车辆,最多的是骡子拉的轿车,人拉的东洋车,间或有稀少的西式四轮马车。那时有轨电车尚未修建,自行车还很少,小汽车更是稀奇玩艺。两边的店铺都还是油漆华丽的老式门面，东北转角是有名的卖酱肘子、盒子菜的天福号，西南角的磨砖小楼是同懋增南纸铺。往西是报子街，路北并排开着两家大饭庄子同和堂、聚贤堂。往东是西长安街，有数不清的饭馆子，往北大街路东可以看见有名的点心铺毓美斋、兰英斋，那雕花牌楼的大门面，冲天大招牌，说明在十几年前的混乱中未被焚毁，还是庚子前的老样子。随着季节变化，一近中秋节，满街都是卖兔儿爷的摊子。一到秋深，南货铺门口都支起炒栗子的大锅，沙沙地炒着叫卖，街头都飘着炒栗子的焦香。立冬以后，街西的各家羊肉床子，门口搭着棚，挂满了整腔的西口大肥羊……到了晚上，那时虽然还没有霓虹灯之类的玩艺，但已有了电灯，一样也灯火辉煌。在秋夜里，灯光照射在果子摊上，那发亮的京白梨，闪光的北山菜果，堆得像童话中的五彩小山一样。还有一种特别的街灯，亮得发白，叫做"水月电灯"，现在大概很少有人知道这个名词了吧？

上面说的是华丽的一面，但还有龌龊的一面。不要说二月里街道上淘阴沟，车马不通，秽气熏人，就是平时街道上也是尘土飞扬，肮脏不堪。俗语形容那时北京街道说："无风三尺土，有雨一街泥。"又说："无风香炉灰，有雨墨盒子。"可以想见当时的情况。清末杨寿楠《觉花寮杂记》云：

> 燕台为帝王之都，而数百年来，街道失修，河渠湮塞，每年二月，各街开沟，臭秽触鼻，夏初近竣。故俗有"臭沟开，举子来；臭沟塞，状元出"之谚。街中泥沙积尺许，没踝胶轮。春间少雨多风，每风起时，黄埃蔽日，易实甫诗："十日九风偏少雨，一春三月总如烟。"真善状燕京风土。光绪季年，始修马路，自是王道荡平，无带水拖泥之苦矣。

鲁迅先生去时,虽如杨寿楠所说,已是修了马路的北京,但马路还是很少的几条,大多还是土路,老式车辆又都是铁钉硬轮子,平时把道路碾得全是车辙,一到雨天,更是一片泥泞。宣武门一带,顺城街等处,以及宣外大街,当时都是这样。先生壬子(一九一二年)五月十七日记云:

> 大雨,宣武门左近积水没胫,行人极少,予与季市往返共一骡车。

从这则日记中,可以想见当年宣武门一带的道路情况了。先生甲寅(一九一四年)八月十六日记云:

> 午前季自求来,下午同至宣武门外大街闲步。

这并不说明宣武门大街闲步有多少街景可看,或环境多么好,最适宜于散步,实际都不是的。宣外大街十分冷落,并无街景好看,先生之所以同朋友到这里散步,一是离得近,而且是每天上下班必经的熟路;二是路边常常有些卖破铜烂铁等旧货的冷摊,再往北可以一直走到小市,边走边看,也许可以买到便宜的小玩艺。六七十年过去了,先生当年闲步过的宣武门大街,除去修了柏油马路而外,其他没有什么大变化,佛经流通处、江西会馆、晨报馆的房子仍然是老样子,只是早已改作别用。另外,就是那些卖破铜烂铁的小冷摊是再也没有了。

先生在北京住在山会邑馆的时间最长,那里出来入去都要经过菜市口。在前面所说过的一些街道中,名气最大的恐怕就数这个"菜市口"了。周遐寿老人在《补树书屋旧事》中说:"绍兴会馆在宣武门外南半截胡同北头,这地段不算很好,因为接近菜市口。幸而民国以后不在那里杀人了,所以出入总还是自由清净的。"鲁迅先生到北京的十几年之前,著名的"戊戌六君子"中谭嗣同等人,就是在这里殉难的。过了两年,到了庚子,吏部左侍郎许景澄、太常寺卿袁昶等人又是在这里被杀的。还有数不清的无辜老百姓在此被残杀。据杨典诰《庚子大事记》记载:六月十九日以白莲教罪名一下子就杀了男妇老幼七十八名,使得"市口两旁铺户门外,无首之尸堆满"。这该是多么凄惨的情景。而这些人被杀,只是"哄传有纸人纸马,撒豆成兵",就这样被"率尔点名,绑赴市口处斩"了。这就八十年前,一九〇〇年的事。鲁迅先生住在绍兴会馆时,离开这些事情的发生,还为时不久。

孙师郑所编道、咸、同、光《四朝诗史》中收有一首许承尧的题为《过菜市口诗》的五言古风,写得十分凄惨,现在引在后面:

> 薄暮过西市,踽踽涕洟归。
> 市人竞言笑,谁知我心悲?
> 此地复何地,头颅古累累。
> 碧血沁入土,腥气生蚍蜉。
> 愁云泣不散,六月严霜飞。
> 疑有万怨魄,逐影争啸啼。
> 左侧横短垣,茅茨覆离离。
> 此为陈尸所,剥落墙无皮。
> 右侧竖长竿,其下红淋漓。
> 微闻决囚日,两役舁囚驰。
> 高台夹衢道,刑官坐巍巍。

囚至匍匐伏，瞑目左右欹。

不能辨颜辅，乱发鬐霉鬑。

欧刀厚以寸，锋钝断脰迟。

一役指囚颈，一役持刀挥。

中肩或中颅，刃下难预知。

当囚受刀时，痛极无声噫。

其旁有亲属，或是父母妻。

泣血不能代，大踊摧心脾。

我过少凭吊，万绪来相縻。

诗是比较长一些，但是这却是对残杀无辜的血泪控诉，是封建时代菜市口的实录。

菜市口往东是热闹的骡马市大街，往西是广安门大街。广安门俗名彰仪门，没有通火车之前，外省来北京的人，有百分之七八十是进广安门，在菜市口、骡马市大街一带旅店投宿，因此菜市口是十分热闹的闹市。封建时代刑人于市，所以明清两代几百年中，都以菜市口作为刑场。同时因为它是闹市，也必然是娱乐场所集中的地方。杨懋建《京尘杂录》记道：

宣武门外大街南行近菜市口，有财神会馆；少东铁门有文昌会馆，皆为宴集之所，西城命酒征歌者，多在此，皆戏园也。

又是头颅累累的杀人场，又是命酒征歌的宴乐地，真是正如先生《狂人日记》中所说的，是人肉的宴席了。

先生壬子（一九一二年）八月二十二日记云：

同季市饮于广和居,每人均出资一元。归时见月色甚美,骡[车]游于街。

这天是旧历七月初十,月色正好,本来广和居离开山会邑馆只有几步路,饭后要回去,很快就可到了。但先生却沐着月色,骑着骡子,或坐着骡车,在这一带款段漫游,这时月光下菜市口一带的街道,应该是最清静的时刻吧!

车 马

　　鲁迅先生在北京居住期间,北京市内的交通工具有不少变化;到今天,有些种车辆在社会上早已没有了,为此,想在这一节中作一点介绍,留一点生活和风土的资料。前面曾引述过先生壬子(一九一二年)五月六日和七日的日记,都提到过坐骡车,这里所说的骡车,又名轿车,不但现在早已没有,就是鲁迅先生在北京居住的后几年,即一九二五年左右,在北京市内也已不大看见了。但这种车辆在前一世纪和本世纪初,却出足了风头。北京的骡车是在清代乾隆时代盛行起来的,在此以前,官吏出入皆坐轿,或骑马,乘马车、驴车。杨懋建《京尘杂录》云:

　　　　乾隆初年,尚以骡车为市侩代步,京官尚乘驴车,大约如六朝人贵犊车之意。

俞曲园《茶香室丛钞》云:

　　　　数十年来,京朝官皆乘骡车矣,驴车低小,或聊一代步,马车则竟绝。至旁开后档车,道光三年间三品以上大员皆乘之。光绪丙戌,余送孙儿陞云入都会试,此车竟不复见,不及百年,京师车制之异如此。

　　从上述两则记录中,可以稍识骡车的兴起渊源。骡车,大体可以分四点介绍:即一是车本身;二是车围、车垫等;三是骡及挽具如鞥、缰、鞍、鞯等;四是执御者,俗称车把式。

先说车本身,具体样子,在《新华字典》上有示意图。木制,一般用榆木、柳木、桦木,再高级用红木。分车辕、车身、车篷、车梢、车轴、车轮六部。车辕是套牲口处,两根长木后连车身、车梢,是全车的龙骨。车辕部分长约三尺,车身长五尺,即方朔《骡车行》所谓"轮双辕两八尺交",后尾车梢一尺。车辕头以铁或铜等金属包镶,上下有竖插梢,如大钉状,用以挂挽具。插梢后尺许处,钉有金属槽口,用以插凉篷撑竿,即所谓"檐外莲茎竹对挑,高承青幛阳不骄"。车身靠辕处外露一尺多,较宽,为上下车及御人跨辕乘坐处。后即车身、车篷,车身底部一般为木板,高级者,用密棕绷或朱漆细藤绷,和床绷一样。车篷花格木架,顶部用竹篾编为圆篷,糊布,用桐油里外油过,不漏雨水。尾部于连前辕之长木露出部分,再加横木三根,为后梢,可捆绑箱笼行李,亦可作倒座坐人。后梢木上都钉金属饰物,以保护油漆,免于碰撞。车轴亦木制,普通者在车身中部,人正好坐在重心上,震动较大。再早有轴在车身后部者,谓之"后档车"。陈康祺《郎潜旧闻》云:"凡轮在车身后者曰后档,取其颠簸稍轻,乘坐安适。"这说的是同治间的事。到光绪时,如曲园老人所说,这种车已不大看见了。车轮亦木制,车辐十二,轮框用木拼为圆圈,开笋头并用大铁勾钉钉牢,再遍打磨菇头铁钉加固。立面触地处,包铁圈密钉大圆头铁钉,以耐磨损。全车用桐油或广漆,油漆成荸荠色、栗壳色,所谓"木俱施漆轮涂膏"也。全车金属饰件很多,普通者为黄铜、白铜,高级者发蓝、乌银、戗银、戗金等等都有。

车围子就是用布缝个套子,把车篷、车身后部及两侧全部套起来,前檐挂帘子,就是"上覆圆幕前帘飘"了。普通围子用蓝布,讲究的用绒布、绸缎、呢毡等等,再加包镶、花纹。讲究起来,夏天用单围子,冬天用棉围子、毡围子,甚至皮围子。外面镶边、包角、云头、流苏、网络各种装饰,围子两边及帘子上冬天镶嵌玻璃,夏天嵌纱。清末最讲究的车围子周围镶嵌十三块玻璃,谓之"十三太保"。车垫两大块,一块铺车里,一块横宽铺在车辕上,大多用栽绒(即地毯)套子,颜色最讲究深浅蓝色相间,谓之"三蓝",花纹讲究"博古"、"鹿鹤同春"等。像鲁迅先生雇的营业车,虽不见得十分讲究,但也尽量弄得漂亮些,不然就没生意了。当然夏天前檐还要支上遮阳。清代够上品的,如三四品以上的官吏,所坐车的围子,下面有圈红呢,以资识别,俗称"红围子车"。如佚名《庸扰录》所记庚子时,董福祥军队在永定门外杀掉日本使馆书记杉山彬事,有几句道:"有人见西人所坐之车,系'红围车',亦为董军所毁。"说的就是这种官邸车。

拉车的骡子是经过特殊训练的,拉起车来,不是一步一步地走,而是"的的的"地小跑。骡子还要讲究长相、毛色,什么墨黑的叫"紫金锭",黑骡白蹄叫"银蹄"等。鞍鞯、绊、缰绳、嚼子等挽具,都有讲究,最好的是山西货。御者叫车把式,会调教牲口,会打扮车,走起路来还有"风摆荷叶"、"一炷香"、"双飞雁"等名堂。

这就是当年最漂亮的小轿车。清代末季,天桥、先农坛外、永定门外南顶等处盛行"跑车",又叫"跑热车",旧时竹枝词所谓"但开南顶极喧哗,近水河棚数十家。纨袴少年归更晚,天桥南面跑新车",这算是骡车最出风头的时代了。不过在辛亥之后,到鲁迅先生坐骡车到教育部上班时,已是骡车的末日,北京的新式马路逐渐增多,硬轮车辆不许行走,没有几年,大多为洋车所代替。先生一九二四年七八月间到西安讲学，八月四日记云：

> 晨乘骡车出东门上船，由渭水东行，遇逆风，进约廿里即泊。

这时像西安等外地的中小城市还有骡车可乘，在北京，那时郊区还有，城里则基本上已没有了。

先生己未（一九一九年）十月十九日记云：

> 上午同重君、二弟、二弟妇及丰、谧、蒙乘马车同游农事试验场，至下午归，并顺道视八道湾宅。

这一则日记中的"马车"，不是泛指马拉的车，而是一个特定概念，即是西洋式的坐人的马车。

第一部西式马车，何时传入我国，很难确切说明，不过总也是相当早的事吧。乾隆五十八年（一七九三）秋七月，英吉利国使臣马戛尔尼、斯当东来中国，代表英皇乔治第三，送给乾隆两辆极为华丽的四轮双马车，两架十二磅榴弹炮，作为礼物，这大概就是最早传来中国的西式马车吧。不过这两辆车清帝一直没有用过，始终陈列在圆明园。

西式马车正式在北京街道上行走，那在庚子前就有了，但是很少，庚子后比较地多起来，也不十分普遍，被认为是贵族化的时髦东西。街道上来往的一般都是单马的，至于特别高级的四轮双马大马车，那就更为稀少了。辛亥后，袁世凯窃国为大总统，坐的就是金漆四轮双马大马车。《旧都文物略》收有《时尚竹枝词》道：

> 宽衣珠圈色色新,招摇过市彼何人?
> 比肩比翼循西例,马走双头车四轮。

说的就是这种双马的马车,儿童叫它"大马车"。高级的马车大多是豪门府邸自备的,尤其是北洋政府参、众两议院时代,所有议员号称"八百罗汉",每个议员每月五百元车马费,当时大都养着自备马车,这是北京西式马车的黄金时代。

营业马车则由马车行中去雇,当时宣武门里、骡马市大街一带都有马车行。先生他们由南半截胡同坐马车到西直门外农事试验场,即现在的动物园,大概就是这种营业马车。

后来小汽车盛行起来,马车变成阔人不要坐、穷人坐不起的东西,马车行的生意也一落千丈,只是人家红白喜事还有人雇雇它。常见送殡的行列,在棺材后面跟着一大串马车,里面坐着穿着孝衣和带着白花的女眷,哭哭啼啼缓缓从闹市经过,就这样也把马车送到坟墓中去了。

先生在日记中记到洋车的地方不多,丁巳(一九一七年)正月七日记云:

> 晚至天津换车,夜抵北京正阳门,即雇人力车至邑馆。

人力车即洋车,这是先生当年每天都要乘坐的交通工具,虽然日记中提到很少,但先生乘坐的次数那是多得数不清的。洋车全名东洋车,因为它是日本传来的。上海又叫"黄包车",天津叫"胶皮",北京习惯叫洋车,人力车很少有人叫,那是写在文章

中的名词。北京的洋车,在庚子,即一九〇〇年之前就有了。《庚子记事》一书所收佚名的《庸扰录》中有一则记云:

> 京城自东交民巷设立马路以来,向有东洋车百余辆……

庚子之后,光绪末年,北京马路增多,洋车也多起来,开始是硬橡皮车轮的,后来逐渐有了充气轮胎。这样由本世纪初开始,直到三轮车出现逐渐代替洋车为止,在北京这种车辆前后大概流行了半个世纪,鼎盛时代是一十年代到三十年代,最多的时候,北京的洋车达到两万辆。

说起来也奇怪,北京、上海两地的人力车都是从日本传来的,但样子却迥不相同,似乎这中间也明显地分出京派、海派来。北京洋车的车把是两根直杆,前面有半月形的白铜刻花档头;上海则是弧形的,中间宽、前头狭,前面档头处未加装饰,只一根横杆,没有北京的漂亮。车箱下的弓子,即弹簧,北京是两条弧形钢片,上下对交成"梭子"形,支点在中部,上面装车箱,下面装车轴,车一拉起,重量集中在支点,随着压力弹簧震动,促使车轮前旋,所以拉车人感到"弓子"弹性越好,拉起来越快、越省力;上海则下面钢片较长,在后面弯一大半圆形抛物线,再连接上面钢片,成一绘图用弧线版形,工艺较复杂。车箱北京较小,上海较大。车灯,北京新车都是左右对称白铜玻璃灯,六棱形,六面玻璃,后面一小扇可打开用以点灯,上有球形圆顶,像一个圆顶六角凉亭一样,下面还有圆柄;上海则一边一个大手电筒头一样的灯。虽然同样是接橡皮管子点电石气,但却没有北京的漂亮有气派。坐垫、脚垫,北京一般则是漂白布套子嵌红线,镶莲叶花边，下面栽绒花地毯脚垫，冬天黑斜纹纳菱角块棉篷子，夏天漂白镶红寿字遮尘，打扮得十分漂亮；上海讲究的则是黑皮弹簧垫子，下面脚垫是块黑橡皮，却是一无可观。

在二三十年代，一部白铜活的出厂新洋车，价格大约是一百一二十元银元。关于这种车，老舍先生在《骆驼祥子》一书中描绘得十分细致。

北京旧时洋车大约可分自用、包用、拉散座三种。自用是坐人自己买的车，雇人来拉，车后钉一铜牌，上刻"某宅自用"。雇人拉车，一般是管饭，每月是十五元到十八元工资。先生一九二四年五月六日记云：

季市欲雇车夫，令张三往见。

这是许寿裳先生的自用车要雇人，先生介绍张三去应雇。包月是拉车的人攒钱买的车，像骆驼祥子一样，车新人壮，坐车人按月包用，拉车人不再拉零星生意。当时按月包车，大约连人带车，不算零钱，即各种赏钱，要三十元银元，而且要管饭。如不管饭，再加饭钱。送坐车人去赴宴，可得二角车饭钱。送客人可另得赏钱。凡此谓之"零钱"。拉散座还分两种：一种车新人壮，经常在固定的生意多的地方等座儿，有固定的熟乘客，甚至约好几点接谁，几点送谁，每天有靠得住的生意，这样收入还可以。如果人老车破，终日蹒跚街头，风霜雨雪，烈日严寒，则说不尽的辛苦，形同乞讨矣。

鲁迅先生当时每天上下班，还要经常去琉璃厂，还有朋友约会，后来还要到各校讲课，是十分忙碌的。初到京时，是零雇车，但有一缺点，有时出门，却雇不到车。如癸丑（一九一三年）四月二十日记云：

　　午后散出，不得车，步归。

同年九月六日记云：

　　下午出部无车，缓缓步归。

　　这种情况，在下班时，天气好，没有事，倒无所谓。如遇上班时，或有事，或遇天气不好，就十分不便了。所以后来一些年中，先生因为工作需要，一般都是坐自用包月车了。给先生拉过车的人，经常是得到先生的充分同情的。如癸丑（一九一三年）二月八日记云：

　　上午赴部，车夫误踩地上所置橡皮水管，有似巡警者及常服者三数人突来乱击之，季世人性都如野狗，可叹！

乙卯（一九一五年）五月二日记云：

　　车夫衣敝，与一元。

丙辰（一九一六年）五月十七日记云：

　　下午自部归，券夹落车中，车夫以还，与之一元。

　　从这些日记中，可以看到先生待人厚道，也可以看出别人对先生的诚恳。

　　小汽车在二十年代初期,北京已经不少了,但都只是特殊人物乘坐。虽然也有汽车行出租营业车,以小时计费,每小时一元。但一般人很少乘坐。先生一九二一年七月十日记道:

　　　　晨往香山碧云寺视二弟。下午季市亦来游,傍晚与母亲及丰乘其汽车回家。

　　当时许寿裳先生已是大学校长,有汽车,先生乘他的汽车一齐进城,是很偶然的。

吊 庆

　　鲁迅先生在北京的十五年中，每年总免不了有些喜庆应酬或丧事吊唁这类的事，当时习惯叫做红白喜事、出份子。本来丧事应该是悲伤的，不能算作喜事。但旧时代却习惯把高龄的丧事当作"喜事"来办。所谓寿登耄耋、寿终正寝是不容易的。但又因丧事灵堂中的一切都是白的，所以名之为"白喜事"了。实际上"红白"虽属对称，但总是"红"多于"白"。"红"有娶亲、聘女、贺人生子满月、周岁、祝寿、贺迁居、贺开张、贺新屋落成等，而"白"则只是死人而已。

　　在红白喜事中，事主谓之"办事"，亲戚朋友送钱、送物等祝贺，俗名"出份子"。前往参加，则谓之"行礼"。事主宴客，喜事谓之吃喜酒、送亲酒、迎亲酒、寿酒、开张酒等等。喜事送礼后，人不去，谓之"礼到人不到"。如系对长辈拜寿等，则须礼到人也到，不然就是失礼。如系丧事，不管辈分，送礼后都应去，身份高低亦不论。《红楼梦》中写秦可卿出殡，北静王来路祭，请他回去，他却客气地说"死者已登仙籍"，等等，这也就是那时所谓的"礼"。如送钱时，喜事要用红封套装好，娶亲写"喜敬若干元，某某敬贺"，聘女写"添箱"或"添妆奁敬"，贺人生子满月写"弥敬"，祝寿写"椵敬"，迁居写"温居"等等；落款则均写"敬贺"、"敬祝"。白事送钱写"奠敬"，落款写"敬奠"。喜事尚可送喜联、寿联、寿屏、喜幛、寿幛及各种物品，丧事送挽联、挽幛及按西方礼节送花圈等。

当时送礼数目,像先生那样身份,一般普通交情、普通事最少一元。再有送礼时喜事或可少些,丧事则要稍增,因事既不同,礼亦有别。如乙卯(一九一五年)十月四日记云:

祁柏冈丁父忧,下午赙二元。

同月七日记云:

常毅箴生子弥月,贺一元。

同月九日记云:

晚常毅箴招饮于安庆会馆。

都是教育部同事,一个父亲去世,要回家或回籍办理丧事,虽未必能去行礼,但送的赙金则要厚些。另一同事小儿满月,则只送一元,而且还要去安庆会馆扰他一顿酒,原是大家热闹热闹而已。况且同事间送礼金,不只一人,一般还要看别人,和别人一样才好。当然关系特殊,则要另议了。如己未(一九一九年)十一月十六日记云:

下午许诗荄来并致铭伯先生及季市所送迁居贺泉共廿。

一九二三年五月十八日记云:

往图书分馆查书,又致子佩泉十元贺其移居。

前一则是先生买好八道湾的房子准备要迁居时,许铭伯、许寿裳送来温居礼金二十元,后一则是先生送宋子佩迁居的礼金十元。这在当时来说,都要算是厚礼了。这是因为先生和许铭伯、许寿裳、宋子佩几位是同乡、同事、同学等等,平时特别要好,关系特别深,所以互相之间送礼,也特别厚了。

相反,既无来往,更少交情,甚至讨厌这个人,但有时又非送礼不可,这种情况在过去社会中是常有的。即使不包括那种在恶势力下,特殊的敲诈勒索,在一般情况下,有时也有由于面子,勉强出个份子的。一九二一年十月三日记云:

傅增湘之父寿辰,其徒敛钱制屏,与一元。

一九二三年九月十日记云:

彭允彝之父作生日,有人集资,出一元。

两件事情完全一样,先生在日记中记法却两样。第一则厌恶心理完全写出,真有些"一字之贬,严于斧钺"的笔法。这时蜀人双鉴楼主人傅氏好像正是在做教育总长。当然也不应以先生一时之好恶来评价当时的人物,如傅氏,在版本、目录学术方面自有其重要成就与地位,这是另一问题。

先生在日记中对于这一类应酬、送礼与行礼的事记得不少。一可看先生与朋友间之礼节往来,二可看当时红白喜事的社会风俗,这不只是研究鲁迅先生的好材料,也是社会史、民俗学的

好材料。如癸丑(一九一三年)十一月二日记云:

> 午后王仲猷在铁门安庆会馆结婚,往观,礼式以新式参回教仪式为之。

这是民国二年的事。当时能够以新式婚礼结婚,是很时髦的了。但所谓新式,也就是不跪拜,改鞠躬;不拜天地,改证婚人证婚;不坐花轿,改坐扎彩双马四轮大马车而已。又"参回教仪式为之",可见这婚礼之前,斟酌计划是十分周密的。按,过去回汉一般不通婚,如男人要娶回教女子为妻,据传须至清真寺举行仪式,入赘女家,按回教风俗行事。这位王仲猷先生结婚,不知男女双方都是清真,抑或只有一面是清真。所说回教仪式,自然是请清真寺阿訇为之。具体情况,就不得而知了。

当时人们对老年人做寿很重视。先生在一九一六年,鲁老太太六十整寿时,也曾由北京回绍兴特地给老太太做寿,临行时京中友好都来送礼物,到家后宴客、演戏,十分隆重。同样礼尚往来,先生虽然对勉强出的制寿屏的公份颇有微辞,但对有交情的同事、朋友的老亲做寿,则是按礼参加,前往祝贺的。乙卯(一九一五年)八月五日记云:

> 季上母六旬生日送礼,午与同事往贺,既面而归。

一九二○年五月二日记云:

> 上午以高阆仙母八十寿辰,往江西会馆祝,观剧二出而归。

一九二一年四月二十八日记云：

> 张仲苏母寿辰，在中央公园设宴，午间与齐寿山、戴芦舲同往。

这几则中虽然没有记明送什么礼物，送多少赆敬，但却都是亲身很敬重地去祝寿的。尤其是给高阆仙先生老母祝寿，这既是教育部老同事，又是师范大学同事，平时相处又好，高老夫人又是八十高龄，隆重地祝赆称觞，是十分难得的盛事。所以先生一上午就去祝寿，还破例地在江西会馆看了两出堂会戏。在前面会馆一节中已谈过，先生是不大看京戏的。因祝寿而看京戏，这在先生在北京的十五年中，可能也只是这仅有的一次吧。于此更可见先生与高氏的交情，以及先生对要好朋友的高堂是多么的尊敬了。

在红白喜事中，遇有丧事去吊唁，更是礼节所系，不容忽视。有一般朋友，有特殊情谊，有在北京，有在外地，都要分别对待，不能错礼。如丙辰（一九一六年）九月十六日记云：

> 下午赴汤宅吊，公送幛二，分二元。

乙卯（一九一五年）十二月三日记云：

> 得寿师母讣，以呢幛子一送洙邻寓。

一个是一般公份，按常礼去吊唁行礼。一个则是师母，是先生三味书屋老师寿镜吾老先生的夫人，关系当然不同，所以先生买了呢幛子送到在北京的寿老先生的次子寿洙邻的家中,以表哀思,以尽情谊。特别记明呢幛子,一般七八尺长吧,其价值总在十元左右了。

那时人家办丧事,习惯在庙里办,因庙里停灵方便,而且地方宽敞,找和尚念经、做法事等也便当。办事时根据丧事规模大小,占一个跨院或两个跨院,因正院都是佛殿,不能办事。院中由棚铺来搭芦席白布灵棚,停灵、设供、挂幛子、挽联等。当然不能走有四大金刚等菩萨像的正门,只能用偏门、车门,门口搭白布花彩坊,写明某府丧事,有吹鼓手奏乐,知客在门口接待吊客等等。丁巳(一九一七年)正月十七日记云:

> 沈商耆父没,设奠于长椿寺,下午同齐寿山、许季上赴吊,并赙二元。

戊午(一九一八年)九月八日记云:

> 李匡辅母故,设奠于广惠寺,上午赴吊并赙四元。

长椿寺在下斜街,是明代万历时有名的七指和尚归空的庙;广惠寺在宣内石驸马大街,离先生上班和居住的地方都不算远。当时丧礼十分繁复,三天叫"接三",然后按七天为一周期做佛事念经,大丧要七七四十九天之后才"出殡",俗名"发引",出殡前一夜通夜做佛事,谓之"坐夜"。丁巳(一九一七年)十二月二十五日记云:

> 纪念日休假。晚戴螺舲、齐寿山先后至,同往圣安寺,

283

许季上夫人逝后三日在此作法事也。礼讫步归,已夜。

这就是所谓的"接三",亦即"送三"。民社《北平指南》云:

> 死三日为接三,门外设鼓乐之幡,男左女右,或铭旌,随
> 满汉而异,戚友悉赴奠,夜延僧唪经,送纸糊车马杠箱于相
> 近之旷地而焚之,曰送三。

这有一套礼节,去吊唁的人,每人要手持一束点燃的香,跟
在念经的和尚后面,送纸糊车马去烧,要等烧完之后客人才能
散。意思是送死人走,这一般都在黄昏之后举行,所以先生说
"礼讫步归,已夜"。圣安寺在南横街西口路北,离先生住的南半
截胡同很近,所以戴螺舲、齐寿山二位先到先生处,又一同去行
礼。许季上同圣安寺很熟,还给圣安寺做过佛事。乙卯(一九一
五年)十二月十七日记云:

> 季上匋人洒扫圣安寺,助资二元。

"匋"字,按《说文》:"聚也,从勹九声。"后代一般写作"鸠",
先生在这里用了一个古字。就是许季上花钱雇人打扫圣安寺,
先生资助了两块钱,这在旧时代也算是一种施舍给庙宇的善事。
过去办丧事的时间有时拖得很长,许季上夫人丧事一直拖到一
九一八年四月中才"开吊"和"出殡"。戊午(一九一八年)四月
十四日记云:

> 上午往圣安寺吊许季上夫人。

实际这同上次接三是一回事,只不过是拖得时间长一些罢了。

当时办丧事,有些人家要发讣文。一般讣文,都是以孝子出面,开头是低格写"不孝男某某,不自殒灭,祸延先考"等语,先考等字抬头,结尾是"讣告乡友世学谊","乡友"等五字印朱红。具名首先是"孤哀子某某某泣血稽颡"(按,丧礼,父丧而母在者,称孤子。父母俱丧者,称孤哀子)。以下是家族中的其他小辈。一般不附死者事略、传略等。但也有特殊情况。乙卯(一九一五年)九月十九日记云:

> 得龚未生夫人讣,章氏长女,有所撰《事略》。

同月二十六日记云:

> 往钱粮胡同吊龚未生夫人,赙二元。

这就是特殊情况。章氏长女,就是章太炎先生大女儿,结婚没有多少年,死得很突然,是自寻短见的。太炎先生于长女不幸去世,十分悲痛,因而亲自写了《事略》,附在讣文后面,所以先生日记中记得特别详细。当时太炎先生被袁世凯软禁在北京钱粮胡同。

旧时代把大出殡当作热闹来看,说起来十分繁复。《红楼梦》十三、十四回写得十分精彩,虽是小说,也可当民俗学的资料看。

庙　会

　　鲁迅先生在北京,前几年都住在绍兴会馆,往来于菜市口、宣武门、西单一带,再有休息的日子里,到琉璃厂买书,到前门一带买生活用品,大概从来没有到庙会去过。一九一九年买到了八道湾的房子,搬了过去,离护国寺非常近,一出胡同,到大街上,往南走不了几步,就是定府大街,也就到护国寺了。一九二四年,先生买了阜成门西三条的房子,离开白塔寺又非常近,出来入去都要看见这座高高的纯印度风的大白塔。由于离得近,十分方便,这样先生也就偶然到庙会上去看看了。

　　如一九二〇年四月六日记云:

　　　　下午游护国寺。

　　一九二一年正月二十五日记云:

　　　　下午同徐古轩至护国寺视市集。

　　一九二四年三月三十日记云:

　　　　晚因观白塔寺集,遂[往]西三条宅一视。

　　先生实际上去庙会的次数并不太多,但当时北京的庙会,却还是值得说一说的。庙会是一种很古老的贸易场所,有名的宋代汴京的大相国寺,几百年后还是令人向往的。清初柴桑《燕京杂记》云:

交易于市者,南方谓之趁墟,北方谓之赶集,又谓之赶会。京师谓之赶庙。

实际上他说得还不够完全,首先我国西南还有叫"赶场"的。北方的"集"与"会"也还有区别。日常街道上定期设摊贸易谓之"集",因寺庙关系集中贸易,甚至唱戏祭神等谓之"会"。所以北方乡间,赶集、过会,这两个概念是分得很清楚的。

鲁迅先生在北京居住期间,北京每月都开的庙会基本上同清代末叶一样,有土地庙、花儿市、白塔寺、护国寺、隆福寺。近代陈莲痕《京华春梦录》云:

都门庙集有期,每旬三日为土地庙,四为花儿市,五、六为白塔寺,七、八为护国寺,九、十为隆福寺。

所谓"旬三",就是十天中逢三必开,习惯按旧历,即初三、十三、二十三。这五处庙会,土地庙、花儿市每月开三天,白塔寺、护国寺、隆福寺每月开六天。

土地庙在宣武门外土地庙斜街,即旧时槐树斜街,是清初老诗人朱竹垞、查初白等人居住过的地方。富察敦崇《燕京岁时记》说它"市无长物,唯花厂、鸽市,差为可观"。其实这也有些贬低了它,它的特征是木器、藤器、柳筐、荆筐等农民用具 多,城南花农、菜农买起来方便。土地庙的花市是有名的,方朔《花市行》所谓:"人言土地庙,花市又当期。……众物那及东西庙,好花真冠南北城。鸡冠凤仙左右束,剪秋罗多晚香玉。惊心艳绝美人蕉，拂袖风凉君子竹。"这些描绘乃是纪实之作。花儿市在崇文门外花市大街。《燕京岁时记》说得清楚："花儿市在崇文门迤东，自正月起，初四、十四、二十四有市，市皆日用之物。所谓花市者，乃妇女插戴之纸花，非时花也。"这就是说土地庙卖的是真花，那花市是真花市；而花市大街的花市是专卖假花的市集。

白塔寺在阜成门大街路北。明末清初谈迁的《北游录》中记云：

> 又西至朝天宫，入妙觉寺，登白塔，辽寿昌二年建。贮舍利戒珠二十粒，元世祖至元八年发现，果不妄，因加饰焉。明天顺元年赐今额。成化初，于塔作灯龛一百八座。东望宫阙，烨如也。出景德街，则历代帝王庙，不得入。

这段记载说明白塔寺原名妙觉寺。刘侗《帝京景物略》说："天顺元年，赐额妙应寺。"现在的阜内大街，在那时是景德街。白塔寺的庙会比较大，百货俱全，出名的东西是木碗、花草。

护国寺在西四北定府大街。据《日下旧闻考》记载：护国寺原来叫崇国寺，最早是元代丞相脱克脱的故宅，寺中千佛殿旁，塑一老翁，戴袱头，穿朱衣；旁一老姬，凤冠朱裳，就是脱克脱夫妇的像。这像后来到清代末年就没有了。

隆福寺在东四牌楼北面隆福寺街。据《日下旧闻考》记载：隆福寺是明代景泰四年修建的，修建时，工匠用到上万人。庙里的白石栏杆是从明代有名的"土木之变"时，被俘虏的明英宗朱祁镇宫里移来的，是朱祁镇南宫翔凤殿的故物。清代雍正元年，曾经重加修葺过。后来在清末光绪二十七年着过一次火。火烧之后,一直没有再重修过,仍旧一直在这火烧后的废墟上开庙会。

乾嘉时戴璐《藤阴杂记》中记道:

> 庙寺唯东城隆福、西城护国二寺,百货具陈,目迷五色,王公亦复步行评玩。

同时人得硕亭《草珠一串》竹枝词云:

> 东西两庙货真全(隆福寺、护国寺名日东西庙。——原注),一日能消百万钱。
>
> 多少贵人闲至此,衣香犹带御炉烟。

从以上两则引文中,可以想见清代东西两庙的繁华景象。直到清末仍然如此,《燕京岁时记》记云:"凡珠玉、绫罗、衣服、饮食、古玩、字画、花鸟、虫鱼,以及寻常日常之物,星卜杂技之流,无所不有,乃都城之一大市会也。两庙花厂,尤为雅观。春日以果木为胜,夏日以茉莉为胜,秋日以桂菊为胜,冬日以水仙为胜。"这是光绪年代中东西庙会的情况。

庙会上的生意,大体上可以分三类:一是固定的。如东西两庙的花厂、隆福寺的书铺、花儿市的绢花局子等等,都是商店,就开设在庙门外的街上。庙会期间,生意自然好。但平时也做生意,东就在东,西就在西,并不搬动。二是移动的。这都是庙里面的大货摊。会期中在庙里两廊、前后院、山门、正殿等处搭大布棚摆摊营业,卖布匹绸缎的,卖瓷器盆碗的,卖各种衣服的,卖估衣的,卖鞋帽的,卖刀剪的,卖木器家具的……他们都是在固定的地点设摊,摆摊的地方是向庙里租的,按月交地盘钱。这些货摊以及各种杂耍、卖唱、卖艺等摊子,都是一年到头按着日子口赶到各庙上去做生意。如初六在白塔寺做完买卖,明天初七要赶到护国寺,那么在初六下午收市之后,把商品全部包好,或是人挑,或是用排子车,把货物当天晚上全部运到护国寺,庙中有下夜的人看守,这样明天一早便可出摊营业。庙会中的营业时间,似乎颇有"日中为市"的古风,一般都是早上八九点钟开始,到下午五六点钟结束。庙会上是不做夜市的。第三是肩挑贸易的小贩,有的有固定地点,有的没有固定地点,在庙门外随意营业。这些小贩,有些也是跟着各庙的会期跑;有些住在某一寺庙的附近,则只在这一庙会上营业,如非会期时,他便串胡同沿街叫卖,就不一定到其他庙会上去了。

鲁迅先生在京居住时期,北京商业有某种畸形发展,新开许多新式商场:东安市场、劝业场、青云阁、首善第一楼等,既有古香古色的东西,也有琳琅满目的进口商品,而古老的庙会上则大部分还是老式东西,所以庙会生意就日渐衰落。不过庙会上的东西比较便宜实惠。先生一九二一年二月五日记道:

下午同徐吉轩至护国寺集,买得条卓一个,泉二元。

两块钱买一个条桌,即在当时来说,也是十分便宜的。庙会本是一个很生动的地方,只是过去记载庙会的文献,一般化的笼统记载较多,具体细致地描绘的则很少。过去"百本张"唱本中,有一篇子弟书《逛护国寺》,写得十分生动,而且记录了具体的资料。其中记载的护国寺庙会上的摊贩名称就有以下这些:

永和斋　（酸梅汤）　　　翎子张　　（翎子）

辛家玉摊　　（玉器）　　吉顺斋　（饽饽）

雪林斋　（绢扇）　　　　德丰斋　（绢扇）

冰玉斋　（绢扇）　　　　百本张　（书、戏本）

天元堂黑驴张　（眼药）　年儿　（把式）

照九洲　（测字）　　　　仁义堂孟家　（百补增力丸）

李九儿　（粘盘碗）　　　仓儿　（相声）

王麻子　（相声）　　　　鸭蛋刘　（吞剑）

弦子李　（三弦）　　　　云林斋　（卖画）

立本号　（烟料）　　　　金回回　（膏药）

同乐堂　（书、戏本）　　平艺堂　（蝈蝈葫芦）

怯刘　（书摊）　　　　　德昌号　（绸缎）

联盛号刘　（瓷器）　　　九庆堂　（瓷器）

永春花厂　（花木）　　　聚文书坊曾秋谷　（书）

　　这些买卖和艺人在鲁迅先生逛护国寺时，只有极少数还存在，如金回回膏药之类，其他则都已没有了。

小 市

鲁迅先生日记中,写到小市的地方很多。如壬子(一九一二年)十二月十八日记云:

午后与数同事游小市。

戊午(一九一八年)四月十六日记云:

下午自游小市。

一九二六年三月十六日记云:

上午往女师大讲。游小市,买《汉律考》一部四本,一元。

从以上所举三则简单日记中,就可以看出先生从初到北京那年,直到离开北京那年,都常去游小市。这不但是年年去,有几年简直是月月去。最多的时候,如丙辰(一九一六年)正月,据日记记录,就游了十四次小市。自然还有忽略过去没有记在日记中的,实际次数,也许还不只是十四次。

先生为什么这样喜欢游小市?小市在哪里?小市又是什么样子?这些问题,如在若干年前,你只要去看一看就好了。但是现在的北京,早已没有小市,不但没有小市,连小市那些旧址,也已大大改观,要想再看,已不可能,因而就要用文字来一桩桩地作解释了。清末忧患生所著《京华百二竹枝词》注云:

> 东小市在崇文门外,西小市在宣武门外,摆摊售卖故物,色色俱备,真赝杂陈,入其中者,极宜留心察视。黎明交易,早九点收市,市俗或呼"鬼市"。

从这段资料中,可以看到两点:第一,鲁迅先生经常去的小市,就是西小市。先生上下班必定经过宣武门。当时宣武门,不但有城门,而且有瓮城。即在有门楼的城门外,围着城门,还有一圈半圆形的城墙,再有一道门,这就是瓮城。宣武门瓮城两侧的空地上就是西小市。先生上下班坐车经过宣武门时,可以望到小市的市容。教育部离宣武门很近,先生吃过中饭,与同事们午后散步,就可以蹓蹓跶跶到小市上转一圈了。先生最后一次去小市,已在和教育总长章氏在平政院打官司之后,早已不到教育部上班,但因去石驸马大街女师大讲课的关系,离宣武门很近,顺便又去游了一次小市,还买了一部《汉律考》,总算没有空手而回了。

第一点说清楚了,第二点却是疑问。即上面引文中说"黎明交易,早九点收市",而先生却总是午后游小市,这是什么原因呢? 这是由于历史的变化。其实小市原来并不叫"小市",《旧都文物略》说:

> 以其交易皆集于清晨,因名"晓市",或谓"鬼市",亦喻其作夜交易耳。俗呼"小市",误。

这就是说小市原来应叫"晓市"，因为它主要是在清晨破晓时营业的，而后来的收市时间，因营业收入关系，越来越晚，有些便摆了长摊。一付铺板，就是一个货摊，或者就在地上摊块布，摆地摊。有时甚至上午不来，下午再出摊，反正东西不多，摆摊收摊都方便。这样"晓市"之原义便失，又以其多是简陋的冷摊、地摊，"小市"之意，便名副其实了。从历史上来讲，北京的小市很早就形成了。康熙时柴桑《燕京杂记》中记道：

> 外城东有东小市，西有西小市，俱卖皮服、椅桌、玩器等物，而东市皮服尤多。平壤数十亩，一望如白兽交卧。东小市之西，又有穷汉市，破衣烂帽至寒士所不堪者，亦重堆垒砌。其最便宜者，割方靴为鞋，价仅三十余钱。官则不屑，商则不宜，隶则不敢，惟上不官下不隶而久留京邸者，则甘之矣。西小市之西又有穷汉市，穷困小民日在道上所拾烂布溷纸，于五更垂尽时往此鬻之，天乍曙即散去矣。

这把东西小市的情况说得很清楚，但这离开鲁迅先生游小市的时代，又是早了二百多年的旧事了。

旧时有种传说：说小市原本不是公家设立的，原来是一些破落的官宦之家的后人，拿家里的东西出去变钱，但又因为面子问题，不愿拿到大街上公然出卖，便偷偷地在天不亮的时候，拿到偏僻的地方来变卖，相沿成习，便成为小市了。这也可能是小市起源的原因之一。按，小市上出售的，全是旧货，其货源大约可分四个方面：

第一也是最多的，就是打小鼓收旧货的，头天串街走巷收购来的旧货，第二天一早来到这里出卖，卖到一定时间，便收市，再去各处收买。清末蔡绳格所写《一岁货声》中"打鼓挑儿"条下注云：

> 担二筐，前晾，后以布覆，收买一切衣物，有岔眼物，藏入后筐。黑早上南北小市便卖，行携瓯口大小逛鼓，击之。人谓其"买死人，卖死人"。

北京打小鼓收旧货的，是很特殊的。手中拿的那个小鼓，只有啤酒瓶底大小，用左手拇指与食指掐牢，右手持一大头细竹篾片，弹性很好，敲击起来声音很响，穿街走巷，"梆梆梆梆"地收买旧货。北京官僚家庭多，封建贵族家庭多，有的是官场变迁，今日在京，明日离京，便要出卖一批旧货；有的是官僚死亡，家道衰落，变卖遗物抵债；有的是子弟盗卖家中的物品；有的是后代不事劳动，靠卖祖宗的遗物混日子；凡此种种，构成旧货的广阔货源。而且不少都是很好的东西，甚至很贵重的东西，打小鼓的以极少的代价买来，拿到小市，再以高价卖出，所以叫做"买死人，卖死人"。有些识货的人，在小市上又能从打鼓的手中买到便宜货。

第二是小市上有不少卖假货的。这是利用人们贪便宜的心理，来各投所好，尤其是欺骗外乡人。什么纸糊的皮袄，胶泥底子的朝靴，兔子皮冒充白狐皮，剪绒染色羊皮冒充水獭等等，千奇百怪的假货，各色都有。《都门竹枝词》道：

> 换底朝靴破帽胎，纸粘皮袄旧绸裁。
> 归来嬉笑夸同辈，小市便宜买得来。

这就是描绘贪便宜的外行，买了假货后，上当受骗却还很得意的情况。

第三是各种盗窃的赃物都拿到小市上来出脱。《同治都门纪略》书中所引《都市杂咏》道：

> 夜方五鼓来啼鸦，小市人多乱如麻。
> 贱价买来偷盗物，牵连难免到官衙。

说的就是这种情况。

第四是换破烂、拾破烂的换来拾来的东西。从破纸、破布、碎铜铁中拣出有用的，可以卖钱的东西，如旧信、旧画片、旧药方、旧荷包、旧铜钱，甚至破绣片、破瓷片、破铜锡器等等，摆地摊卖钱。不要小看这些破玩艺，一张破信，可能是某个大学士、某个状元写坏扔了的，一块破瓷片，可能是哥窑、定窑打碎的。

在这四种货源中，当然是第一种、第四种最多。而在所有的旧货摊中，又以估衣摊多，卖旧皮货的多。

鲁迅先生最早去小市，也是同教育部同事一齐去打算买皮衣的。壬子（一九一二年）十月二十六日记云：

> 下午同季市、协和至小市，拟买皮衣不得，复赴大栅阑，亦不成，遂至青云阁饮茗……

以后先生经常同陈师曾、汪书堂、齐寿山、戴螺舲、徐吉轩等人同游小市。收集古钱时，在小市地摊上也买过不少次，有时很是得意。甲寅（一九一四年）十一月五日记云：

> 午后同齐寿山、常毅箴、黄芝洞游小市，买"大泉五十"

两枚,"直百五铢"、"半两"各一枚,直一百五十文。

同月二十日记云:

午后之小市买古泉七枚,直铜元三十,有"端平折三"一
枚佳。

先生还常常从小市上买点小瓷器,都很便宜。丙辰(一九一
六年)正月二十日记云:

午后往小市买瓷印色合一个,铜元四十二枚。

一九二一年十月二十七日记云:

下午往小市买白磁花瓶一,泉五百五十文。

这个"五百五十文",是当时习惯按制钱叫铜元的叫法,一个
铜元当十文制钱,"五百五十文",实际只是铜元五十五枚,折合
一角多钱。

收集金石拓片时,先生也从小市上买到过拓片。丙辰(一九
一六年)正月十三日记云:

午后与汪书堂、陈师曾游小市,买《吴葛祚碑》额拓本一
枚,铜币四。

同月二十五日记云:

午后往小市，买嵩岳石人顶上"马"字拓本三枚，共五铜元，分赠师曾一枚。

　　这后一则很有意思。有人辛辛苦苦，千里之遥跑到河南中岳嵩山，登山攀石，在石人的顶上铺纸捶墨，连拓三张"马"字，辗转流落，到了北京西小市的地摊上，只卖五个铜元。而先生又当宝贝似地买了来，又拿一张珍重地当礼品送给陈师曾先生。拓碑者的辛苦，摆地摊的凄惶，五个铜元的廉价，三九天的寒冷，先生的兴趣，分赠朋友时的珍重，如果把这些联系在一起，老一辈的这种风流韵事，真不易为今天的人们所理解了。

　　先生记小市，大部分都是写"游小市"。北京人习惯叫"逛小市"，"游"和"逛"意义接近，小市的味道，也就在这两个字上；实际上真正买到东西的时候并不多，而大部分的时候是游，或者说是逛。先生丙辰（一九一六年）正月全月中，一共去了十四次小市，而只有三次买到东西，算是有一点收获。而这三次收获，总共只用了五十一个铜元，即在当时来讲，也不过只合一角多钱，还不够买一小盒"三炮台"烟卷的钱，该是多么不起眼呢！但先生游兴之浓，却不是笔墨所能形容。当月七日记云：

　　雨雪。午后往小市，无地摊。

　　先生日记用阳历，正月就是一月，一月七日正是二九最后一天，北京数九寒天，是那样冷，又下着雨夹雪。这样坏的天气，小市上摆地摊的穷苦小贩，都不出摊了，而先生却还要到小市上去看看，这样的兴致，恐怕后人是很难想象的吧！

商　情

　　鲁迅先生在北京除了买书、买帖、上饭馆外,日记中还记录了不少买其他东西的事,大到买住宅房子,小到买牙粉、牙刷,这些记载,记录了当时的各种商业、金融、物价等情况。

　　要谈商情,先要把货币说清楚。在先生的日记中,记有"泉、券、银、元、角、分、枚、文"八种货币单位名称。泉是钱,银是银元,元、角、分指银元及其辅币单位。枚、文都是铜元的叫法。券是指钞票,而且是指不能十足兑现的钞票。如在十足兑现,钞票和银元对等时,两种名称就不分了。另外还记到日本钱,即日金。

　　先说清楚银元。本来先生在北京的十五年中,一直是使用银元的。为了携带方便,人们用银元换成钞票,同时,钞票也可以随时随地换成银元。但在一九一五年左右,袁世凯的北洋政府经济开始发生困难,发行的加印"北京"二字的中国银行、交通银行的钞票,逐渐贬值,一块钱钞票不能兑换一块银元了。这时其他商业银行、外国银行(汇丰、花旗、汇理、正金)所发行的钞票,以及中国、交通二行不加印"北京"字样的钞票照常十足兑现。但是各机关工资,一度都发财政部印刷局新印的加盖"北京"二字的中交票,钞票不能十足兑现,便无形中等于减薪了。如丁巳(一九一七年)十二月十四日记云:

　　　　下午收十一月奉泉三百,银一券九。

同月三十一日记云：

晚收奉泉券三百。

戊午（一九一八年）二月四日记云：

收一月分奉泉三百，内银六十。

这就是北洋政府经济困难，对政府官吏的工资不能正常发放了。十一月的工资拖到十二月中发，给一成银元，九成钞票。十二月的工资在除夕发，全是钞票，所以写"券三百"。过了年，到一九一八年，一月份的工资二月初发，三百元工资，六十银元，二百四十钞票。自此而后，欠薪越来越严重了。

中交票与银元的比值时高时低，行情并不一致。另外，中国银行钞票和交通银行钞票价值也不一样，一般情况中国银行钞值较高。丁巳（一九一七年）十一月十二日记道：

晚铭伯先生来，还银百五十，作券二百。

其比例是一百元钞票，只兑七十五元银元。戊午（一九一八年）二月二十八日记云：

托齐寿山换泉，共券六百，得银元三百五十四。

其比例便是一百元钞票，只能兑五十九元银元。较三个月前又贬值百分之十六了。如前所述，先生一九一七年十一月份工资是银一券九,券以七五折计,则实际收入只有二百三十二元五角。十二月份工资全部是券,则实际收入只有二百二十五元。一九一八年一月份工资银六十,券二百四十,仍以七五折让,则三百元工资,实际收入仍然只有二百四十元。到一九一九年之后,情况有所缓和,都发给银元,不再给贬值的钞票。但几年之后,欠薪开始,到一九二三年最严重。一九二三年八月十八日记云:

上午收二月分奉泉四元,即付工役作夏赏。

八月份才发二月份的工资,而只发四元,只够给部中工役节赏,这样,二月份工资由六月份发三成三,八月份发两个四元,九月份又发了半个月,九月五日记云:

下午收二月分半月奉泉百五十。

不过虽然如此,物价却未涨钱,如该年十一月八日记云:

午后装火炉,用泉三。

同月十一日记云:

午后买煤一顿半,泉十五元九角,车泉一元。

当时北洋政府教育部欠薪太多,先生不得不靠兼课和稿费的收入,这样这年总收入只二千余元,每月平均合一百六七十元,可以说是先生在北京十五年中最拮据的一年了。当然,也不是生活上困难的不得了,因为那时东西便宜。

以上谈的是银元、钞票和工资,下面谈谈铜元。"枚、文"二字指铜元。铜元不像"角、分"一样,是银元的辅币。它是由清代的制钱即小铜钱演化而来。清代末年,各省设铜元局铸铜元,所谓"当十铜元",即一个铜元等于十个制钱的价值。同样是铜铸的,一个铜元同一个较大的制钱,如和康熙通宝、乾隆通宝来比,大不了多少,价值却高十倍,因而铸铜元是好生意。北京叫铜元,单叫曰"枚",一个当十铜元叫一枚铜元,一个当二十铜元叫一大枚。五大枚,即五个当二十铜元,等于十小枚,又等于一百文制钱。而且北京从清代开始,就习惯"说大话,使小钱"。光绪时李虹若《朝市丛载》中竹枝词《用京钱》道:

> 皇都徒把好名辜,大话连篇他处无。
> 五十京钱当一吊,凭谁敏慧也糊涂。

这在鲁迅先生时代,还是这样。如二十枚铜元,即按折合制钱叫,也只能叫"二百文",但老北京却叫做"两吊钱",不叫几百文。叫钱为"文",是南方叫法,是写文章时叫法。北京清代土语或叫"一个小钱",或叫"一个大",从不叫"一文"。先生日记中常用"文"称铜元。乙卯(一九一五年)九月二十三日记云(这一天是中秋节):

> 晚季市致鹜一器,与工四百文。

这"四百文",就是按制钱叫铜元,是四十枚铜元。给送烧鸭子的这位佣人作赏钱正好,可以买十几个鸡蛋了。不是四百个铜元,如是四百枚铜元,则相当于一元银元,当时可以买两个大肥鸭子了。

　　说清楚"钱",再说说"物"。当时北京的商业结构,大约可分七种:一是著名大店,如先生买衣服的大栅栏"瑞蚨祥",买鞋的廊房头条"内联升",买食物的观音寺"晋和祥"、"稻香村"等;二是外国人开的店铺,如先生常买东西的前门里棋盘街的"临记洋行",崇文门内孝顺胡同日本人开的皮鞋店等;三是清末新开出来的上海作风的市场,如先生常去的"青云阁"、"劝业场"、城里的"东安市场"等;四是一般店铺,西单、西四等处买卖,先生后一时期常买食品的"滨来香",就在西单;五是各庙会的买卖,前面已说过;六是小市的旧货,前面也谈过;七是沿街叫卖的货郎,有卖布的,卖绒线小百货的,卖梳头油、网子及各种化妆品的。当时北京的商业机体,粗略分类,是由这七个部分组成。由于货币大单位用银元,小单位用铜元,都是硬碰硬的玩艺,所以基本上没有通货膨胀的现象。如壬子(一九一二年)九月十二日记云:

　　　　制被一枚,银五元。

　　虽未说明什么被面,但即使是大布被面,加棉花、被里,全部五元,不能说贵。同年十月十七日记云:

　　　晨张协和代我购得狐腿裘料一袭,价卅元……

　　癸丑(一九一三年)十月七日记云:

午邀张协和同往瑞蚨祥买狐腿衣料一袭,獭皮领一条,共三十六元。

这两则日记,可以看出,一是皮袍筒子,一是皮大衣筒子,再加獭皮领子,而且是在北京最大、最有声誉的老店"瑞蚨祥"买的,却只要这点钱。

丁巳(一九一七年)五月十八日记云:

下午买藤椅二件,五元二角。

己未(一九一九年)八月四日记云:

午后托子佩买家具十九件,见泉四十。

"见泉四十"就是现钱四十元。这些家具连大床带写字台都有,平均二元一件。总之,当时吃的、穿的、用的比较便宜。有没有贵的呢?第一是外国铺子的外国东西十分贵。如丙辰(一九一六年)十二月二日记道:

晚至孝顺胡同为芳子买革履一两,十四元。

皮鞋是外国东西,东单孝顺胡同卖皮鞋的铺子当时都是日本人开的。同前面所说的藤椅比较,这十四元,最少可买八张藤椅。

第二是找洋大夫看病贵。癸丑(一九一三年)五月三日记云:

> 午后赴王府井牙医徐景文处治牙疾,约定补齿四枚,并
> 买含嗽药一瓶,共价四十七元,付十元。

第一次欧战时,北京金价最低到过十八换,即十八元银元买
一两黄金。四十七元补四只牙,在当时相当于二两黄金的代价。

第三是租房子十分贵。己未(一九一九年)七月二十六日
记云:

> 为二弟及眷属租定间壁王氏房四大间,付泉卅三元。

这可以看出,是每间每月四元,四间每月房租共十六元,再
加给房东佣人一元,共十七元。按北京租房规矩,第一个月要付
双份房钱,一份作押租。房客住几个月后,如自动退房,押租不
退。如房东要房客搬家,要收回房,最后一月,不收房钱,住押
租。如前一月即退房,房东把一月押租退给房客。所以这四大
间房,付泉三十三元,是两个月房钱共三十二元,再加佣人一元,
共三十三元。如折合成鸡蛋,以每元一百只计算,可买三千三百
个鸡蛋。

这笔账就用先生所买的八道湾房子来算吧:八道湾房子是
三千五百元买的,连中佣钱及修理费共用了四千余元。八道湾
房子前院大四合,后院一大排北屋,还有西北院,总计房子约在
三十间以上。如果全部出租,即以当时租比较小的东房、南房每
间两元五角平均计算,三十间每月可得租金七十五元,一年九百
元。如以四千元作本钱来计算,则九百元的利润要高于年息二
分,稍低于二分月息,是很高的利率了。而当时市面上银号信用
借款,利率一般不过月息一分。一九二一年十一月九日记云:

下午从大同号假泉二百，月息一分。还齐寿山卅。

这是借款利息，如把钱存在银行中生息，利率自然还低。

要分析鲁迅先生在北京时的经济情况，那是很复杂的事，这里只不过就先生日记所记的一鳞半爪，约略言之而已。

火 车

鲁迅先生有一句名言,说"路是人走出来的",这句话足以启示后人,给人以创新和前进的巨大鼓舞。而在现实生活中,真正行旅所经的道路,却不是"走"就能走出来的了。不要说现代的铁路、高速公路了,即使是古时的简易的驰道,也要花很大气力去修的。鲁迅先生第一次到北京来,《鲁迅日记》壬子(一九一二年)五月五日记云:

> 上午十一时舟抵天津。下午三时半车发,途中弥望黄土,间有草木,无可观览。约七时抵北京,宿长发店。

这是鲁迅先生踏进都门的第一天,由天津坐火车来,距今已经近七十年。但那时天津到北京通火车已经十好几年了。在此以前,由天津到北京要坐二骡轿车,走河西务、张家湾、通县进朝阳门。这中间是三天的行程。

北京之有铁路,从最早的唐山铁路开始。光绪三年(一八七七),英国人在开滦开煤矿,开平煤矿公司修了一条由唐山到胥各庄的铁路,专为运煤,叫"唐山铁路"。过了十年,即光绪十三年,延长至天津,叫做"津沽铁路"。光绪二十一年闰五月,清朝下了兴办新政的上谕说:"近中外臣工条陈时务,如修铁路,铸钞币,造机器,开矿产……直省疆吏应各就情势,筹酌办法以闻。"在此形势下,将津沽铁路收回,改由官办,两项同时延长,一面延

307

到山海关,又叫榆关,就叫"津榆铁路",一面延到北京,就是"京津铁路"。与此同时,又筹建"卢汉铁路",即卢沟桥通汉口的铁路。后来由盛宣怀具体承办。《清史稿》记载,光绪二十四年五月,"趣盛宣怀卢汉铁路刻日兴工。并开办粤汉、宁沪各路"。当时还成立了全国最早的铁路管理机关:矿务铁路总局。当时开矿和铁路并在一起管理,合称"矿路",所以后来鲁迅先生在南京上的学堂叫"矿路学堂"。等到清末成立邮传部,管铁路、航运、邮政、电气电讯,又简称"路航邮电"。现在这种叫法已经没有,人们也不知道其内容了。

修建北京通汉口的火车,为什么最早不叫"京汉"而叫"卢汉"呢?这是因为最初修火车路,北京是都城,铁路不能随便通到皇都,说是怕"破坏了风水"。汉口到北京,铁路只能到卢沟桥,那天津到北京,铁路自然也不能进北京城,只修到永定门外的马家堡。当年北京的火车站,就是马家堡车站。马家堡在丰台与永定门之间,距永定门约六华里,距后来的前门车站为十二点二公里。这个站现在没有了,但当时这是火车来北京的大门。这里引一则在马家堡下车的记载,以见当时乘火车的情况。华学澜《庚子日记》四月十七日记云:

> 黎明起,吃点心毕,赴马家铺[堡],何贵从焉。至则初次车已将开,何贵急买票来,坐未定,即行。车中人不少,强半赴保定者。巳正抵津,乘洋车到家。

这时保定的火车尚未通到马家堡,大约上去后,到丰台下来,再转长辛店去保定。华学澜四月二十二日由天津回北京,先坐车到丰台,又由丰台买票到马家堡。日记云:

买头等车票三,候津车来附以行,抵马家铺,申祥驱车
来接。

这里所记的,正是从马家堡上下火车的实录,这是四月二十
二日。但没有几天,就发生了很大的变化。杨典诰《庚子大事
记》四月二十八日记云:

由保定至京铁路,被义和团民烧毁,并拔去电杆……一
呼百应,顷刻间拆去栈房电杆,烧铁道,毁火车,声势汹汹。
马家堡火车站,闻信亦即闭关,逃遁至京师。

五月初八日记云:

团民拆杨村铁桥,京津火车从此停轨矣。

七月二十日,侵略者八国联军打进北京。到冬天,北京至天
津的火车勉强通了。华学澜十二月二十一日记云:

黎明起,同晓屏、树卿到火车站……客坐拥挤特甚,有
不能坐者。车行甚慢,遇站必住。于路见烧毁火车只剩其
轮,票房无不残破,铁路均已拆毁,洋人新修者只一条而已。

这正是庚子时战争之余,铁路火车残破的情况。《鲁迅日
记》己未(一九一九年)记有回绍兴接鲁老太太来京的事。来去
都是坐火车。十二月一日记云:

晨至前门乘京奉车,午抵天津换津浦车。

十二月二十九日记云:

> 晨发天津,午抵前门站。重君、二弟及徐坤在驿相迓,
> 徐吉轩亦令刘升、孙成至,从容出站,下午俱到家。

在鲁迅先生在北京的年代里,所有上下火车都是在前门车
站,先生在日记中有时未写明,这一次来回记得都特别清楚。这
时马家堡车站早已作废,把火车站由城外搬到城里前门,正是侵
略者八国联军在北京时的事。

侵略军一九○○年阴历七月二十日进入北京,盘踞到第二
年五月间才撤军。这期间,为了运送军需物资,他们把铁路延长
到北京城里,把天津来的车站设在前门东,把保定来的车站设在
前门西,初步确定了后来前门东西车站的位置。侵略者先打算
把火车站设在天坛。仲芳氏《庚子记事》十月初九日记云:

> 马家堡火车站自被义和团焚毁,竟成一片荒郊。今英
> 国将津京铁路修齐,改在天坛为火车站。昨出永定门,见印
> 度兵将城楼迤西城墙拆通一段,铁道接修进城,千百人夫大
> 兴工作,不日即可安齐,便开火车矣。

十二月初六日又记云:

> 哄传保定府铁路直修进城,直达前门瓮洞。数日前予
> 曾见法国洋人在西月墙,与顺治门桥头丈量地址,约即为

此。此说谅非虚谬耳。

两项工程进展很快。十二月十五日作者已记,"京津铁路直至永定门内天坛,刻已修齐,开车载人载货"了。至正月二十一日,"由彰仪门至正阳门保定铁路,克日便可修齐。火车站即在西月墙万缘庵关帝庙内"。原来这里铺户很多,已被焚毁,自此,这里便是后来的西车站,什么东西荷包巷、万缘庵等处的热闹市面,均成历史陈迹。

泸州人高楠《高给谏庚子日记》一九〇一年阴历三月初五日记道:"乃同敏、仿二子及二孙由顺治门城根到前门西边铁路下车,码头(站台)已修好,以靠北小庙为票房。"这靠北小庙说的就是万缘庵。至阴历五月初全部修好。仲芳氏《庚子记事》同年五月十一日记云:

> 保定府至京铁路,车站在正阳门外西月墙,每日火车来往,直抵西门洞。今天津至京铁路,自马家堡分道,由永定门迤东墙缺进城,绕天坛后,穿行崇文门瓮洞,直抵正阳门东月墙停车,车站即在东城根。

自此以后,北京前门东西各有一车站,用铁路来分,东车站是京奉路、京绥路的车站,去天津、山海关、沈阳,到天津换津浦路去南京、上海,去张家口、大同,都在东站上车。西车站是京汉路局的车站,去保定、石家庄、郑州、汉口,到石家庄转正太路去太原,都由这里上车。一九二四年七月间鲁迅先生去西安讲学,就是由西站上的车。《鲁迅日记》该年七月七日记云:

赴西车站晚餐,餐毕登汽车向西安,同行十余人,王捷三招待。

先生日记中所说的"汽车",就是"火车",在"大小番菜馆"一节中,已经解释过了。

可能是因为东西车站是洋人所修,也可能是因为车站草创伊始、设备不全的关系吧,虽然五月间东西车站已修好,而十一月底那拉氏和光绪回銮到北京,由保定上火车,还是在马家堡下的车。马家堡车站烧了,临时搭了大棚迎接銮驾。各书记载很多,著名的有吴渔川的《庚子西狩丛谈》,把场面写得都很风光。实际却很狼狈,这里引一条参加接驾者的日记,以存掌故。高楠《高给谏庚子日记》辛丑十一月二十八日记云:

六下起,面烟后,天明出南西门,到马家堡棚内。九钟后,货车到,人乃嘈然。又庆王到,吃面者争往。遂由道南过道北,倒乱已极,非复图上次第亦无人收职名。精严结撰半月,至此毫无所用,惟新赶万民伞数十柄立焉。

原文如此,虽个别字句有看不明白处,但总的混乱情况是可以看出的。高楠当时是御史,有巡城的职务,是参与了迎接回銮的工作的,所记自然可靠。

在前引记载修前门东西车站的文献中,有"瓮城"、"月墙"等词,后代人可能很难理解了。这是古代出于军事防守意义的工事。北京各城门都有瓮城。正阳、崇文、宣武三门外,连左右两面城墙,再各修一段"半月"形的弧形城墙,接成一个圆形小城,叫做瓮城,防守时有退身回旋的场所。正阳门的瓮城接在前面箭楼上。正门不开,平日行人由两侧门洞进入瓮城再进里面的城门。庚子时前门城楼被烧,庚子后重建前门箭楼、城楼,但瓮城还在。一九一二年五月五日,鲁迅先生坐火车到北京时,还是有瓮城的。民国二年(一九一三年),朱启钤任内务总长、周自齐任交通总长的时候,用京汉路局德国工程师鲁克格、副手魏谛西主持工程,重修前门箭楼,拆除瓮城,东西两面城墙上,各开两个门洞,这就形成了后来的东西车站广场。现在前门箭楼东西两面水泥的三角形装饰,还是鲁克格设计的。沦陷时期,日本侵略者把崇文门、宣武门的瓮城也先后拆除了,把前门西站改为货运站,前门东站改为客运站。直到新的北京火车站建成,这样前门东西车站才完成了它的历史使命,前后存了五十八年。东站地方很大,建筑也不错,可惜没利用它来作一个中国铁路展览馆,以教育后人,并保存古迹。

鲁迅先生在北京,自乘火车踏入都门而后,一次去津,三次回绍兴,其后于一九二六年八月二十六日下午四时余乘火车离开北京,以及后来两度回京省亲,这十四次上车、下车都是在前门车站,只有一九二四年七月去西安讲学,是在西车站上的车,回程也是在此下的车,因为这坐的是京汉路的火车。先生坐京汉路火车,可以说也是只此一度了。那时上下火车虽多在东车站,而吃饭却常常在西车站,专门在火车站吃饭,这也是当年仅有的事。如前已引述过的己未(一九一九年)三月二十九日记云:

> 晚二弟来部,同往留黎厂……次至前门外西车站饭,同坐陈百年、刘叔雅、朱遏先、沈士远、尹默、刘半农、钱玄同、马幼渔,共十人也。

这十人中,有两位长寿者,一直活到六十年代末,当年都是一流教授,有世界名望的学者,而"至前门外西车站饭",吃饭不去大饭店而去火车站,这不要说未来的读者,即现在的读者,恐怕也很难理解了。殊不知当时西车站食堂,是北京极有名的西餐馆,卖德国大菜中的铁排鸡、铁排杂拌等名菜,北京当时文化界人士,都喜欢到那里聚餐请客。为什么车站里的食堂这样出名呢?有它一定的历史背景。那时机关、火车的厨房,都是招商承办,交通部的厨房是当时北京最阔的厨房,有最高级的中西餐厨师。他们又承包了京汉铁路的餐车,又开办了西车站食堂,鸡鸭鱼肉都是从产地随快车托运,又便宜,又新鲜,所以当时西车站食堂在北京的名气特别大。鲁迅先生虽然很少坐京汉路火车,但在西车站食堂吃饭的次数却是很多的。这个车站食堂,后来迁移到西长安街北新华街口上独立营业,生意反不如在西车站时好了。

鲁迅先生最后一次在前门车站上下火车,是一九三二年十一月间的事,那时由上海来北京,长江还没有轮渡,天津站已不用换车,但也足足用了五十五个小时。一九三二年十一月日记云:

> 十一日,昙。晨八时至北火车站登沪宁车,九时半开。晚五时至江边,即渡江登北宁车,七时发浦口。
> 十二日晴。在车中。
> 十三日,星期。晴。午后二半钟抵前门站,三时至家,见母亲已稍愈。

实际上等于三天。票价据十日所记;往中国旅游社买车票,付泉五十五元五角,正好是半两黄金的代价。

饮　食

收在《鲁迅的故家》一书中的《鲁迅在东京》文内，谈到酒时说："鲁迅酒量不大，可是喜欢喝几杯，特别有朋友对谈的时候。"另外在《补树书屋旧事》文中谈到茶饭时说："平常吃茶一直不用茶壶，只在一只上大下小的茶杯内放一点茶叶，泡上开水，也没有盖，请客吃的也只是这一种。饭托会馆长班代办，菜就叫长班的大儿子（算是听差）随意去做，当然不会得好吃。客来的时候到外边去叫了来。"

说到饮食，不过酒、茶水、饭菜三项，在前面所引的前辈先生们的记载中，又真实，又简明清楚，我们这些后生小子，还谈什么鲁迅先生的饮食，岂不有些不知天高地厚。但话又说回来，在读《鲁迅日记》的时候，常常看到有一些特殊的记载饮食的文字，可以从几个字的简短词句中，想象出先生当年神情及饮食爱好的，似乎也不妨引来谈谈。如乙卯（一九一五年）九月十日记云：

> 晚齐寿山邀至其家食蟹，有张仲素、徐吉轩、戴芦舲、许季上，大饮啖，剧谭，夜归。

这"大饮啖，剧谭"五个字写得多么传神。"大饮啖"说俗话就是大喝大吃，这样快聚，先生当时是多么欢畅。先生是江南人，是生长学习于"黄鱼紫蟹不论钱"的吴越之间的，少时家住在绍兴，稍后读书在金陵，这都是大量出蟹的地方，在吴越水网之区,不论乡村都市,吃两只清水大闸蟹,真不算回事。北京吃蟹虽然不像吴越间那样普遍,但也很讲究。在《鲁迅日记》中除前引一则外,也还有几处记到吃蟹的事。如甲寅(一九一四年)九月十九日记云:"夜食蟹。陶书臣来谭。"这是在绍兴县馆补树书屋中自斟自饮吃螃蟹,或者也可能是同陶书臣对酌,单从日记中看不明白。又如戊午(一九一八年)九月十三日记云:"晚往铭伯先生寓。夜食蟹二枚。"这则日记,两句话是句号点开的。可以明显地看出是两回事。晚者,午后六七点钟也;夜者,八九点钟之后也。这就是先去看铭伯先生,夜里回来在灯下自斟自饮吃螃蟹。为什么这样分析呢? 且看两天之后的日记,十五日记云:

晴。星期休息。下午食蟹二枚。

星期天下午不出门,在家一个人定定心心吃螃蟹。从这简单的两三则日记中,我们可以生动地看出先生的饮食爱好、生活情趣。

北京吃螃蟹不如江南普遍,但北京附近也出产很好的螃蟹。最著名的胜芳螃蟹,其肥壮自不亚于苏州阳澄湖的金毛大闸蟹。不过北京吃螃蟹,其时令较江南为早。鲁迅先生的同乡人陆游诗云"况当霜后得团脐",说是螃蟹经霜之后才会肥。因之可以看出:江南吴越间,虽然一年到头都能在河浜中捉到蟹,但真正讲究吃蟹,却要在旧历九十月间经霜之后,团脐(母蟹)才有黄,再晚些尖脐(公蟹)才有膏,这就是俗话说的"九尖十团"的意思。而《鲁迅日记》所记吃蟹,都在阳历九月:一九一四年九月十九日吃蟹,其年十月四日中秋,在中秋前十四日;一九一五年九月十日吃蟹,其年九月二十三日中秋,在中秋前十三日;一九一八年九月十三日、十五日两次吃蟹,其年九月十九日中秋,也在中秋前四五日。从这些日期上可以看出北京吃蟹的时令,大约比江南早一个多月。刘若愚《明宫史》"八月"条下记云:

> 始造新酒,蟹始肥。

清末忧患生《京华百二竹枝词》注云:

> 七月间,满街卖蟹,新肥而价廉,八月渐稀,待到重阳,几几乎物色不得矣。

这是什么原因呢? 主要是因为气候等自然条件关系。江南的螃蟹都出在浜里、江里、湖里,高邮湖、太湖、阳澄湖、鉴湖等等,都是出产好螃蟹的地方,所谓"鱼罾蟹簖",在江湖边上正是捕蟹的好地方。而在北京则不然,北京、天津吃胜芳螃蟹。这一带地势低洼,海河入海不畅,常常造成秋日田中积潦,螃蟹从海中沿海河上溯,到秋天高粱红的时候,爬在高粱地里吃高粱,这时蟹最肥。北国天寒,秋霜早降,旧历八月初即有霜,到八月底地里的庄稼全部登场,一片光秃秃的,螃蟹已无处存身。到了旧历十月,地将要上冻,就更不能有螃蟹,还谈什么"九尖十团"呢? 前人的文献,正好印证了鲁迅先生吃蟹的日期。

先生除爱吃蟹而外,也很爱吃山药。壬子(一九一二年)十二月十九日记云:

> 大雪终日。午后同夏司长赴图书馆,途中冷甚。晚食

山药作饭。

再有癸丑（一九一三年）四月三十日记云：

晚食蒸山药、生白菜、鸡丝。

这两则日记中都记着吃山药，而且第一则记食山药当饭，这对不知道山药为何物的读者，也许就不了解了，也可以说明一下。一是一九一二年先生到北京的头一年，第一次在北京过冬天。这年十二月间天气很冷，先生在月初就患有胃病、气管炎，日记中五、七、十等日都记着去池田医院看病的事，而且记着从五日起"晚餐啜粥"的事。这一天气候特别冷，晚上便以山药当饭吃了。二是山药是一种很容易消化、很滋补的食品。而且北京出产的山药也特别好。

山药，有的地方又叫"长山药"，以区别于别名"圆山药"的马铃薯，而它的正式学名却是"薯蓣"，或写作"薯药"。李时珍《本草纲目》中说："薯蓣入药，野生者为胜；供馔，则家种为良。"这是一种多年生蔓草植物，长形茎状根，黄褐色有毛刺，既可入药，又可入馔作菜，更可以烧来当点心。山药江南虽然也有出产，但水分多，不够滑腻。北京产的最好。王渔洋《人海记》中云：

北方山药，产于采埼者，为天下最。常于朱竹垞检讨席间食之，真琼糜也。

按，"埼"或通"峪"，采峪就在京北远郊区。实际不但采峪

318

的山药最好,凡是京南一带,如昌平、延庆,直到居庸关外、土木、下花园一带都产很好的山药。种山药是顺着开好的一条条沟生长的。土质要松要肥,最好是沙土地,水分不宜过多,京北一带的土壤和气候,正宜于种山药。再者鲁迅先生经常吃绍兴县馆咫尺之遥的广和居的菜,这在前面着重介绍过。而广和居有一味最拿手的菜就是"蒸山药泥"。徐珂《清稗类钞》中记载道:

> 若夫小酌,则视客所尝,各点一肴,如……广和居之吴鱼片、蒸山药泥。

鲁迅先生经常照顾广和居,是老主顾,自然吃过蒸山药泥,一定是很欣赏这味名菜吧。什么叫蒸山药泥呢?《光绪顺天府志》记云:

> 薯蓣即山药,冬月掘根,可蒸可炝。京师以猪油及沙糖和之,蒸烂,谓之山药泥。

蒸山药泥是最高级的吃法,鲁迅先生日记中所说的蒸山药,可能就是削了皮,一段段地上锅蒸烂了,蘸绵白糖吃,因为这样吃简单易办,而且十分甜软,入口即化。再有就是削了皮,切成菱形斜块,煮山药汤吃。煮时用文火,多煮一些时间,那汤雪白细腻,比牛奶还浓,还滑润,而且没有油腻。加白糖吃,真可以说是玉液琼浆,冷天一碗下肚,遍体生津。鲁迅先生正在胃病期间,又赶上天气极冷,晚食山药作饭,想来一定是煮了吃的吧。

北京出产好栗子,鲁迅先生也很爱吃。癸丑(一九一三年)九月十八日记云:

张协和馈煮栗一瓯,用以当饭,食之不尽。

　　这也是很传神的一则日记,可看出先生饮食之爱好,也可想见这瓯煮栗之香甜。江南一带栗子的别名是"天津良乡",而北京人也常说"良乡栗子",实际良乡近在京郊,良乡栗子也可以就说是北京栗子。但北京附近最好的栗子却并不一定出产在良乡。柴桑《燕京杂记》中记云:

　　栗称渔阳,自古已然,其产于畿内者,在处皆然,尤以固安为上。

　　固安县实在京南,而人们总以干鲜果品来自京西山中者为多,所以良乡栗子就大大出名了。北京的栗子比南方的大板栗子质量要好得多,又甜又糯,人们艳称糖炒栗子,而实际煮栗子吃起来更有味道。煮栗子不是白水煮,而是卤煮五香栗子,先把生栗子每个连皮切个十字刀,然后加少量的盐、花椒、桂皮、大料等,在火上加水慢慢煮,煮的越透越好,吃来甜中有咸,一股别有风味的栗香,是笔墨难以形容的。所以鲁迅先生以之当饭了。
　　至于北京的糖炒栗子,昔时一入冬天,各家干果子铺门口,都是炉火熊熊,不停地在那里炒来叫卖,那是更有名气的食品。陆游《老学庵笔记》所记"李和儿炒栗"的故事,就是有关北京炒栗的最有教育意义的故事。一九三七年十二月十一日北京沦陷后有人写《食炒栗诗》云:"燕山柳色太凄迷,话到家园一泪垂。长向行人供炒栗,伤心最是李和儿。"这个既可见当时一些人的想法,也可存炒栗的一个新掌故了。
　　北京出产的水果,有不少著名的品种。《天咫偶闻》卷十记云：

> 京师之果，味以爽胜，故俗有南花北果之谚。如一梨
> 也，有鸭儿梨、金星波梨、红绡梨、白梨、秋梨、鸭广梨、酸梨、
> 杜梨。一苹婆也，有林禽、虎拉宾、酸宾子、沙果、秋果。一
> 葡萄也，有公领孙、兔儿粪、马奶白葡萄、酸子葡萄。……

曼殊震钧说的已经很多了，但还没有说全，比如葡萄，还有
玫瑰香葡萄、水晶葡萄等等。乾隆时汪启淑《水曹清暇录》中也
说："都门市中水果，味之美者……葡萄有六种，马乳最佳。"可见
北京的葡萄好是有悠久历史的。鲁迅先生十分喜欢吃北京的水
果，日记虽然简单，但却留下了这方面的很生动的记载。壬子
（一九一二年）九月五日记在什刹海的饮茗后说："又步至杨家
园买蒲陶，即在树下啖之。"

这里虽然没有说明是哪一种葡萄，但在葡萄架下现摘现卖，
现买现吃，这样新鲜味道，潇洒神态，是可以想见的了。先生吃
水果的日记，还有更为感人的。壬子（一九一二年）十一月九日
记云：

> 晚邀铭伯、季市饮于广和居，买一鱼食之。……夜作书
> 两通，啖梨三枚，甚甘。夜半腹痛。

连吃三枚梨，半夜里腹痛起来，这是一个简单的事实，有什
么可说的呢？但略加分析，前因后果，便一一如见。第一，这是
冬天，屋中已生了火。在这前一天，八日记云：

是日易竹帘以布幔,又购一小白泥炉,炽炭少许置室中,时时看之,颇忘旅人之苦。

这种小白泥炉子像煤球炉子一样,没有烟筒。冬日斗室拥炉,看火消寒,自是一乐。但有两点却不好,一是炉火干燥,二是有煤气熏人,这就使人想吃凉阴阴的水果。北京最普通是吃萝卜,再有就是吃雅梨。

第二,先生这天在广和居吃了鱼,不管白烧、红烧,或有名的"潘鱼",总之必然也要喝点酒,这样重味、油腻,再加饮酒之后,在有火的屋里坐的时间长些,就更渴了。

第三,北京的雅梨,前人记载说:"京师人名雪梨曰雅尔梨,以其产于沙雅尔,故以地名名之也。及读《文昌杂录》,则作压沙梨,然知者绝鲜。"这是极嫩极脆、水分最多,又最甜最香的梨中绝品。

先生一连啖梨三枚,还以"甚甘"二字写入日记中,赞美不置。但毕竟冰凉的东西吃得太多,所以半夜腹痛了。

题目是"饮食",而只说了几样东西,未免大题小作。不过这几样东西,都在先生的日记中写得十分有趣,可以生动地看出先生的饮食爱好,和北京富有风土特色的一些食品的情况。前引先生一九一三年四月三十日日记,特别写明食蒸山药、生白菜、鸡丝。山药前面已经说了,鸡丝各处都有,也不必多说。"生白菜"就是菘菜,也叫黄芽菜,这是北京秋冬两季,又好吃又最便宜的美味。所谓"春韭秋菘",本来不是春天的菜蔬,但隔年的白菜留到春天,剥出雪白的嫩心子来,拌鸡丝来下酒,可以列入"山家清供"的佳品了。大概这是鲁迅先生特地写在日记中的原因吧。"嚼得菜根",是一种很好的境界;而北京的白菜,生吃熟吃,无一不佳。这里引一首鲁迅先生好友、义宁陈师曾先生的《题画萝卜白菜诗》作为结束吧。诗云：

肥菜霜干北地甜,胭脂翡翠色相兼。

盘餐自养贫家福,钟鼎焉知高士廉。

小阁围炉温鲁酒,寒窗嚼雪下微盐。

季鹰枉忆莼鲈美,此味三冬又可腌。

这正是生白菜的味道啊! 前辈风仪,从诗中也可以想见了。

附记:

本书中谈到铜元、银元角分换算之处较多,然均约略言之,并不十分准确。兹据有关资料,将民元至民国十五年间银元、铜元兑换之具体数字列表于下,用供参考。

壬子(1912,民国元年)约一三五文

癸丑(1913,民国二年)约一三五文

甲寅(1914,民国三年)一三五文

乙卯(1915,民国四年)一三五文

丙辰(1916,民国五年)一二九文

丁巳(1917,民国六年)一三四文

戊午(1918,民国七年)一四〇文

己未(1919,民国八年)一四六文

1920(民国九年)一五四文

1921(民国十年)一五四文

1922(民国十一年)一六八文

1923（民国十二年）一九二文

1924（民国十三年）二二〇文

1925（民国十四年）二八〇文

1926（民国十五年）三六〇文

　　鲁迅先生日记在一九二〇年之前均记有干支,自一九二〇年后不再记干支。一九二二年日记已佚。一九二六年八月二十六日离开北京。其间铜元兑换数据《中央公园二十五周年纪念册》所载《二十五年来银元市价表》开列如上。其后先生于一九二九年回京时,银元市价为四百文铜元。一九三二年回京时,银元市价为四〇八文铜元。

后 记

　　我这本《鲁迅与北京风土》原是在偶然的机会下动笔写的，后来在师友们的鼓动、督促和帮助下，居然积稿渐多，得以成书。昔人云"文章千古事，得失寸心知"，我写的这些东西，虽然算不得什么文章，而方寸之中，也总是甘苦自知了。回想几十年前，就学习着东涂西抹，写点东西，但后来时辍时续，始终也没有写成个气候，所谓"少不如人今已老"，藏拙尚且不暇，怎么还敢谈写东西呢？这也只能说是积习难除吧。但从另一方面说，在写的过程中，也读了不少的书，首先是读了不少鲁迅先生的著作，对于鲁迅先生伟大形象的仰慕，从思想感情上说更为亲切了。也读了不少有关北京风土的书，对于这座从小喝她水长大的、无时不在思念着的历史名城、伟大首都的所知，也更加扎实一些了。这对我说来，都是非常可喜的。古人说："壮而好学，如日中之光；老而好学，如炳烛之明。炳烛之明，孰与昧行乎？"自问是一个庸庸碌碌的凡人，古人这种坚韧的精神，是不敢仰望的。只是想，生也有涯，时间是个常数，总是做点什么才好。不然，岂不饱食终日，无所用心了吗？

　　早在三年多以前吧，有一次遇到唐云旌先生，他编了一辈子报纸，见人就想约稿。那时他虽沧桑而后，在家闲居了，见面互致殷勤之后，感慨欷歔之余，三句话不离本行，又谈起稿件的事来。其实《大公报》陈凡先生正托他拉稿，他便又怂恿我写东西。我感到有些怯于重新执笔了，这不仅因为多年不写，笔墨荒疏；

而且也感到没有什么东西好写，或者说不知写什么好，但他还一再鼓舞我，我不免也有些心动了。但是写什么好呢？其时我正在细读《鲁迅日记》，尤其是上册，先生游踪所到，都是我极为熟悉的地方，先生来往的朋友、学生，不少都是我的老师，不但过去非常熟，有些位前些年仍然健在，还时有过从；有些位今天仍然健在，仍时通函札，因之就更感到无比亲切，似乎先生的音容笑貌，时时展现在我的面前；有时真似乎我又在琉璃厂街上，在菜市口转角上，看见先生走进什么清秘阁、翰文斋……或看见先生坐着洋车由半截胡同出来，吕二高喊着"北去"，车子转弯向顺治门方向而去，先生上班去了……这些仰慕先生的具体的、真切的意境，促使我先写了本书的第一部分，也就是鲁迅与琉璃厂的部分，在书中的篇名叫做《厂肆志略》。不过我写的和前人所写，如著名的李南涧的《琉璃厂书肆记》是有所不同的。我是以《鲁迅日记》中所记为纲而写成的。是想写下鲁迅先生在琉璃厂访书、访碑时的形象；写下鲁迅先生访书、访碑时的琉璃厂气氛。曲水流觞，永和胜迹，千载之后，还使人想象不已，几十年前，鲁迅先生经常去的琉璃厂，难道不应该留下一点文字记载吗？难道不应该使后人想象一下先生当年在琉璃厂徜徉时的情景吗？我是抱着这样的感情和心愿写作的。这样我越写越感到感情亲切，觉得似乎有说不完的话，这样便连续写出了厂甸、饭馆、名胜、生活等章节。所谓"贤者识其大者，不贤者识其小者"，我只是抱着仰慕鲁迅先生的心情，写一些专门家认为微不足道的琐事而已。

　　鲁迅先生收在《华盖集续编》中的《马上支日记》，那是当时特地写给报纸编辑发表的日记，至于现在发行的两厚本《鲁迅日记》，先生生前自是没有发表的。在《马上支日记》的序中说：

我本来每天写日记,是写给自己看的;大约天地间写着这样的日记的人们很不少。假使写的人成了名人,死了之后便也会印出;看的人也格外有趣味,因为他写的时候不像做《内感篇》外冒篇似的须摆空架子,所以反而可以看出真的面目来。我想这是日记的正宗嫡派。

　　我的日记却不是那样。写的是信札往来,银钱收付,无所谓面目,更无所谓真假。例如:二月二日,晴,得 A 信,B 来。……

　　这是五十五年前先生对日记和自己的日记的最精辟的说明,惟其是"给自己看的",所以不加文饰,所以简洁,所以更真,更感到亲切。至于说我所以能根据先生的日记,写出一些有关北京风土的文字,也是因为一个"真"字,意在存真而已,自然也并非是摆着空架子做什么《内感篇》外冒篇了。

　　今年是鲁迅先生诞生一百周年,如果先生得享期颐之寿,今天还健在,那该多么好。遗憾的是先生去世太早了,没有看到人民的解放、祖国的变化,而这变化又是空前剧烈、一日千里地在变。即以北京而论,近二三十年的变化,远远地超过了历史上五六百年的变化。先生在北京生活时的情况,从时间上说,虽然去古未远,但从各种环境事物风土上说,许多都已经完全不同了,现在年纪轻一些的人,对于鲁迅先生在北京生活时的一些具体事物,都已感到非常隔膜,有的已是茫然了。后之视今,亦犹今之视昔,再过若干年,客观的变化更大,未来的人对往昔所知也就更少了。多少能从生活的角度、风土的角度,记录下一些鲁迅先生在北京生活时期的真实情况、风土史料,虽然有些是细微琐碎,但我想对于现在和未来的读者,也不能说是毫无意义的吧。

当然,现在写这样的书,已经稍微感到晚了一些。记得近三十年前,影印本《鲁迅日记》刚刚出版时,我曾借来细细阅读,遇有疑难的地方,还有问处,还有找处,那时好多前辈老先生都健在,许多地方的变化也不大,一些文字资料都比较好找,如果那时或再稍晚些写这样一本书,自然比现在要容易而且详实的多。比如"醉琼林"饭馆,过去听老辈们不知说过多少次,当时如记录起来,寻访旧址,搜求轶闻,都是非常方便的,写来一定也详尽而真实的多,可是现在不少东西都已无处寻找,无处查问了。就是这样一个饭馆,我曾问过八六高龄的萧重梅丈,他老人家也说不清楚了。因为要目睹近七十年前北京风土面貌、市容情况的人,最少要具备三个条件:第一,岁数至少要在九十五岁左右,现在记忆不衰;第二,当时住在北京;第三,当时已有一定社会地位、文化修养、经济条件、交际应酬。试想,在今天去找这样的老先生经常请教,这该多么难呢? 不能说绝对没有,但无此机缘,也就等于没有了。而我还是尽我自己的力量把它写出来了。所谓桑榆未晚,二三十年前可以做得更好但没有做的事,在二三十年后做出来,也还是可以的吧。为此我不免也有些沾沾自喜了。在写的过程中,曾得到萧重梅丈、潘渊若先生不少教益;将来,希望还得到更多长者的指教。

不过话又说回来了,写出来的东西,还只是一叠有字的稿纸而已。如何与读者见面,也还不是那么容易的。这首先是多承旧日北大老师谢国桢先生的帮助,将第一、二两章带到北京,介绍给姜德明同志,在《人民日报》的《战地》增刊上发了一篇择要,题目是《鲁迅与琉璃厂》,这样这本书的内容算是第一次和读者照了个面。其后"什刹海"、"钓鱼台"等章节,也陆续在《大地》和《旅游》上刊出了。今年商业部办的《中国烹饪》,又连续刊载了根据本书第三部分《酒肆谭乘》压缩写成的《鲁迅与北京饭馆》、《广和居和会贤堂》二文,以纪念鲁迅先生诞生一百周年。

谢国桢老师给我这本书写了序,题了书签;王西野兄又给写了跋,西野兄是最早审阅原稿的人,自始至终,都给我极大的鼓舞和帮助。在本书即将付梓之际,首先还应该向他们二位表示感谢。

可惜的是,唐云旌(大郎)先生已成古人,他也是最早读"琉璃厂"一章原稿的人,而今已不能见全书的出版,亦不胜黄垆之思了。

在全书即将付梓的前夕,又承谭业伟同志审阅全稿,匡正疵误,这些我在此都表示衷心的感谢。最后,只希望读者多给我以批评和指正了。是为后记。

一九八一年十一月五日记于沪东寓楼雨窗下

附录

原版序

谢国桢

　　我在沪上，于王西野先生座间，得识邓云骧（云乡）同志。读到他写的散文，文笔极为雅隽，吐属不凡，因之很谈得来，才知道他与我在北京时有同学之谊，异地相逢，倍感情亲。未几，我回到北京，云骧同志也来春明，相见甚欢。我说有什么新的作品，他出示了《鲁迅与琉璃厂》一文。我爱书成癖，对于逛琉璃厂还是不陌生的，我看他写的，征引事实，言之极有风趣，我就介绍给《人民日报》文艺编辑部姜德明同志，不久就在《大地》上发表了。他就连着写了好几篇文章，都是写的鲁迅在北京的事迹，斐然成章。刊登出来，颇受读者的喜爱阅读。因之把这些丛残的文章，积累起来，编成了《鲁迅与北京风土》一书，交文史资料出版社出版，表明爱人及屋的深情，更足以启发人民群众仰慕鲁迅先生精神的感情。我认为鲁迅先生是一个人，也还是一个平凡的人。他也好饮酒，吸香烟，吃小馆子；但是他有"硬骨头"那种劲儿，有"横眉冷对千夫指，俯首甘为孺子牛"的不畏强暴、与恶势力作斗争的精神。要是专看到他一点有风趣的生活，那就失去鲁迅先生一生战斗的意义了。所以云骧兄叫我作的一篇序言，虽然不耻下问，愧我无才，就不敢下笔了。不久前在《北京晚报》上看见他写的读鲁迅先生所写《记太炎先生二三事》，文章中涉及清代西太后那拉氏杖杀沈荩的事迹，说明了那拉氏擅政，蔑视清朝的祖训和《大清律》，无辜杖杀志士，以及沈荩烈士英勇牺牲的情况。我看了这篇文章，不觉油然起敬，我后悔我固执的心情，连忙提起笔来写了这篇"序文"，以志吾过。想云骧兄也能够见谅的。

遗憾的是，我虽然承蒙鲁迅先生的谬奖，而地隔南北，始终没有与鲁迅先生见过面。也因为学问浅薄，品节不立，碌碌过日，少不努力，以至于垂老无成，实在难以愧对。到了十年浩劫的时代，把我隔离开来，悔罪省过的期间，有了闲的功夫，我才开始读鲁迅先生的著述，指明了我治学做人的方向。我初步感觉到明清时代的野史笔记，不是正统派史官所写的，不像那样歪曲事实，因而多少反映了历史的事迹和社会上的真相。又以汉魏以来石刻画像包含了当时的丰富的社会生活，在鲁迅先生的散文、书信、日记中是屡次提到的。他老人家因为在四海腾沸、国无宁日的日子里，在围剿与反围剿斗争中，忙于与敌人作战，来不及做这些事情；但是鲁迅先生还说过："如有功夫的时候，还想做一做。"因之我不揣固陋，在这悠闲的岁月里，初步搜辑这两项资料，加以排比和整理，试图学习正确的观点和方法，草成了论著。所幸的是，这些粗糙的东西，都已经出版问世了。虽然想就方家请教，自然是要见讥于通人，贻笑大方的，不过我逐渐地感受到鲁迅先生的遗教，自己解剖自己，想起来我拙蠢的行动好像是阿Q。我引阿Q作为一个反面的教材，作为一面镜子，引镜自照，可以看见我不识时务、呆头呆脑的样子，当然不会有赵太爷这样的人，叫我不准革命吧！云骧是知我者，故敢与之商榷，当为之掀髯一笑也。

一九八一年十月十四日记于北京寓庐之瓜蒂盦

原版跋

王西野

前些日子接云乡兄来信,说他写的《鲁迅与北京风土》即将出版,要我写个跋语。"欧阳文忠公言,文章如精金美玉,市有定价,非人所能以口舌定贵贱也。"(苏轼《与谢民师书》)我作为一个读者,阅读朋友写的作品,除了比一般读者多一种亲切感之外,是没有什么其他的话可说的。至于我对从北京风土这个角度来记述鲁迅在北京时的生活动态,却很感兴趣。联想到在三年前的秋天,我有机会到绍兴参观,去鲁迅纪念馆途中,在车子拐弯处看到一方水泥路牌,写着"鲁迅路"三个字,便问接待我们的同志,这里是东昌坊吗?回答说是的。可是为什么要改"鲁迅路"呢?他说:是呀,这路名早就改了,直到最近才发现这么一改,却闹了笑话。说是不久前有一些文化界的国际人士前来参观,发现鲁迅故居在鲁迅路,便以为鲁迅的名字是按路名起的。虽经仔细解释,有人仍不以为然。自然,我对改换路名的意见,还未想到会引起这样的误会;只认为鲁迅故居所在地,还是以保存历史上沿用的旧名——东昌坊,以存其真才好。后来看了"百草园",也很扫兴,因为保持当时原样的只剩下一堵泥墙,在《从百草园到三味书屋》这篇名著中充满诗意的图景却没有了。接着看看绍兴的街坊小巷、桥梁舟楫……在《好的故事》中描写的水乡风物,也差不多消失了。乌篷船倒是有的,只是河水也被污染,美丽的乌篷船也无明瑟之感了。这颇有点像某些研究鲁迅的文艺评论文章,分析鲁迅作品,不引原文,代之以自己的语言。其实鲁迅对故乡所接触的人文风土,喜爱的花木虫鱼,历览的水光山色，无不倾注着特有的乡土感情，在自己著作中流露出来。如他在《朝花夕拾》的序言中写的那样："我有一时，曾经屡次忆起儿时在故乡所吃的蔬果，菱角、罗汉豆、茭白、香瓜，凡这些都是极其鲜美可口的，都曾是使我思乡的蛊惑。"自从他将绍兴的老宅卖给朱文公的子孙，定居北京之后，对北京的掌故、习俗、食肆、茶座、冷摊，尤其是书肆、帖铺等等，也在《日记》中留下一鳞半爪的记载。从鲁迅接触的特定环境来研究鲁迅，于知人论世，是不无用处的。我无意中和云乡谈到了这些，不久，他的《鲁迅与琉璃厂》一文，便在《人民日报》的《战地》增刊上发表了。从此，如矿出金，系统地继续写去，结成了这个集子。

　　云乡兄自小生长北京，耳濡目染，对北京这座文化名城，熟习如数家珍。自三十年前南来后，每年暑假，仍要回去住上一个时期，去看看琉璃厂的书肆，广和居的旧址，什刹海的山影，来今雨轩的茶棚，循着鲁迅先生的行踪，引起许多遐想。去年秋天，他又从北京南还，路过苏州来看我，谈及谢国桢先生正在北戴河休养，我问他，何不趁便前去观光。他回答说：我对于陌生的地方，兴趣不大；惟独北京，像幼年读熟的一部书，总是一年一度，前去温习一遍。温故如新，总有新的发现。陶渊明所说的"日涉以成趣"，这更使我了然，他的《鲁迅与北京风土》的写作，一方面出于对鲁迅先生的景仰，另一方面则出于对北京具有深厚的感情，于《鲁迅日记》中寥寥几笔的记载，一经钩稽，鲁迅先生的音容笑貌便跃然纸上了。

　　过去我曾非常喜欢看刘侗、于奕正合写的《帝京景物略》，尽管它被纪昀斥为"伪体"，但记载的确翔实。如"略例"所云："成斯编也，良苦：景一未详，裹粮宿舂；事一未详，发箧细括；语一未详，逢襟捉问；字一未详，动色执争。历春徂冬，铢铢緉緉而帙

334

成。"可见这部书是他们两人经过辛勤的实地考察,反复的文字推敲才写成的。云乡兄此书,所下功夫,正与之同。所不同者,乃以《鲁迅日记》为经,以风土景物为纬,抚今追昔,因人寓景,所谓识小可以见大,比一般的研究著作,读起来要有味得多。再说,现在北京的面貌,与鲁迅生活的年代相比,已有很大变化,随着祖国建设的飞跃发展,今后北京的面貌,肯定还有更大的改变。此书的写成,且不谈别的意义,仅就忠实地记录鲁迅生活年代北京的面貌而论,其有助于后来的读者,即可与郦道元之注《水经》所起作用近似了。由是观之,刘侗、于奕正之记帝京景物,又瞠乎后矣!

拉杂写了这些,为此书拖一条狗尾巴。是为跋。

于苏州之坝上寓楼
一九八一年十月